Callwey

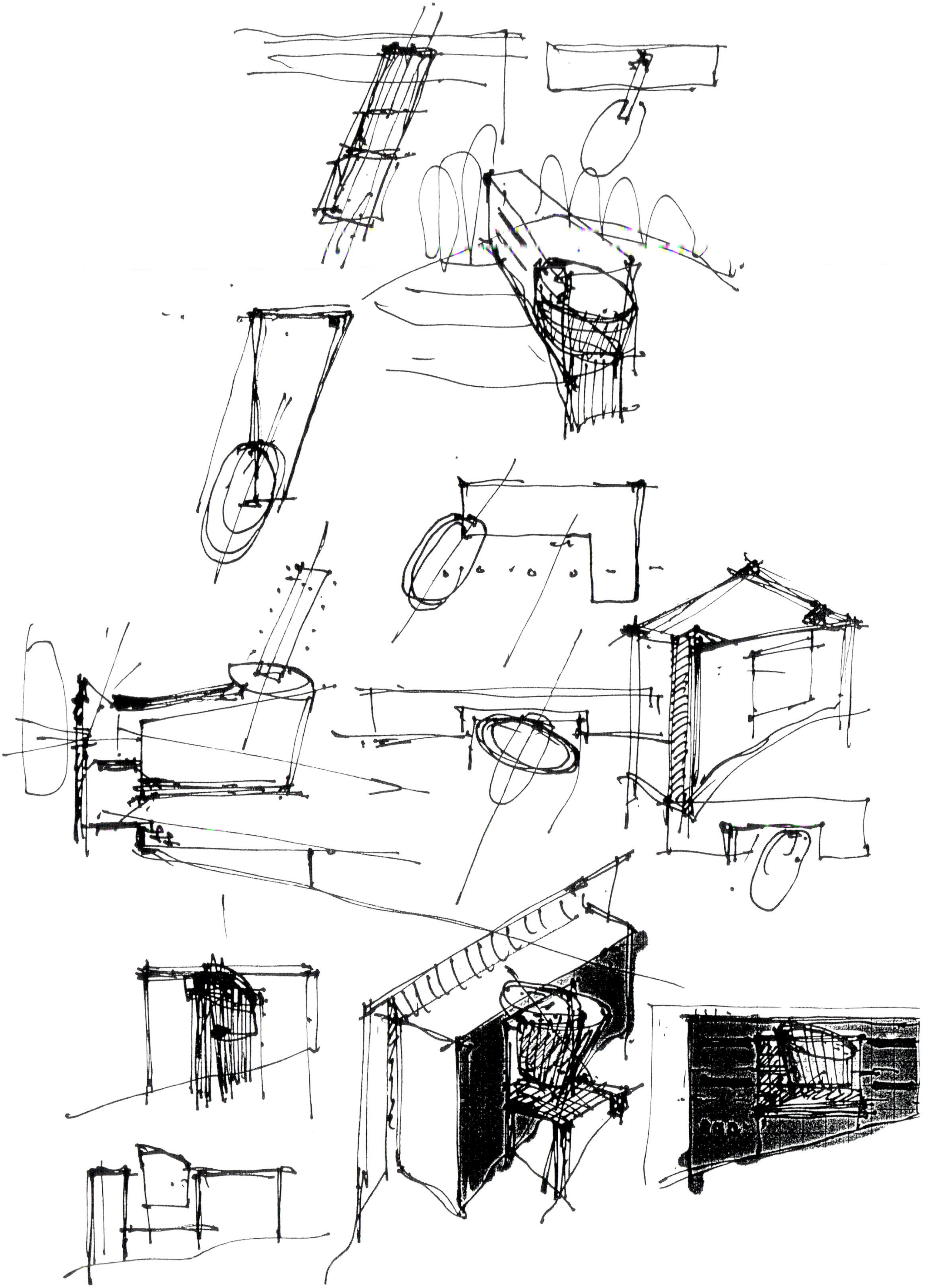

Holger Reiners

Neue Einfamilienhäuser

Ideen und Beispiele für das eigene Haus

Planen, Bauen, Wohnen

Callwey

BAUART

DANK
Allen Architekturbüros, die an diesem Buch mitgearbeitet haben, den Bauherren, deren Häuser wir veröffentlichen durften und den Fotografen, die uns ihre Arbeiten zugänglich gemacht haben, danke ich sehr herzlich für ihr freudiges Engagement.
Ohne diese Mitarbeit und Großzügigkeit aller Beteiligten hätte dieses Buch nicht entstehen können.
Mein Dank gilt dem Verleger, Herrn Baur-Callwey und dem Lektor, Herrn Roland Thomas, die auch dieses Projekt mit so großem Interesse und Verständnis begleitet haben, sowie Herrn Eberhard Wolf, der mit Begeisterung und Einsatzfreude das Layout erarbeitet hat.
Die beiden angehenden Architekten Frank Stille und Joachim Montzka haben die Planunterlagen bearbeitet und sie in eine einheitliche graphische Form gebracht. Für ihre vielen guten Vorschläge und die mühevolle Zeichenarbeit sage ich auch ihnen meinen ganz herzlichen Dank.

Abbildung Seite 2;
Architekt: Hermann Eisenköck, Graz

Die Deutsche Bibliothek - CIP Einheitsaufnahme
Neue Einfamilienhäuser; Ideen und Beispiele für das eigene Haus/ Holger Reiners.-München: Callwey, 1993
(BauArt)
ISBN 3-7667-1042-7
NE: Reiners, Holger

Umschlaggestaltung (unter Verwendung einer Abbildung des Projektes auf den Seiten 114-116) Baur + Belli Design München
Buchgestaltung Eberhard Wolf, Frechen-Königsdorf
Lithos Karl Findl, Icking
Satz Art Typo, Köln
Druck Kastner & Callwey, Forstinning bei München
Bindearbeit Offizin Andersen Nexö Leipzig GmbH
Printed in Germany 1993
ISBN 3-7667-1042-7

Inhalt

Die Projekte und ihre Architekten

Anhang

Das Einfamilienhaus - Lebenstraum, Kunstwerk oder Umweltsünde?

Wer die ernsteren der in den letzten Jahren erschienenen deutschen Publikationen zum Thema Einfamilienhaus liest, dem fällt auf, wie verschämt sich die meisten Autoren dieser Bauaufgabe zuwenden - als hätten alle ein furchtbar schlechtes Gewissen. Sie tun, als geriete mit jeder positiven Erwähnung dieses Themas auch gleich der nächste, ja der letzte Biotop am Stadtrand in Gefahr und müsse verschwinden: Opfer eines unverantwortlichen Häuslebauers und seines Architekten.

Schaut man sich dagegen ausländische, vornehmlich englischsprachige Bücher an, die sich diesem Thema widmen, dann besticht genau das Gegenteil. Hier überwiegt die Lust und die Freude an der Darstellung des Einfamilienhauses. Welch ein erfrischender Unterschied.

Natürlich gibt es als Entgegnung das Schlagwort "Los Angeles" mit seinem nicht enden wollenden Flickenteppich aus Einfamilienhäusern - wir alle kennen diese Luftaufnahmen, die in den Architekturschulen der siebziger und achtziger Jahren auch dem letzten Studenten die Lust am Bauen eines Einfamilienhauses nehmen sollten. Aber gab es auch überzeugende Alternativen?

Natürlich ist das freistehende Einfamilienhaus in jeder Hinsicht erst einmal unwirtschaftlich, natürlich gibt es keine Wohnform, die in bezug auf das Verhältnis von benötigter Energie zur Größe der Wohnfläche unökonomischer wäre und natürlich benötigt sie von allen Hausformen den meisten Baugrund. Nur: wer so argumentiert, läuft Gefahr, den Urwunsch (fast) eines jeden Menschen nach der ganz persönlichen Lebens- und Wohnform zu negieren oder zu zerreden. Er negiert auch die ganz besonderen Leistungen der Architektur, die gerade diese Bauaufgabe hervorgebracht hat und noch immer hervorbringt.

Wie so häufig liegt die angemessene Einschätzung in der Mitte. Es gibt die schrecklichen Sünden beim Einfamilienhausbau, und ihre Verursacher sind bekannt.

Architektur ist das Abbild einer Gesellschaft. Diese Gesellschaft begnügt sich leider viel zu oft mit dem schlechten Niveau für eine ihrer vornehmsten Bauaufgaben.

Gute Architektur - und dieser Begriff sollte nicht länger mißbraucht werden - geht wirklich über das Sattel- und Walmdachklischee der Prospektwelt hinaus - gute Architektur ist Baukunst und nimmt damit, wie jedes andere Kunstwerk auch, Visionen einer zukünftigen Entwicklung wahr, sie setzt Maßstäbe und sie beglückt. Als faszinierendes Zusammenspiel von Materie und Geist ist sie für uns alle von existenzieller Bedeutung.

Eine gute Architektur steht nicht im Widerspruch zu einem verantwortungsvollen Umgang mit der Natur, schon gar nicht zu Wirtschaftlichkeit und Sparsamkeit - sie ist vielmehr die Synthese.

Die Rolle der Bauherren - oder: Wie entsteht ein gutes Einfamilienhaus?

Bei der Durchsicht der Literatur zum Thema Einfamilienhaus fällt auch auf, daß viele Autoren ihr Augenmerk in erster Linie auf das preisgünstige Bauen legen und herausstreichen, wo überall Möglichkeiten zum Einsparen liegen. Offenbar meinen sie, je öfter sie das Wort "kostengünstig" verwenden, je überzeugender und stimulierender seien ihre Artikel.

Aber geht es eigentlich Bauherren wirklich immer nur um das Sparen? Im Zusammenhang von Träumen immer auch gleich an Kosten zu denken, hat schnell etwas Ernüchterndes. Meine Erfahrung ist, Bauherren denken zunächst nicht praktisch, nicht kostenbewußt und nicht an das Sparen. Am Anfang ihrer Traumplanung sind sie vor allem phantasievoll und kreativ - auf die Realität der Kosten stoßen sie dann früh genug.

Und doch wird neben aller Kreativität und Planungslust irgendwann die Frage wichtig, welche Informationen eigentlich notwendig sind, um möglichst viele Aspekte des zukünftigen Traumhauses auch selbst schon einmal bedenken und als Zielvorstellungen formulieren zu können - ehe diese Überlegungen dann später in der Zusammenarbeit mit dem Architekten verdichtet und zur gebauten Realität werden. Aber Bauherren sollten die Informationen, die für die Vorplanung wichtig sind, nicht notwendigerweise als Einschränkung, sondern eher als einen guten Begleiter verstehen. Mit der Formulierung "das bedeutet aber Mehrkosten" läßt sich jede Idee zerreden und jede Freude verflüchtigen. Die Kunst liegt darin, Tatsachen nur als Eckpfeiler zu betrachten. Sie müssen die Ausfachung des Traumhauses gar nicht einschränken. Vielmehr sollten sie die Kreativität beflügeln, gewisse Bedingungen so geschickt zu interpretieren und umzusetzen, daß gerade daraus etwas Besonderes entsteht - trotz der Einschränkungen durch Budget oder Grundstück. So verstehen Architekten eine intelligente Planung, und nur auf eine solche sollten sich die Bauherren einlassen. Teuer zu bauen ist nicht schwer, gut zu bauen allerdings sehr.

Wie entsteht nun ein gutes Einfamilienhaus und welchen Anteil daran haben die Bauherren? Ein Haus ist dann gut, wenn es die präzise Antwort auf die Wünsche der Bauherren und die gegebene Grundstückssituation darstellt. Diese Antwort zu finden, ist die Aufgabe des Architekten. Sie zu ermöglichen, die Aufgabe der Bauherren. Funktioniert dieses Zusammenspiel, dann kann ein gutes Haus, dann kann vorbildliche Architektur entstehen - ganz unabhängig vom Budget. Und irgendwann wird sich ganz selbstverständlich erweisen, ob die "Antwort" die richtige war.

Es gibt glücklicherweise viele solcher "guten Antworten", die Bauherren immer wieder anregen und Mut machen, es auch zu versuchen. Wer mit solchem Anspruch zu seinem Architekten kommt, schafft die besten Voraussetzungen, daß das Experiment gelingt. Neben der Lust am Bauen und der Freude an der Architektur sind es dann die klaren Vor-

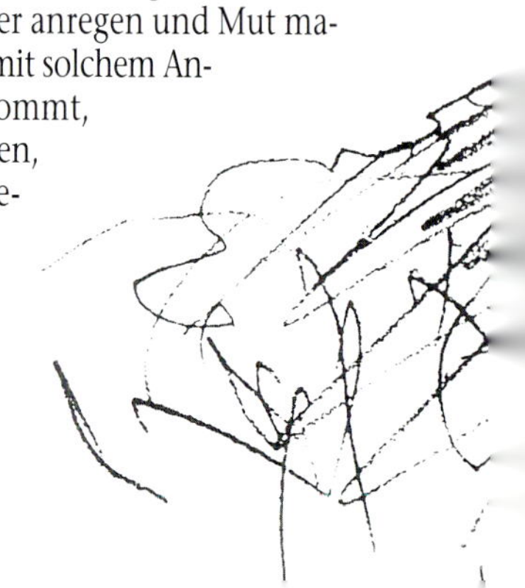

stellungen, die den Architekten reizen werden. Je besser die Wünsche formuliert sind, je besser der Bauherr auf sein Traumhaus vorbereitet ist, je reizvoller wird die Arbeit für beide Seiten sein. Diese Vorbereitung durch die notwendigen Informationen zu fördern und gleichzeitig durch die Auswahl der Projekte eine Fülle von Anregungen und Denkanstößen zu geben, soll das Anliegen dieses Buches sein. Vor allem aber soll es Mut machen, sich auf das Experiment "Traumhaus" einzulassen - mit der gleichen Begeisterung, wie es die fünfzig Bauherren der hier gezeigten Projekte getan haben.

Abhängigkeiten zwischen Grundstücksgröße, bebaubarer Fläche und Baukörper

Nicht überall ist die Suche nach einem Grundstück so schwierig wie in den Großstädten. Aber selbst dort ist mit der richtigen Ortskenntnis, mit Geschick, Spürsinn und Durchsetzungsvermögen noch so manches brachliegende Gelände zu finden, das sich trefflich als Bauplatz nutzen läßt - in Kleinstädten und auf dem Lande gilt das natürlich noch eher. Daß hier keine Schönfärberei betrieben wird, zeigen viele der vorgestellten Projekte, die auf sehr ungewöhnlichen, manchmal sogar als unbebaubar ausgewiesenen Grundstücken realisiert wurden.

Ähnlich wie bei der Suche nach einem geeigneten Architekten ist die Ausgangssituation bei der Grundstückssuche. Auch hier gilt es, die sogenannten harten und die weichen Informationen zu sammeln und zu werten. Die harten Daten, also wo sich möglicherweise ein freies Grundstück finden läßt, können mit der Checkliste abgearbeitet werden, der Rest ist dann eine Frage der Intuition und der ganz persönlichen Bewertung - die weichen Daten.

Zuerst einmal ist es sinnvoll, bei der für das vorgesehene Gebiet zuständigen Gemeinde- oder Stadtverwaltung anzufragen, ob baureife oder auch Erbpachtgrundstücke angeboten werden sollen oder ob und wo in naher Zukunft neue Baugebiete ausgewiesen werden. Die Bauämter sind nach dem Bundeswohnungsbaugesetz verpflichtet, Bauinteressierten bei der Suche nach einem geeigneten Grundstück zu helfen. Auch über die Höhe der Grundstückspreise der bevorzugten Wohngegend geben die Baubehörden Auskunft. So lassen sich oft schon mit einem einzigen Behördengang die Chancen und Preisvorstellungen ermitteln - Grundlage der Budgetplanung. Denn was nützt einem das schönste Grundstück mit Südhanglage, wenn der Quadratmeterpreis 700 Mark beträgt, das Grundstück viel zu groß und noch nicht einmal teilbar ist. Diese ersten Gespräche vermitteln schon einen ersten Eindruck, wie sich die weitere Grundstückssuche gestalten wird.

Konkreter wird die Arbeit dann, wenn sich Bauherrin und Bauherr mit den Offerten der örtlichen Haus- und Grundstücksmakler beschäftigen. Die Makler sollte man nicht nur nach unbebauten, sondern gleichzeitig auch nach bebauten Grundstücken fragen, die sich eventuell für eine neue Bebauung eignen könnten. Viele Bauwillige trauen sich an so schwierige Grundstücke nicht heran, weil sie die Abrißkosten nicht abschätzen oder sich auch die Möglichkeiten, die in einem solchen Grundstück stecken, nicht vorstellen können. Auf diese Weise kann der Findige zu besonders interessanten Bauplätzen kommen. Ansprechen sollte man auch die ortsansässigen Kreditinstitute. Manchmal haben sie selbst eigene Grundstücke im Angebot oder sie sind beim Kauf und Verkauf der Grundstücke ihrer Kunden behilflich. Auch eine Anfrage bei den Architekten der Gemeinde kann hilfreich sein. Sie kennen ihre Umgebung meist sehr genau und wissen häufig um die Besitzverhältnisse oder auch die Verkaufsabsichten der Grundeigentümer. In einem solchen Gespräch kann dann möglicherweise schon die Grundlage für eine spätere Zusammenarbeit mit dem Architekten gelegt werden. Bedingung des Architekten darf es allerdings nicht sein, da Koppelgeschäfte zwischen Grundstücksverkauf und Planungsauftrag nicht erlaubt sind.

Jeder Bauwillige kann aber auch selbst aktiv werden, kann Suchanzeigen im Immobilienteil der örtlichen Tageszeitungen aufgeben oder dort die Angebote vor allem von Privatanbietern studieren. Kommt es dann zum Vertragsabschluß, entfällt bei einem solchen Direktkauf die Maklergebühr - eine willkommene Entlastung für das Budget.

Liegen nach all den unterschiedlichen Aktivitäten schließlich Angebote vor, gilt es, die Offerten genau zu prüfen. Dafür ist es erst einmal wichtig, zu wissen, welche Möglichkeiten das Grundstück aufweist und mit welchen Einschränkungen zu rechnen ist. Auskünfte gibt der Bebauungsplan der Gemeinde. Die Frage der Bebaubarkeit ist - besonders, wenn auch unter wirtschaftlichen Aspekten, wie einer späteren Vermietbarkeit zu recherchieren ist - oft

Projektstudie für die Bebauung eines flach geneigten Hanggrundstückes.
Architekt: Hermann Eisenköck, Graz

nicht leicht zu beantworten. Es ist daher am besten, die technischen Grundstückseigenschaften von einem Architekten beurteilen und interpretieren zu lassen. Um die richtigen Fragen stellen zu können, sind aber einige Grundkenntnisse wichtig, die das Lesen eines Bebauungsplanes erleichtern. Die Tabelle zeigt die für die Grundstückseigenschaften wichtigsten Planzeichen und ihre Bedeutung.

1. Grundlagenermittlung (3% des Honorars)
Klären der Aufgabenstellung
Beratung zum gesamten Leistungsbedarf
Formulierung von Entscheidungshilfen anderer an der Planung fachlich Beteiligter

2. Vorplanung (7% des Honorars)
Abstimmen der Zielvorstellung
Aufstellen eines planungsbezogenen Zielkatalogs
Erarbeiten eines Planungskonzeptes einschließlich Untersuchung der alternativen Lösungsmöglichkeiten nach gleichen Anforderungen mit zeichnerischer Darstellung und Bewertung
Integrieren der Leistungen anderer an der Planung fachlich Beteiligter (z.B. Statiker und Fachingenieure)
Klären der wesentlichen gestalterischen, funktionalen, technischen, bauphysikalischen, wirtschaftlichen, energiewirtschaftlichen, städtebaulichen und landschaftsökologischen Zusammenhänge
Vorverhandlung mit Behörden und anderen an der Planung fachlich Beteiligten über die Genehmigungsfähigkeit führen
Kostenschätzung nach DIN 27
Zusammenstellen aller Vorplanungsergebnisse

3. Entwurfsplanung (11% des Honorars)

Zum Verständnis der verwendeten Kürzel dient die alphabetische Erläuterung der wichtigsten Begriffe, die Art und Umfang der baulichen Nutzung beschreiben.

Abstandsfläche
Unbebaubare Fläche vor notwendigen Fenstern. Ihre Breite und Tiefe ist abhängig von der Gebäudehöhe und der Zahl der Vollgeschosse.

Art der baulichen Nutzung
Begriff aus der Baunutzungsverordnung. Im Bebauungsplan wird die Art der baulichen Nutzung für die Flächen, die für eine Bebauung vorgesehen sind, durch Baugebiete mit unterschiedlichem Inhalt bestimmt.

Bauflächen
Die im Flächennutzungsplan für die Bebauung vorgesehenen Flächen, gegliedert nach der allgemeinen Art der Nutzung. Die Baunutzungsverordnung unterscheidet

- *Wohnbauflächen (W)*
- *gemischte Bauflächen (M)*
- *gewerbliche Bauflächen (G)*
- *Sonderbauflächen (S)*

Baugebiete
Die im Bebauungsplan für die Bebauung vorgesehenen Flächen, gegliedert nach der besonderen Art der Nutzung. Die Baunutzungsverordnung unterscheidet

- *Kleinsiedlungsgebiete (WS)*
- *reine Wohngebiete (WR)*
- *allgemeine Wohngebiete (WA)*
- *besondere Wohngebiete (WB)*
- *Dorfgebiete (MD)*
- *Mischgebiete (MI)*
- *Kerngebiete (MK)*
- *Gewerbegebiete (GE)*
- *Industriegebiete (GI)*
- *Sondergebiete (SO)*

Die Baunutzungsverordnung nennt für die meisten Baugebiete eine Vielzahl von Nutzungsarten, die allgemein zulässig sind und solche, die nur ausnahmsweise zugelassen werden können. Von dieser generellen Regelung darf abgewichen werden. Im Bebauungsplan kann für das jeweilige Baugebiet bestimmt werden, welche der in der Baunutzungsverordnung genannten Nutzungen zulässig sind, ausnahmsweise zugelassen werden können oder ausgeschlossen sind.

Baugrenze
Sie begrenzt die überbaubaren Grundstücksflächen. Gebäude dürfen diese Linie nicht überschreiten. Ein Vortreten von Gebäudeteilen in geringfügigem Ausmaß kann zugelassen werden.

Baulasten
Durch Erklärung gegenüber der Bauaufsichtsbehörde können Grundeigentümer oder Erbbauberechtigte öffentlich-rechtliche Verpflichtungen zu einem ihr Grundstück betreffenden Handeln, Dulden oder Unterlassen übernehmen. Diese Baulasten werden auch gegenüber dem Rechtsnachfolger wirksam und werden in ein Baulastenverzeichnis eingetragen.

Baulinie
Sie begrenzt die überbaubaren Grundstücksflächen. Das Gebäude muß auf dieser Linie gebaut werden. Ein Vor- oder Zurücktreten von Gebäudeteilen in geringfügigem Ausmaß kann zugelassen werden.

Bauweise
Im Bebauungsplan wird die Bauweise in der Regel als offene oder geschlossene Bauweise festgesetzt. In der offenen Bauweise werden die Gebäude mit seitlichem Grenzabstand (Bauwich) als Einzelhäuser, Doppelhäuser oder Hausgruppen mit einer Länge von höchstens 50 Metern errichtet. Im Bebauungsplan können Flächen festgesetzt werden, auf denen nur Einzelhäuser, nur Doppelhäuser, nur Hausgruppen oder nur zwei dieser Hausformen zulässig sind.
In der geschlossenen Bauweise werden die Gebäude ohne seitlichen Grenzabstand errichtet, es sei denn, daß die vorhandene Bebauung eine Abweichung erfordert.

Geschoßfläche (GF)
Die nach den Außenmaßen eines Gebäudes errechnete Fläche eines oder mehrerer Geschosse (auch Bruttogeschoßfläche genannt). Der Anteil der Nutzfläche beträgt im allgemeinen nach Abzug der Mauern und des Treppenhauses etwa 75%.

Geschoßflächenzahl (GFZ)
Maßangabe im Bebauungsplan, durch die bestimmt wird, wie groß die Geschoßfläche der Gebäude im Verhältnis zur Grundstücksgröße sein darf (Grundstücksgröße x GFZ = zulässige Geschoßfläche).

Grenzabstand
In Gebieten offener Bauweise der Abstand zwischen dem Gebäude und der seitlichen und rückwärtigen Grundstücksgrenze.

Grundflächenzahl (GRZ)
Maßangabe im Bebauungsplan, durch die bestimmt wird, wie groß die Grundfläche der baulichen Anlagen im Verhältnis zur Grundstücksgröße sein darf (Grundstücksgröße x GRZ = überbaubare Grundstücksfläche).

Traufhöhe
Die Höhe von Außenwänden eines Gebäudes zwischen ihrem höchsten Punkt und der Geländeoberfläche. Giebeldreiecke werden nicht mitgemessen.

Überbaubare Grundstücksfläche
Derjenige Teil eines Grundstücks, auf dem entsprechend den Festsetzungen des Bebauungsplanes unter Beachtung bauordnungsrechtlicher Vorschriften gebaut werden darf. Die überbaubare Fläche wird in der Regel durch Baulinien und Baugrenzen umgrenzt.

Vollgeschoß
Im allgemeinen Geschosse, die vollständig über der Geländeoberfläche liegen und die für Aufenthaltsräume erforderliche lichte Höhe haben. Bei ein- und zweigeschossigen Wohngebäuden sind ausgebaute Dachgeschosse in der Regel keine Vollgeschosse.

All diese Begriffe werden dem zukünftigen Bauherren während seiner Grundstückssuche und bei der Grundstücksbeurteilung irgendwann begegnen. Auch im Gespräch mit dem Architekten, für dessen Planung die Festsetzungen im Bebauungsplan Richtschnur sind, werden diese Begriffe ständig fallen. Und je besser der Bauherr sich in den Planungsgrundlagen und Planungsbegriffen auskennt, um so kompetenter wird er mit seinem Architekten sprechen, kritische Fragen stellen und auch das Verständnis dafür aufbringen können, wenn sich einmal eine Entwurfsidee aus rechtlichen Gründen nicht realisieren läßt.

Neben den Fragen, wie sich ein Grundstück finden läßt und wie es dann unter technischen und rechtlichen Aspekten zu beurteilen ist, ob es verkehrsgünstig gelegen ist, die entsprechenden Schulen in der Nähe sind, ausreichende Einkaufs- und Freizeitmöglichkeiten bestehen, wird die zukünftigen Bauherren viel mehr beschäftigen, wie ihr Grundstück eigentlich aussehen soll. Das eigene Stück Land bedeutet die Verwirklichung eines Traumes. Und dieser Traum schließt die Vorstellungen von der Wohngegend ein, den Häusern der Nachbarschaft, ihrer Architektur und ihrer Ausstrahlung. Jeder, der ein Grundstück sucht, hat solche geheimen Vorstellungen und Sehnsüchte. Kann das angebotene Grundstück diese Wünsche erfüllen? Wie ist die Grundstücksbeschaffenheit? Ist das Gelände ein wenig gewellt oder läßt es sich vielleicht modellieren? Gibt es schöne alte Bäume, die dem Grundstück ein charaktervolles Aussehen verleihen, sind sie eventuell auch zu groß und stehen sie zu dicht, so daß sie alles verschatten? Gibt es besonders schöne Ausblicke, wie ist die Orientierung des Grundstücks zur Sonne und zur Straße? Müssen eventuell Maßnahmen getroffen werden, um lästigen Schall abzuwehren? Jedes Grundstück hat seine guten und auch seine problematischen Seiten. Einmal kann jeder Bauherr sie nach seinen eigenen Wunschvorstellungen beurteilen, wie sich aber später das Haus einmal in dieses Grundstück einfügen wird, sollte er besser schon vor der Unterzeichnung des Kaufvertrages mit seinem Architekten durchspielen. Denn das Grundstück und die Nachbarbebauung haben, mehr noch als das Budget, den größten Einfluß auf die Planung. Das neue Haus muß sich in die Nachbarschaft einfügen, was nicht bedeutet, daß der Stil der Nachbarhäuser übernommen werden muß. Manche Architekten und auch Bauherren wollen mit ihrer Architektur ein Zeichen setzen. Das kann, muß aber nicht gelingen. Jeder neue Nachbar, jedes neue Haus bedeutet eine Veränderung, erzeugt Spannung, ob "die Neuen" wohl auch hierher passen. Es hat sich daher immer wieder als hilfreich erwiesen, schon zu einem ganz frühen Zeitpunkt, schon bei den ersten Erkundigungen auf dem Grundstück mit den Nachbarn Kontakt aufzunehmen und sie über die beabsichtigten Baumaßnahmen zu informieren. Am meisten wird die Nachbarn interessieren, ob das neue Haus ihr eigenes Grundstück beeinträchtigen wird, ob es ihnen die Sicht oder die Sonneneinstrahlung nimmt. Liegt die Planung für das Haus vor, sollten die Bauherren daher die Nachbarschaft über den Entwurf informieren, am besten sogar das Modell des Hauses zeigen und die Architektur erläutern, die in Kürze das Bild der Straße verändern und hoffentlich bereichern wird. Einfach nur auf dem Bauschild mitzuteilen, "hier entsteht ein modernes Wohnhaus" - schon das Wort "modern" ist für viele Menschen ein unangenehmes Reizwort -, schafft unnütze Gegnerschaft, die sich negativ auf den Bauprozeß auswirken kann. Es ist daher auch vorteilhaft, die Nachbarn rechtzeitig über den Umfang und den Ablauf der Baumaßnahmen zu informieren, damit bekannt ist, wie lange mit Störungen, Baulärm, Staub und Schmutz gerechnet werden muß. Bauherrin oder Bauherr sollten diese "Öffentlichkeitsarbeit" selber in die Hand nehmen, das schafft schnell ein positives Klima und sorgt für Vertrauen in eine spätere gute Nachbarschaft. Die wird eines Tages sehr viel wichtiger sein als die beste Alarmanlage.

Die Wahl des Architekten

Das eigene Haus bauen zu wollen, ist ein faszinierender Gedanke, ein Traum - zumindest für die Menschen, denen Wohnen mehr bedeutet, als nur ein Dach über dem Kopf zu haben.

Darüber, was dieser Traum für den einzelnen Bauherren bedeutet, gibt es natürlich ganz unterschiedliche Vorstellungen. Wer sich aber zum Bau eines Einfamilienhauses mit einem Architekten entscheidet, wer also ein Unikat bauen möchte, der wird ein charakteristisches, unverwechselbares Haus, Ausdruck der eigenen Lebensführung und des persönlichen Geschmacks - ein autobiografisches

Zeichen haben wollen. Mit diesen ersten, noch diffusen Überlegungen beginnt der Traum, Gestalt anzunehmen. Es wird Vorbilder geben, Häuser, die einem besonders gut gefallen haben, Erinnerungen und Vorlieben, die sich im Kopf zu einem ersten Architekturgebilde formen. Zu diesem Zeitpunkt wird die Frage aufkommen, wer diese Vorstellungen in gebaute Realität umsetzen soll. Die Antwort darauf zu finden ist nicht leicht. Keine Checkliste und kein Patentrezept werden hier helfen - nur die eigene Initiative und Beharrlichkeit, das eigene Gespür und ein wenig Glück. Natürlich gibt es ein paar praktische Vorgehensweisen, um die Auswahl einzugrenzen. Aber eine Hinweisliste kann nur beschreiben, kann Leitfaden sein, über dessen Befolgung hinaus muß dann die eigene Bewertung einsetzen, damit der Architekt nicht allein als Erfüllungsgehilfe betrachtet wird. Ein guter Architekt würde sich auch immer gegen eine solche Inbesitznahme sträuben. Die Grazer Architekten Szyszkowitz-Kowalski haben einmal aus Architektensicht formuliert, wie sie ihre Arbeit und den Umgang mit den Bauherren verstehen: "Das geplante Haus soll nicht nur der Status quo der derzeitigen Wünsche der Auftraggeber sein, es soll also nicht nur von den sogenannten Funktionen her formuliert werden, sondern von dem, was ungenannt bleibt, so daß es auch später den Menschen noch Entwicklungsmöglichkeiten läßt, ein katalysatorhaftes Ding, das für weitere Entwicklungen gut ist." Damit sind die Anforderungen an den Architekten eigentlich in ihrer Dualität beschrieben. Visionär soll er auf der einen Seite der ahnungsreiche, phantasievolle Künstler sein, der mit großer Kreativität die eigenen Wohnwünsche und Sehnsüchte in Räume, Raumfolgen und Raumbeziehungen umsetzt, kurz, der eine maßgeschneiderte Architektur verwirklicht. Und gleichzeitig soll er der erfahrene Praktiker sein, der präzise und gekonnt einen Bauauftrag erfüllt. Er soll versiert sein im Umgang mit allen konstruktiven und bauphysikalischen Fragen, mit den Bautechniken, mit allen Materialien, er muß genügend Handwerksfirmen kennen, mit ihnen gearbeitet und Erfahrungen gesammelt haben. Er muß die Qualität ihrer Arbeit kennen, das Preisgefüge ihrer Angebote beurteilen können und wissen, ob die Firmen auch termintreu arbeiten.

Das Anforderungsprofil, das der Auftraggeber eines Einfamilienhauses an seinen Architekten stellt, ist hoch. Dieser ist in einer vergleichbaren Situation wie der Arzt. Ohne die Mithilfe des Patienten, des Bauherrn, wird es kein zufriedenstellendes Ergebnis geben. So gründlich, wie wir inzwischen gewohnt sind, unsere Arztwahl zu betreiben, so gründlich sollte der Bauherr auch bei der Auswahl seines Architekten vorgehen. Die Suche wird der Zusammensetzung eines Mosaiks gleichen. Am Anfang wird bei den meisten Bauherren daher die Qualifikation des Architekten als Entwerfer stehen. Sie zu beurteilen ist relativ einfach - ausgeführte Bauten sprechen für sich. Stolze Eigentümer eines gelungenen Hauses werden gern den Namen ihres Architekten weitergeben, wenn sie mit ihm zufrieden waren. Gibt es in der eigenen Umgebung keine überzeugenden Beispiele, können Veröffentlichungen zum Thema Einfamilienhäuser in der Literatur oder Fachzeitschriften weiterhelfen. Ebenso können Auskünfte der örtlichen Architektenkammern Anhaltspunkte liefern. Auch der Hausmakler, der sich gegebenenfalls um das Grundstück bemühen soll, wird einige Architekten aus der Zusammenarbeit kennen, ebenso die größeren Baufirmen der Umgebung. Auf diesem Wege werden sich so langsam drei oder vier Architekten abzeichnen, die für das eigene Haus in Frage kommen. Erste Gespräche, die noch unverbindlich und kostenlos sind, können dann zeigen, ob einem überhaupt der Umgang mit dem Architekten zusagt. Ein Besuch in seinem Büro gibt schnell einen guten Eindruck über die Arbeitsatmosphäre. Der Interessent sollte sich anhand von Plänen, Fotos und Modellen einige Referenzobjekte zeigen lassen, die der Architekt ausgeführt hat. Sicher wird es bei dem einen oder anderen Haus auch Schwierigkeiten gegeben haben. Solche Auskünfte sind besonders aufschlußreich. Keine Baustelle läuft glatt und ohne Probleme ab, aber die Art und Weise, wie ein Büro mit auftretenden Schwierigkeiten fertig wurde, ist Beleg für die Arbeitsweise. Wichtig ist auch, wie das Büro seine Projekte darstellt. Verraten die Zeichnungen eine sinnliche, künstlerische Qualität oder sind die Zeichnungen sehr technisch gehalten? Gibt es Arbeitsmodelle, die den Weg von den ersten Ideen zur endgültigen Lösung zeigen? Modelle sind für den Laien zum Verständnis des Entwurfsprozesses besonders anschaulich und hilfreich. Ist der Architekt

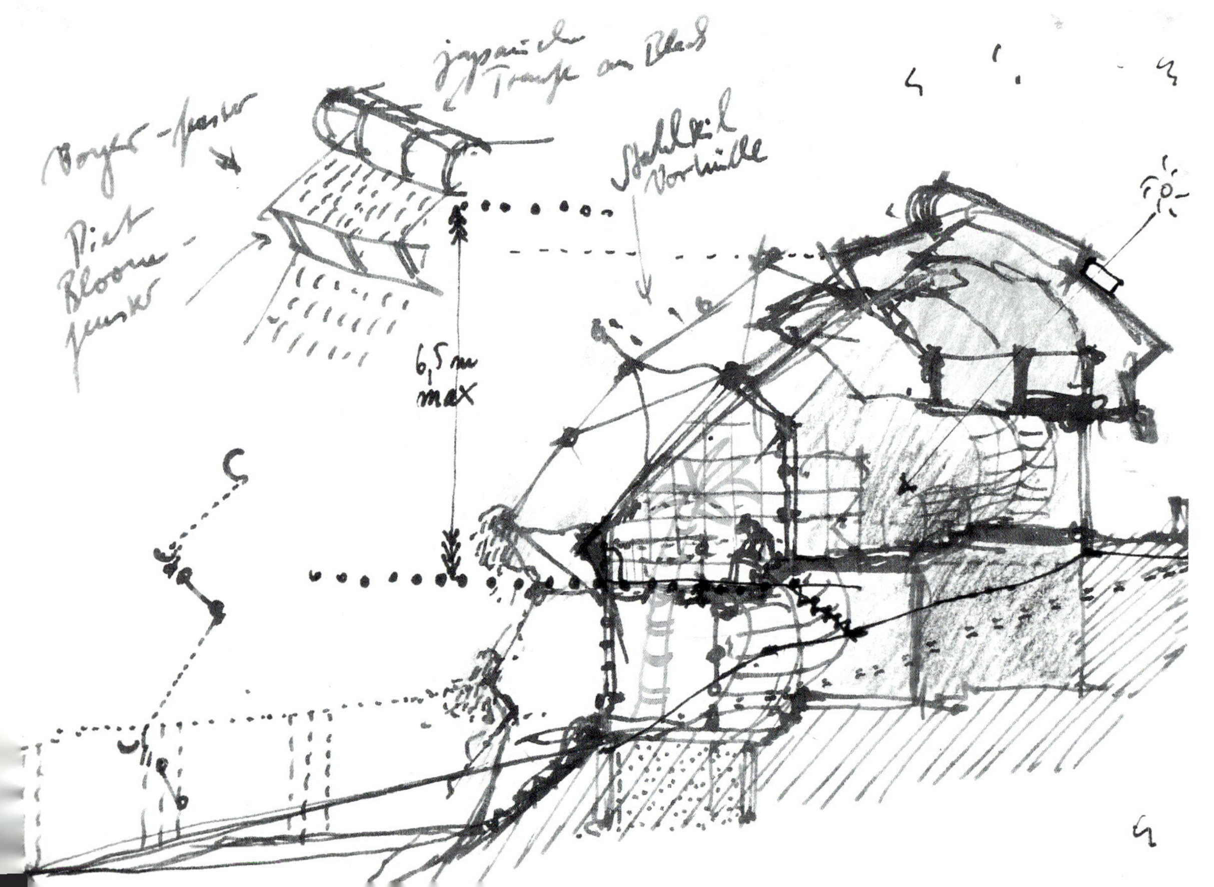

bereit, frühere Bauherren über ihre Häuser Auskunft geben zu lassen, über die Zusammenarbeit, über den Bauablauf, über die Wohnerfahrungen und auch über Bauschäden? Gibt es keine vorzeigbaren Bauherren, dann werden vermutlich die Anwälte das Bauvorhaben abgeschlossen haben - auch das ist ein Hinweis.

Das Gespräch wird zeigen, wie sich der Architekt die gemeinsame Arbeit mit den Bauherren vorstellt, wie er auf die Wünsche eingeht und ob er dem Bauherrn zeigt, welche Vorarbeit dieser selbst zu leisten hat, damit der Architekt ein Gerüst von Parametern an die Hand bekommt, auf dem er dann seinen Entwurf aufbauen kann. Ein Architekt ist ja in der Rolle eines "Systemanalytikers", der nur dann eine auftragsgerechte Arbeit leisten kann, wenn der Bauherr auch gewissenhaft sein "Pflichtenheft" erfüllt hat.

Bauen heißt, daß sich beide Seiten, Architekt und Bauherr, engagiert und vertrauensvoll auf die gemeinsame Arbeit einstellen. Und je mehr der Bauherr seine Vorstellungen präzisieren kann, je kompetenter er als Gesprächspartner ist, desto feinfühliger kann der Entwurf des Architekten oder der Architektin auf die Wünsche antworten.

Der Auftraggeber sollte sich bei der Wahl des Architekten auch darüber im klaren sein, daß "jeder, der sich selbst ein Innen, für andere ein Außen schafft", wie es Eberhard Tränkner, Präsident des Bundes Deutscher Architekten, einmal zu bedenken gegeben hat. Wird auch das der Architekt leisten können?

Natürlich spielt die Frage nach dem Honorar eine Rolle und ob der Architekt eventuell "besonders teuer" baut. Auch hierüber ist ein offenes Gespräch nötig. Eine klare Antwort, ob mit dem vorgesehenen Budget die Bauherrenwünsche erfüllt werden können, wird sicher auch über das Arbeitsverhältnis entscheiden. Wenn der Architekt im Zusammenhang mit dem Budget eher auf Qualität denn auf Quantität drängt, dann zu Recht. Als Beispiel seien die Häuser der Gründerzeit angeführt, deren Erlebniswert, deren Architektur und handwerkliche Qualität eindrucksvoll belegen, daß eine hochwertige (nicht eine teure) Gestaltung sowohl mehr Freude bereitet, als sich auch auszahlt: Eine vernünftige, angemessene Architektur war immer wertbeständig, unabhängig von geschmacklichen Moden und wirtschaftlichen Schwankungen auf den Immobilienmärkten.

Die Vielschichtigkeit der Aspekte bei der Suche nach dem richtigen Architekten zeigt, daß es für diese Suche kein Patentrezept und keine Checkliste geben kann. Wer das will, ist besser mit einem Fertighaus, oder wie es so treffend in Amerika heißt, mit einem "wash and wear house" bedient.

Architektur, oder besser, wie Architektur entsteht, ist das Ergebnis des Spannungsfeldes zwischen Auftraggeber und Architekt. Mies van der Rohe hat einmal auf die Frage geantwortet, wann er sich denn nun endlich sein eigenes Haus bauen würde: "Das kann ich nicht, denn darin könnte ich meine Paul Klees nicht aufhängen". Auch ein Aspekt, sich für oder gegen einen Architekten zu entscheiden - schließlich soll er auf die besonderen Wünsche der Bauherren eingehen und sie nicht negieren!

Aspekte der Planung

Der Grundriß

Auch wenn der Architekt die eigentliche Arbeit an der Grundrißplanung leistet, so ist es doch hilfreich, wenn sich Bauherren nicht damit begnügen, nur anzugeben, wie groß die einzelnen Räume ihres Hauses sein sollen, sondern wenn sie auch ihre Vorlieben der Raumanordnung formulieren und skizzieren, welche Qualitäten sie eigentlich von welchem Raum erwarten. In dieser Phase der eigenen Vorplanung werden auch Erinnerungen an Häuser aufkommen, die auf eine bestimmte Art beeindruckt haben, von Räumen, die als besonders angenehm empfunden wurden. Vielleicht aufgrund ihrer Form, ihrer Größe und Proportionen oder dadurch, daß sie in einem besonders harmonischen Verbund zu anderen Räumen standen. Um diese eher atmosphärische Qualität wird es bei der Vorplanung gehen - weniger um die funktionalen Zusammenhänge. Diese wird der Architekt aus der Grundstückssituation und dem Gesamtpaket der Bauherrenwünsche entwickeln. Das Anforderungsprofil jedoch an jeden einzelnen Raum sollten die Bauherren selbst entwickeln. Hier können alle Wünsche und Anregungen, die oft über Jahre gesammelt wurden, in einem ersten gedachten Grundriß einmünden. Am einfachsten wird diese Aufgabe für Funktionsräume wie Bad und Küche zu formulieren sein. Welche Aktivitäten sollen hier stattfinden, welcher Wert wird auf den Ausblick

Erste Studie und gebautes Ergebnis: Eine faszinierende Architektur die belegt, wie wichtig die Wahl des richtigen Architekten ist. Architekten: Szyszkowitz-Kowalski, Graz

gelegt, den Stand zur Sonne? Welche Materialien schweben den Bauherren für Fußboden, Wände, Türen und Einbauten vor? Zunächst werden die Anforderungen erst einmal ungeordnet gesammelt, später dann sortiert und auf ihre Wertigkeit überprüft. Auf diese Weise entsteht nach und nach ein umfangreiches Raumbuch, das für jeden Raum des Hauses die wesentlichen Anforderungen, Wünsche und Erwartungen festhält. Dadurch muß nicht erst im Gespräch mit dem Architekten lange über jeden einzelnen Raum nachgedacht werden, es geht nichts verloren, und dem Architekten wird sehr schnell ein klares Bild von den besonderen Vorstellungen seiner Bauherren vermittelt.

Sind alle Ideen für den Grundriß zusammengetragen, sollten die Bauherren auch ihre Wünsche hinsichtlich möglicher späterer Veränderungen überdenken. Soll das Haus mit größer werdender Familie noch einmal wachsen, soll eventuell angebaut werden? Wie sieht die Planung für das Haus in zehn, zwanzig Jahren aus? Soll es dann so aufgeteilt werden können, daß vielleicht einmal zwei oder auch drei Generationen unter einem Dach leben können, oder soll ein Teil des Hauses später vermietet werden? Auf welchen Ebenen soll diese Teilung geschehen, wieviele Ebenen soll das Haus überhaupt haben? Je präziser die Anforderungen in dieser Phase der Vorplanung formuliert werden, um so leichter wird allen Beteiligten die eigentliche Planungsphase fallen, die sich dann konkret auch mit dem Grundstück auseinandersetzen muß.

Der Gebäudetyp

Es ist nicht verwunderlich, daß im Schwäbischen die sogenannte Kaffeemühle lange Zeit der beliebteste Einfamilienhaustyp war. Er war kompakt, hatte einen annähernd quadratischen Grundriß, zwei Geschosse und als Abschluß ein Walmdach - alles in allem die Form einer Kaffeemühle. Und das machte Sinn: je kompakter die Hausform, je geringer ist der Anteil der Außenfassaden und damit die Heizkosten, denn die Wärmeverluste eines Hauses wachsen proportional mit den Außenflächen. Aber hinter diesem vordergründigen Kostenargument verbergen sich in der Regel ganz andere Sehnsüchte. Ohnehin haben die Bauherren bei der Vorstellung ihres Traumhauses meist eher einen bestimmten Haustyp vor Augen als irgendeinen besonders gelungenen Grundriß. Ähnlich wie das Raumbuch sollten sie daher auch formulieren, welche besonderen Charakteristika der Haustyp aufweisen sollte, den sie sich vorstellen. Sollte es eher ein massives Haus sein, traditionell klar in den Formen, oder schwebt ihnen etwas vor, das an die großen Vorbilder der klassischen Moderne erinnert, oder soll das Haus ein besonders zeitgenössisches Engagement vermitteln? Gerade die archetypische Ausstrahlung eines Hauses wird ja die Wahl des Architekten bestimmen.

Zu der Entscheidung für einen bestimmten Haustyp gehört auch die Frage, ob das Haus einen Keller und welche Dachform es haben soll. In Deutschland gehört der Keller im Gegensatz zu den Gewohnheiten der Nachbarländer traditionell zum Standard eines Einfamilienhauses. Aber es lohnt, diese Tradition einmal zu hinterfragen. Welche Funktionen soll der Keller erfüllen? Abstellräume und Heizung können auch unter dem Dach oder in einem ebenerdigen Nebenraum oder im Zusammenhang mit der Garage eingeplant werden. Bei einem kultivierten Weinkeller, der das ganze Jahr über 14° Temperatur bewahren soll, wird das ohne zusätzliche technische Installationen dagegen nicht funktionieren. In jedem Fall gilt, daß für einen Keller höhere Baukosten anfallen als für Räume über der Erde - von den baukonstruktiven und bauphysikalischen Problemen, die bei Gebäudeteilen im Erdreich anfallen, einmal abgesehen. Es spricht also eigentlich nichts für einen Keller, außer einem gewissen Lebensgefühl, das sich mit einem Keller unter dem Haus verbindet: Geborgenheit, weil das Haus tief im Erdreich verankert ist, Sicherheit, Solidität und ein gewisses Traditionsgefühl, verbunden mit dem Wissen um große kühle Abstellräume sprechen bei manchen Bauherren für sich.

Erste Innenraumstudien für ein Projekt in Wien. Solche Zeichnungen sind nicht nur faszinierende Studienblätter, sie haben auch einen ganz eigenen künstlerischen Reiz. Architekt: Gerd M. Mayr-Keber, Wien

Ebenso verhält es sich mit der Frage, ob das Haus ein Dach bekommen soll, das auch genutzt werden kann, oder ob es nur die Aufgabe des Wetterschutzes übernehmen soll. Zwar muß kaum ein Bauteil so unterschiedlichen Beanspruchungen gewachsen sein wie die fünfte Fassade des Hauses, das Dach, aber Regen, Schnee, Sturm und Temperaturschwankungen im Jahresverlauf von 100° können sowohl das geneigte als auch das flache Dach trotzen. Es ist eher eine Frage der Gestaltung und damit der Ausstrahlung des Hauses und der beabsichtigten Nutzung des Dachraumes. Es gibt Bauherren, die die besondere Atmosphäre eines Dachraumes schätzen, anderen wiederum geht es um die charakteristische, äußere Form, die ganz wesentlich die Ausstrahlung des Hauses bestimmt - nicht umsonst erhalten heute wieder über 90% der Einfamilienhausneubauten ein geneigtes Dach. Wichtig für die Planung ist daher, daß die Bauherren die Frage beantworten, was sie grundsätzlich mit dem Dach vorhaben. Denn die Art der geplanten Nutzung wird den konstruktiven Aufbau, die Erschließung, und die Vorrichtungen für die Installationen, die Belichtung und vor allem Art und Umfang der Wärmedämmaßnahmen beeinflussen. Werden all diese Arbeiten von vornherein mit geplant und auch - bis auf den eigentlichen Ausbau - schon ausgeführt, dann bedeutet das zwar höhere Investitionen, aber erheblich geringere Baukosten zum Zeitpunkt des Ausbaus - von Schmutz durch Materialtransport und anderen Beeinträchtigungen einmal abgesehen.

Die Materialien

Nach dem grenzenlosen Optimismus der High-Tech-Ära besinnen sich Bauherren und Architekten heute wieder auf die Verwendung natürlicher Baustoffe, die so wenig wie möglich chemisch behandelt oder konserviert wurden. Bauherren sollten sich daher über die Verwendung der Materialien für die Baukonstruktion ihres Hauses Gedanken machen. Wie sollen die Außenwände, Innenwände, Decken und Dach konstruiert werden? Welche Dämmstoffe sollen eingesetzt werden? Ein baubiologisch konsequenter Außenwandaufbau aus Lehm und Stroh ist nicht jedermanns Sache. Die Bauherren sollten daher das Thema Materialwahl intensiv mit ihrem Architekten besprechen, damit dieser in seiner Planung auf die Wünsche nach baubiologisch einwandfreien Materialien eingehen kann.

Auch wenn technische Experimente die Existenz von Erdstrahlen und den Einfluß von Wasseradern nicht haben nachweisen können, so beschäftigt doch viele Bauherren dieses Phänomen. Ebenso ist die Frage, wie weit ein Haus gegen Radioaktivität aus dem Erdreich, in der Luft oder auch in den Baumaterialien, wie zum Beispiel bei Chemiegips, Schiefer und Granit, geschützt werden soll, für manche Bauherren ein wichtiges Kriterium für die Materialwahl. Sollten sie das Gefühl haben, daß ihnen ihr Architekt hier nicht die überzeugenden Antworten geben kann, dann sollten sie gemeinsam einen Baubiologen konsultieren und mit diesem das Materialkonzept besprechen.

Das Energiekonzept

Für die Beheizung von Gebäuden wird nach wie vor der größte Anteil am Energieverbrauch aufgewendet. Aber noch immer sind die Einsparmöglichkeiten beträchtlich. Sie zu nutzen bedeutet einen ganz wesentlichen Beitrag zum Umweltschutz. Eine einzige Zahl mag das verdeutlichen: Ein Neubau, der nur die Mindestdämmwerte erfüllt, hat einen über 100% höheren Jahreswärmebedarf als ein Niedrigenergiehaus. Letztere zeichnen sich durch besonders gute Dämmwerte der Fassade (k-Wert zwischen 0,2 und 0,3), des Daches (k-Wert unter 0,2) und des Fußbodens zum Erdreich (k-Wert unter 0,4) aus. Das Konzept zur Vermeidung von Transmissionswärmeverlusten wird ergänzt durch Maßnahmen, die auch die Lüftungswärmeverluste verringern. Geeignet sind dafür mechanische Be- und Entlüftungsanlagen, die zum Teil auch mit einer Wärmerückgewinnung die Energiebilanz erheblich verbessern. Auch der Energieverbrauch für die Warmwasserbereitung kann durch den Einbau von Sonnenkollektoren gesenkt werden. Wirkungsvolle Energiekonzepte berücksichtigen schon bei der Planung des Hauses die Gebäudeform und die Kollektorflächen der Südfenster der Hausfassade, um möglichst hohe Energiegewinne durch Sonneneinstrahlung und innere Wärmequellen des Hauses zu nutzen. Damit diese kostenlose Energie optimal genutzt werden kann, muß das Heizsystem schnell regelbar sein, damit es nicht zum unnötigen Überheizen einzelner Räume kommt. Gut geeignet für die Beheizung ist die konventionelle Warmwasser-Zentralheizung. Solche effizienten Niedrigenergiehäuser begnügen sich pro Jahr schon mit 5 Litern Heizöl oder Kubikmeter Erdgas je Quadratmeter Wohnfläche.

Die hier genannten Aspekte der Gebäudekonzeption sollen aufzeigen, mit welchen Fragen sich Bauherren zu Beginn ihrer Planung beschäftigen können. Je intensiver das geschieht - zu jedem dieser Aspekte gibt es eine detaillierte Literatur -, je kompetenter, kritischer und fordernder werden die Gespräche mit dem Architekten verlaufen.

Die Zusammenarbeit mit dem Architekten

Wer ein Haus nach seinen ganz persönlichen Wünschen bauen lassen will, wird ein Mensch mit ausgeprägt eigenem Vorstellungsvermögen, mit kreativen Interessen und einer gewissen Eigenwilligkeit sein. Sein Gegenüber, den Architekten, zeichnen ähnliche Eigenschaften aus, schließlich bilden sie die notwendige Grundlage zur Ausübung seines Berufes: eine besondere Individualität, ein gewisses Künstlertum, ein ausgeprägter Gestaltungswille, Freude am Konstruieren, Bauen und Realisieren - und ebenfalls Eigenwilligkeit. Einem solchen Charakter läßt sich nicht leicht etwas aufzwingen. Für eine gedeihliche Zusammenarbeit ist daher erst einmal das sichere Gefühl auf beiden Seiten wichtig, es überhaupt miteinander versuchen zu wollen. Der Bau eines Hauses ist ja kein einfaches Unterfangen, es wird Schwierigkeiten geben, man wird sich auseinandersetzen und arrangieren müssen, Vorstellungen werden auf korrigierende Meinungen treffen. Am besten ist es daher, man geht respektvoll, ehrlich und freundlich im Sinne einer zeitlich begrenzten Partnerschaft miteinander um.

Am Anfang steht für beide Seiten die Arbeit an dem Pflichtenheft zur Definition des Raumprogrammes. Die Hausgröße, die sich aus der Anzahl der Räume, den Raumgrößen, den Raumfolgen und den Nebenflächen, den Raumhöhen und den Raumzusammenhängen ergibt, wird diagrammartig aufgelistet. So kommen die Gesprächspartner erst einmal zu den notwendigen "harten" Daten. Der Architekt wird bei dieser Zusammenstellung natürlich behilflich sein und Regie führen. Mit einer Checkliste werden alle notwendigen Informationen abgefragt und dann besprochen. Die sich langsam abzeichnende Hausgröße, die Summe der Quadratmeter an Wohn- und Nutzfläche und die Kubatur geben erste Anhaltspunkte über die zu erwartenden Baukosten. Oder die Baukosten sind als Budget vorgegeben, dann wird sich danach die Hausgröße und ein entsprechender Ausstattungsstandard richten. Schon in dieser Phase der Besprechungen wird sich herausstellen, wie die Entscheidungsfindung in der Zusammenarbeit abläuft. Sind sich die Bauherren untereinander einig über das Budget, gibt es übereinstimmende oder unterschiedliche Auffassungen über den Standard, ist der Architekt klar in seinen Auskünften über die zu erwartenden Preise und damit über die Baukosten? Zu diesem Zeitpunkt werden die Weichen gestellt. Jetzt spätestens wird klar, ob sich beide Seiten aufeinander einstellen, auch emotional. Ist ein Verständnis für die Belange des anderen sichtbar, oder redet man aneinander vorbei?

Liegt die Hausgröße in etwa fest und besteht Klarheit über das Budget, dann geht es an die eher weichen Daten, die notwendig sind, um das Raumprogramm des Hauses im Detail zu formulieren. Es muß jetzt von innen nach außen über Vorlieben gesprochen werden. Dazu kann es notwendig sein, daß sich der Architekt über die Lebensgewohnheiten seiner Klienten sehr genau informieren will, oder daß der Klient wissen will, wie eigentlich der Architekt selber lebt, ob sein Wohnumfeld verspricht, daß er auch ein Gespür für die eigenen Wünsche hat. Es geht also um die Psychologie des Wohnens, um das Intime, das später einmal das Besondere, das Charakteristische des Hauses ausmachen wird.

Wie offen soll das Haus sein, wo soll die Privatsphäre beginnen, wo enden? Wie soll der Raumeindruck in den einzelnen Zimmern sein, welche Stimmung soll das Haus vermitteln, wie also soll die "Inszenierung" aussehen? Wie wird sich dieses Programm nach außen darstellen, im Baukörper, in den Fassaden? Sind diese generellen Vorstellungen abgesteckt, wird es bei den Nutzungsfragen, der Küche, dem Bad, den Funktions- und den Nebenräumen ins Detail gehen. Bis jetzt ist noch keine einzige Skizze entstanden, bestenfalls Organigramme, die die Raumverbindungen und Ebenen andeuten, vielleicht auch Achsen und Blickbezüge und erste Überlegungen, wie sich diese Vorstellungen in bezug auf das Grundstück auswirken.

Dann wird es um die äußere Form gehen, um den Baukörper, Dachformen, um die wesentlichen Materialien, die das Erscheinungsbild des Hauses in seiner Wirkung bestimmen. An dieser Stelle wird es Meinungen, vielleicht auch Vorurteile zu besprechen geben, zum Beispiel über die Dachform. Viele Bauherren haben nur Schlechtes über das flache Dach gehört, aber eigentlich hätten sie vielleicht gern ein elegantes, flaches Dach - schließlich haben die schönsten Häuser der klassischen Moderne flache Dächer. Oder verbirgt sich hinter dem Vorurteil eher der Wunsch nach einem Haus mit beschützendem Zeltdach, also einem Steil- oder Walmdach?

Diese ersten Gespräche, sie werden ein paar Stunden dauern, werden beiden Seiten nach und nach ein konkretes Bild vermitteln. Dem Architekten über das, was sich der Bauherr vorstellt, dem Bauherrn wird es zeigen, wie weit er sich verstanden fühlt, ob er sich wohl fühlt, ob jetzt seine Neugier wächst, bald die ersten Skizzen und Überlegungen des Architekten in Händen halten zu können. Vielleicht auch ein erstes Arbeitsmodell, das schon etwas über die Gebäudeform aussagt. Zu diesem Zeitpunkt ist es für den Architekten besonders beglückend, wenn er den Enthusiasmus der Bauherren verspürt - es wird ihn zu ganz besonderen Leistungen anspornen, und beiden Seiten kann die Arbeit extreme Freude bereiten. Die Zeit bei den Gesprächen wird wie im Fluge und ohne Anstrengung vergehen, auch wenn diese ersten gemeinsamen Sitzungen manchmal sehr lange dauern. Zu diesem Zeitpunkt entscheidet sich, ob es ein gutes Haus wird, ob aus dem Verhältnis Auftraggeber zu Auftragnehmer eine Partnerschaft auf Zeit wird. Nur so entsteht das notwendige Spannungsfeld, das Kreativität freisetzt, nur so entsteht die gute Architektur, von der beide Seiten träumen. Die Architekten Szyszkowitz-Kowalski aus Graz haben diese Phase der Gespräche mit den Bauherren treffend beschrieben: "Als Architekten müssen wir Strukturen und Stimmungen auffassen, die selbstverständlich zum einen von der Bauherrschaft kommen, die aber manchmal so deutlich nicht genannt werden können. Sie drücken sich zwar oft in benennbaren Dingen aus, und doch schwingt oft ein Tonteil, ein Zögern mit. Man muß die ganze Art, wie sie sich

bewegen und gehaben, beobachten und sich dann vorstellen, wie diese Menschen wohl später in ihrem Haus rumlaufen werden." Diese Beobachtung zeigt, wie wichtig es ist, daß sich Bauherren und Architekt "offenbaren". Es ist wie bei einem Portrait: Architektur ist nicht nur Abbild, sondern vielmehr Interpretation, vielleicht sogar eine Vorwegnahme der Wünsche.

Wenn alle Informationen zusammengetragen wurden, die für das Raumprogramm und zur Realisierung der Architekturvorstellungen nötig sind, dann kann der Architekt mit dem Entwurf beginnen. Diese Phase, der Vorentwurf, nimmt eine gewisse Zeit für die Bearbeitung in Anspruch. Eine Zeit, die der Bauherr mit Spannung und Unruhe verbringen wird, neugierig auf die Ergebnisse.

Danach werden sich Bauherr und Architekt über die ersten Ideenskizzen und Zeichnungen beugen, um die Vorstellungen zu konkretisieren. Das Medium, das diese Ideen vermittelt, ist die Zeichnung. Für den Architekten ist sie zu lesen wie ein Text, jeder Strich hat seine Bedeutung, jeder Abstand zwischen den einzelnen Strichen bedeutet ein Flächen- oder Raummaß, die Summe der Striche sind der Grund- und Aufriß, aus ihnen formuliert sich das Haus. Und über diese Formulierungen muß gesprochen werden. Dann ist es gut, wenn auch der Bauherr die Pläne des Architekten lesen kann, wenn er dieselbe Sprache spricht, wenn ihm die Bedeutung der Striche und Symbole vertraut ist, und er sich daran gewöhnt, in den gängigen Maßstäben von 1:100 im Vorentwurf, in 1:50 im Entwurf und 1:20 oder 1:10 in den Detailplänen zu denken. Sollen sich mit den dort angegebenen Maßen und Symbolen auch Vorstellungen von realen Größen einstellen, dann bedarf es guter Kenntnisse der "Sprache Zeichnung". Das Lesen von Plänen erfordert ein gewisses Maß an Übung - eine Aufgabe, der sich der Bauherr, ist ihm das Metier fremd, gut in dieser Phase des Vorentwurfes unterziehen kann. Je besser der Bauherr selbst die Zeichnungen versteht, je einfacher wird es für ihn, sachgerechte Entscheidungen zu treffen. Beiden Seiten wird eine gut funktionierende Kommunikation viel Zeit und damit auch Geld ersparen - und später Überraschungen auf der Baustelle.

Die Leistungen des Architekten

Die Honorarordnung für Architekten und Ingenieure, die HOAI, definiert die Leistungen des Architekten. Anhand der zugehörigen Gebührentabelle wird das Honorar gemäß der Bauklasse (bei durchschnittlicher Ausstattung Klasse 3, bei überdurchschnittlicher Ausstattung Klasse 4) und des vereinbarten Honorarsatzes festgelegt. Die HOAI ist die gesetzliche Grundlage des Architektenvertrages. Die hier festgelegten Mindestgebührensätze dürfen grundsätzlich nicht unterschritten werden.

Wird zwischen Bauherr und Architekt keine besondere Honorarvereinbarung getroffen, dann gilt automatisch der Mindestsatz der Gebührenordnung. Allerdings werden sich nur wenige Architekten bei der Planung eines Einfamilienhauses auf den Mindestsatz einlassen, da er in der Regel nicht die Kosten deckt.

Die Planung eines Einfamilienhauses ist sehr zeit- und arbeitsintensiv. Und auch wenn es übertrieben klingt, der Arbeitsaufwand und das Honorar stehen in einem so unguten Verhältnis, daß mit einem solchen Auftrag kein Geld zu verdienen ist. Dennoch stellen sich Architekten immer wieder gern und mit Hingabe dieser Aufgabe, weil es eine besondere Herausforderung bedeutet, eine ganz individuelle und auf die Auftraggeber zugeschnittene Architektur zu erarbeiten, damit auch den vorbildlichen Lösungen großer Architekten nachzueifern und sich ihren Arbeiten zu stellen. Gerade bei dieser Bauaufgabe ist in der jüngeren Baugeschichte Vorbildliches geleistet worden. Die Parameter sind im Wesentlichen immer die gleichen geblieben, ob es sich nun um ein Low-Budget- Haus oder um den Entwurf einer großzügigen Villa handelt. Darum sind die Lösungen auch so gut vergleichbar und für den Laien verständlich - das Ergebnis ist sichtbar, es strahlt aus - oder eben nicht. Diesen Unterschied herauszuarbeiten, ist das Ziel, das dem Architekten bei seiner Arbeit vor Augen steht, und im besten Falle hegt der Bauherr das gleiche Interesse.

Am Einfamilienhaus läßt sich am ehesten das Engagement des Architekten für unsere gebaute Umwelt messen - und es sollte vom Bauherrn honoriert werden.

Da es aber gerade über das Honorar immer wieder Vorurteile gibt - das Bauen mit einem Architekten ist teuer, der Bauausgang ungewiß und das Honorar zu hoch -, soll hier einmal auszugsweise gezeigt werden, welche Leistungen der Architekt für die Planung und Baudurchführung eigentlich erbringt.

1. Grundlagenermittlung (3% des Honorars)

Klären der Aufgabenstellung
Beratung zum gesamten Leistungsbedarf
Formulieren von Entscheidungshilfen anderer an der Planung fachlich Beteiligter

2. Vorplanung (7% des Honorars)

Abstimmen der Zielvorstellungen
Aufstellen eines planungsbezogenen Zielkatalogs
Erarbeiten eines Planungskonzeptes einschließlich Untersuchung der alternativen Lösungsmöglichkeitenn nach gleichen Anforderungen mit zeichnerischer Darstellung

Vom ersten phantasievollen Skizzenblatt über das anschauliche Modell führt der arbeitsreiche Weg zum endgültigen Gebäude (s. Seite 165 - 167). Architekt: Professor Thomas Spiegelhalter, Freiburg

und Bewertung

Integrieren der Leistungen anderer an der Planung fachlich Beteiligter (zum Beispiel Statiker und Fachingenieure)

Klären der wesentlichen gestalterischen, funktionalen, technischen, bauphysikalischen, wirtschaftlichen, energiewirtschaftlichen, städtebaulichen und landschaftsökologischen Zusammenhänge

Vorverhandlungen mit Behörden und anderen an der Planung fachlich Beteiligten über die Genehmigungsfähigkeit führen

Kostenschätzung nach DIN 276

Zusammenstellen aller Vorplanungsergebnisse

3. Entwurfsplanung (11% des Honorars)

Durcharbeiten des Planungskonzeptes und stufenweise Erarbeitung einer zeichnerischen Lösung bis zum vollständigen Entwurf

Zeichnerische Darstellung des Gesamtentwurfes mit durchgearbeiteten, vollständigen Vorentwurfs- und/oder Entwurfszeichnungen im Maßstab 1:50 bis 1:20

Verhandlungen mit Behörden und anderen an der Planung fachlich Beteiligten über die Genehmigungsfähigkeit

Kostenberechnung nach DIN 276

Zusammenfassen aller Entwurfsunterlagen

4. Genehmigungsplanung (6% des Honorars)

Erarbeiten der Vorlagen für die nach den öffentlich-rechtlichen Vorschriften erforderlichen Genehmigungen oder Zustimmungen einschließlich der Anträge auf Ausnahmen und Befreiungen sowie noch notwendiger Verhandlungen mit Behörden

Einreichen dieser Unterlagen

5. Ausführungsplanung (25% des Honorars)

Durcharbeiten der Ergebnisse der Leistungsphasen 3 und 4

Zeichnerische Darstellung des Objektes mit allen für die Ausführung notwendigen Einzelangaben, das heißt endgültige, vollständige Ausführungs-, Detail- und Konstruktionszeichnungen im Maßstab 1:50 bis 1:1

Materialabstimmung aller Bauteile

6. Vorbereiten der Vergabe (10% des Honorars)

Ermitteln und Zusammenstellen der Mengen als Grundlage für das Aufstellen von Leistungsbeschreibungen

Aufstellen von Leistungsbeschreibungen mit Leistungsverzeichnissen nach Leistungsbereichen, das heißt je Gewerk

7. Mitwirkung bei der Vergabe (4% des Honorars)

Zusammenstellen der Verdingungsunterlagen für alle Leistungsbereiche

- *Einholen von Angeboten*
- *Prüfen und Werten der Angebote einschließlich Aufstellen eines Preisspiegels*
- *nach Teilleistungen*
- *Verhandlung mit den Bietern*
- *Kostenanschlag nach DIN 276 aus Einheits- oder Pauschalpreisen der Angebote*
- *Mitwirken bei der Auftragserteilung*

8. Objektüberwachung (31% des Honorars)

Überwachen der Ausführung des Objektes auf Übereinstimmung mit der Baugenehmigung, den Ausführungsplänen und den Leistungsbeschreibungen

Überwachung der Ausführung von Tragwerken auf Übereinstimmung mit dem Standsicherheitsnachweis

Koordinieren der an der Objektüberwachung fachlich Beteiligten

Aufstellen und Überwachen eines Zeitplanes

Führen eines Bautagebuches

Abnahme der Bauleistungen unter Feststellung von Mängeln

Rechnungsprüfung

Kostenaufstellung nach DIN 276

Antrag auf behördliche Abnahmen und Teilnahme daran

Übergabe des Objektes einschließlich Zusammenstellung und Übergabe der erforderlichen Unterlagen, zum Beispiel Bedienungsanleitungen, Prüfprotokolle, Auflisten der Gewährleistungsfristen

Überwachen der Beseitigung der bei der Abnahme der Bauleistungen festgestellten Mängel

Kostenkontrolle

9. Objektbetreuung und Dokumentation (3% des Honorars)

Objektbegehung zur Mängelfeststellung vor Ablauf der Verjährungsfristen der Gewährleistungsansprüche

Mitwirken bei der Freigabe von Sicherheitsleistungen

Systematische Zusammenstellung der zeichnerischen Darstellungen und rechnerischen Ergebnisse des Objektes

Das Honorar des Architekten

Grundlage für das Honorar des Architekten sind gemäß der HOAI die anrechenbaren Kosten des Bauwerks, also die Kosten für die Handwerkerleistungen und das Material. Zugrundegelegt werden hierfür die vier Kostenermittlungsarten nach DIN 276. Vor Beginn der eigentlichen Planungsarbeit wird aufgrund von Flächen- und Kubikmeterberechnungen die Kostenschätzung aufgestellt, nach der schon grob die Kosten für das Honorar und die Nebenkosten abgeschätzt werden können. Nach der Planung werden die Kosten dann aufgrund genauer Flächen und Kubikmeterangaben sowie bezogen auf den Ausstattungsstandard berechnet. Nach Abgabe der Angebote der ausführenden Firmen und der Submission steht der Kostenanschlag für das Gebäude fest. Kommen jetzt keine wesentlichen Änderungen mehr, dann läßt sich auch das genaue Honorar für den Architekten veranschlagen. Nach der letzten Kostenermittlung am Ende der Bauzeit wird dann noch die Kostenfeststellung fällig. Auf dieser beruht dann die endgültige Abrechnung des Architektenhonorars.

Architekten müssen häufig dem Verdacht entgegentreten, die Baukosten in die Höhe zu treiben, weil dadurch automatisch auch ihr Honorar steigt. Das kostenbewußte, preiswerte Bauen, das immer einen sehr viel größeren Planungsaufwand bedeutet, dagegen wird nicht belohnt, im Gegenteil, es wird durch die Honorarordnung bestraft. Es ist daher empfehlenswert, das Honorar nach dem Budget und der Kostenkalkulation zu vereinbaren. Etwaige Kostensteigerungen, die während der Bauzeit häufig durch wachsende Qualitäts- und Ausstattungsansprüche der Bauherren entstehen, sollten dann zum vereinbarten Honorarsatz zusätzlich vergütet werden - für beide Seite eine faire Lösung.

Als Anhaltspunkt für die Höhe des zu zahlenden Honorars an den Architekten mag die Tabelle dienen:

Anrechenbare durchschnittliche Bauweise Baukosten

Bauklasse 3

	Mindest	*Höchst*
DM 300 000	*31 240*	*39 220*
DM 500 000	*49 670*	*60 890*
DM 800 000	*71 520*	*89 080*
DM 1 000 000	*82 810*	*104 750*

Anrechenbare durchschnittliche Bauweise Baukosten

Bauklasse 4

	Mindest	*Höchst*
DM 300 000	*39 220*	*44 530*
DM 500 000	*60 890*	*68 370*
DM 800 000	*89 080*	*100 780*
DM 1 000 000	*104 750*	*119 350*

(Honorar zuzüglich geltender Mehrwertsteuer)

Der Vertrag mit dem Architekten

So wie beim Kauf eines Grundstücks ganz selbstverständlich vom Notar der Kaufvertrag aufgesetzt wird, so sollten auch Bauherr und Architekt vor dem Beginn ihrer Zusammenarbeit eine schriftliche vertragliche Vereinbarung treffen, die die Rechte und Pflichten der beiden Parteien regelt. Schließlich handelt es sich wie beim Grundstückskauf um eine erhebliche Investition, oft sogar die größte im Leben eines privaten Bauherrn.

Ein solcher Vertrag kann auf Basis der gesetzlich verankerten Honorarsätze entweder frei gestaltet werden, oder aber es wird der Einheits-Architektenvertrag zugrundegelegt, der als bewährter Normvertrag von der Bundesarchitektenkammer herausgegeben wird. Er regelt klar die Beziehung zwischen Bauherr und Architekt, beschreibt das zu erstellende Einfamilienhaus in Art, Umfang und Kostenrahmen, also den eigentlichen Gegenstand des Vertrages und benennt die einzelnen Leistungsphasen, die der Architekt von der Planung bis zur Baukostenabrechnung und Dokumentation zu erbringen und die der Auftraggeber im Gegenzuge zu vergüten hat - so wie es die Honorarordnung für Architekten, die HOAI, festschreibt. Der Vertrag behandelt auch den Umfang sogenannter besonderer Leistungen, die über den eigentlichen Vertragsumfang mit dem Architekten hinausgehen, wie zum Beispiel eine besondere Standortanalyse, die Untersuchung alternativer Lösungsmöglichkeiten bei grundsätzlich unterschiedlichen Anforderungen oder auch eine Wirtschaftlichkeitsberechnung des Objektes. Bei größeren Bauvorhaben empfiehlt es sich, Ingenieure als Sonderfachleute heranzuziehen. Diese Tätigkeiten - wie zum Beispiel ein notwendiges Bodengutachten zur Ermittlung der Tragfähigkeit des Baugrundes - oder die Leistungen des Statikers werden allerdings noch einmal über eigene Verträge vereinbart und auch gesondert abgerechnet. Als Beispiel für die Arbeit der Fachingenieure seien Planungsleistungen genannt, wie sie für besondere elektrotechnische, Sanitär-, Schwimmbad- und sicherheitstechnische Einrichtungen notwendig werden.

Der Vertrag regelt auch die Art der Vergütung der Nebenkosten des Architekten für das Pausen der Planunterlagen, Fotokopien, Porto und Fernmeldegebühren, die Fahrt- und Übernachtungskosten. Entweder werden sie pauschal - üblich sind etwa 7% des Architektenhonorars - oder aber per Nachweis vergütet. Zu den einzelnen Honoraren ist jeweils die geltende Umsatzsteuer hinzuzurechnen.

Zur Sicherung etwaiger Ersatzansprüche des Bauherren aus dem Architektenvertrag ist vom Architekten eine Haftpflichtversicherung für Personen- und sonstige Schäden nachzuweisen. Schließlich werden noch die Gewährleistungsfristen und die Haftungsdauer des Architekten vereinbart, die nach BGB (Bürgerliches Gesetzbuch) fünf Jahre beträgt. Gemäß der Verdingungsordnung für Bauleistungen (VOB) der ausführenden Firmen beträgt die Haftungsdauer zwei Jahre. Sich daraus ergebende Haftungsdifferenzen können dadurch geregelt werden, daß die Haftungszeiten der Vertragsparteien jeweils auf zwei oder fünf Jahre vereinbart werden.

Darüber hinaus können noch zusätzliche Vereinbarungen wie der terminliche Ablauf der einzelnen Planungsschritte und des Bauablaufs, sowie der Fertigstellungstermin und gegebenenfalls auch für Nichteinhaltung der Termine bei den Handwerksleistungen Konventionalstrafen vereinbart werden. Mit der Unterschrift der beiden Vertragspartner wird der Vertrag wirksam.

So selbstverständlich, wie das Honorar eines Arztes oder Steuerberaters bezahlt wird, so selbstverständlich sollte auch der Bauherr akzeptieren, daß die Arbeit des Architekten vom ersten Strich an honorarpflichtig ist. Er sollte nicht verwundert sein, daß der Architekt seine Arbeit erst aufnimmt, wenn der Bauherr ihn förmlich mit dem Entwurf beauftragt hat und der Vertrag auch unterschrieben ist. Daß viele Architekten es im guten Glauben mit der Vertragsunterzeichnung gerade bei kleineren Aufgaben wie einem Einfamilienhaus nicht so ernst nehmen und diese erst erbitten, wenn schon viele Arbeitsstunden angefallen sind, ist zwar gängige Praxis, führt aber auch immer wieder zu unnötigen Unstimmigkeiten. Abgerechnet wird dann später entweder jede einzelne erbrachte Leistungsphase, oder es wird nach Abschluß der wesentlichen Planungsschritte, wie zum Beispiel dem Vorentwurf, oder auch nach einem vereinbarten Zahlungsplan die erbrachte Leistung in Rechnung gestellt.

Die besten Verträge sind natürlich immer solche, auf die nie zurückgegriffen werden muß. Aber da Unstimmigkeiten nicht auszuschließen sind, ist ein Vertrag unerläßlich. Schließlich ist es für beide Partner gut zu wissen, daß sie sich aneinander gebunden haben - mit allen Pflichten und Rechten. So kann der Bauherr seinen Architekten nur zur Rechenschaft ziehen und Schadenersatz fordern, wenn sich dieser nicht an die getroffenen Vereinbarungen gehalten oder Planunterlagen abgeliefert hat, die nicht die geringste Chance auf Genehmigungsfähigkeit haben. Der Vertrag schützt aber auch den Architekten vor einer willkürlichen Kündigung durch seinen Bauherrn. Denn will der Bauherr trotz vereinbarter Gesamtarchitektenleistung vom Vertrag zurücktreten, so hat er die vom Architekten schon erbrachte Leistung voll, die noch ausstehenden, aber nicht erbrachten Leistungen zu 60% zu bezahlen - und das können viele Zehntausend Mark sein. Auf diese Weise werden beide Seiten zu einer sinnvollen Zusammenarbeit angehalten.

Sollten irgendwelche Zweifel bestehen, ob die Zusammenarbeit über den gesamten Bauablauf auch wirklich gedeihlich verlaufen wird, so können die einzelnen Leistungsphasen des Architekten auch in sinnvollen Teilschritten beauftragt werden, zum Beispiel der Vorentwurf einschließlich der Baugenehmigung mit zusammen 27% des Gesamthonorars, das Erstellen der Ausführungsplanung und der Leistungsverzeichnisse sowie die Kostenermittlung und die Auftragsvergabe mit 39% und schließlich die Bauleitung einschließlich der Mängelbeseitigung, Abrechnung und Dokumentation mit 34%.

Eine solche Aufteilung der Leistung ist zum Beispiel dann notwendig, wenn ein Architekt nur die Planung übernehmen will oder die Baustelle sehr weit vom Ort der Planung entfernt liegt, so daß für die Baubetreuung ein ortsansässiger Architekt beauftragt werden muß.

Von vornherein mißtrauisch die Leistungsphasen zu splitten, mag zwar ein Zeichen besonderer Vorsicht sein, kann aber auch für einen so langen gemeinsamen Weg wie das Planen und Bauen eines Hauses - oft länger als ein ganzes Jahr - eher hinderlich sein und die Arbeit von Beginn an unnötig erschweren.

Baukosten, Honorare, Baunebenkosten, Gebühren

Sieben Kostenarten werden den Bauherrn vom Grundstückserwerb bis zur Bauabnahme beschäftigen. Die DIN 276 definiert diese Kostenarten und ist Grundlage für die Endabrechnung mit dem Architekten. Für den Bauherren stellen sie in der Summe das Budget dar, das insgesamt finanziert werden muß.

Am Anfang der Investition eines Einfamilienhauses stehen die Kosten für den Grundstückskauf, Kostenart Eins. Hinzuzurechnen sind die Gebühren für die Vermittlung eines Immobilienmaklers und die Notarkosten. Ist das Grundstück noch nicht erschlossen, fallen noch die Kosten für die Erschließung an, Kostenart Zwei. Über die Höhe des fälligen Betrages wird der Immobilienmakler Auskunft geben. Kostenart Drei behandelt die eigentlichen Kosten des Bauwerks, auf die dann das Architektenhonorar gemäß Architektenvertrag hinzuzurechnen ist. Auch die Kostenart Vier, die Gebäudeausstattung, gilt es für die Budgetierung zu bedenken, sie umfaßt die Kosten für Möbel, Textilien, Beleuchtung und die sonstige Ausstattung. Auf diese Kosten ist ebenfalls anteilig ein Honorar hinzuzurechnen, wenn die Ausstattung von einem Architekten oder Innenarchitekten vorgenommen wird. Die Kostenart Fünf behandelt die Außenanlagen. Wird die Gartengestaltung von einem Gartenarchitekten ausgeführt, ist zu dem Auftragsvolumen noch das Honorar einzuplanen. Die Kostengruppe Sechs behandelt zusätzliche Maßnahmen, die bei der Erschließung, beim Bauwerk selbst oder bei den Außenanlagen dann anfallen können, wenn es sich um eine sehr schwierige bauliche Situation handelt und zum Beispiel besondere Maßnahmen für die Gebäudegründung auf einem steilen Hanggrundstück vorgesehen werden müssen. Auch hier fallen dann gesondert Honorare für die Fachingenieure an. Zu den Baunebenkosten schließlich, der Kostengruppe Sieben, zählen alle Kosten, die für die Planung und Baudurchführung anfallen, also die Honorare für den Architekten und die Ingenieurleistungen des Statikers, der Fachingenieure und gegebenenfalls des Gartenarchitekten. Zu den Honoraren sind noch die Kosten für die Finanzierung und die allgemeinen Baunebenkosten, die Gebühren, zum Beispiel für die Baugenehmigung, die Abnahmegebühr und die Gebühren für die statische Prüfung zu addieren. Diese Baunebenkosten sind bei der Kostenplanung mit circa 12 - 20% der Kosten für das Bauwerk zu veranschlagen. Der Prozentsatz richtet sich nach der vereinbarten Bauklasse, die das Honorar bestimmt, der Projektart und den Finanzierungskosten, die je nach Eigengeldanteil, Zinssatz und Laufzeit sehr unterschiedlich sein können.

Die Summe aller sieben Kostenarten - Kosten des Baugrundstücks (1), der Erschließung (2), des Bauwerks (3), des Geräts (4), der Außenanlagen (5), der zusätzlichen Maßnahmen (6) und die Baunebenkosten (7) -, ergibt dann die Gesamtkosten, die zur Erstellung des Bauwerks aufgebracht werden müssen: das Budget.

Die Finanzierung

Zur Vorbereitung der Gespräche mit dem Steuerberater und den Kreditinstituten ist es hilfreich, erst einmal eine wirklich realistische Kalkulation des Gesamtbudgets vorzunehmen. Mit welchen Kosten ist zu rechnen? Am Anfang steht der Erwerb des Grundstücks, dazu addieren sich die Grunderwerbssteuer mit circa 2% des Kaufpreises, die Maklercourtage mit 3 bis 6% und die eigentlichen Erwerbskosten wie Notargebühren, Grundbucheintragung und eventuell ein Wertgutachten, für die noch einmal etwa 1 bis 2% des Kaufpreises zu veranschlagen sind. Die Summe stellt die Gesamterwerbskosten des Grundstücks dar. Den zweiten Kostenblock bilden die Baukosten des Gebäudes zuzüglich der Baunebenkosten mit noch einmal etwa 12 bis 18% der reinen Baukosten (Planungshonorare und Gebühren), die Kosten für die Gartenanlage mit mindestens 3% der Baukosten und schließlich die Umzugskosten. Addiert ergeben sich die Gesamtkosten des Projektes, das Budget, das finanziert werden muß.

Zieht man von diesem Betrag die Eigenmittel und die Eigenleistung zwischen drei und acht Prozent der Baukosten ab - eine realistische Einschätzung sollte man immer gemeinsam mit seinem Architekten vornehmen und bestenfalls als Finanzierungsreserve betrachten - ergibt sich der Kreditbedarf. Mit dem Steuerberater werden Bauherrin und Bauherr dann die Steuervorteile, die mit dem Bau der selbstgenutzten Immobilie verbunden sind, ausrechnen. Der Gesetzgeber hat gerade die Wohneigentumsförderung seit dem letzten Jahr noch einmal verbessert. Stichtag der neuen Förderbestimmungen ist der 1. Oktober 1991. Bauherren, die nach dem 30. September 1991 ihren Bauantrag gestellt haben, können jetzt nach Paragraph 10e Einkommensteuergesetz (EStG) in den ersten vier Jahren jeweils sechs statt bisher fünf Prozent der begünstigten Kosten als Sonderausgaben absetzen. In den folgenden Jahren bleibt es wie bisher beim Abzug von fünf Prozent pro Jahr. Neu ist auch der begrenzte Schuldzinsenabzug für Neubaumaßnahmen von jeweils bis zu 12000 Mark in den ersten drei Jahren. Bedingung ist die Fertigstellung des Hauses bis Ende 1994. Bei den Herstellungskosten werden bis zu 330000 Mark zu hundert Prozent begünstigt, Grundstückskosten zu fünfzig Prozent. So ergibt sich in den ersten vier Jahren bei der sechsprozentigen Absetzung pro Jahr ein Betrag von bis zu 19800 Mark. In den folgenden vier Jahren sind es bei fünf Prozent noch bis zu 16500 Mark jährlich. Möglich ist aber auch eine Gleichverteilung der Absetzung über acht Jahre. Welche Form der Abschreibung im Einzelfall die vorteilhafteste ist, sollte sich jeder Bauherr von seiner Bank und seinem Steuerberater ausrechnen lassen. Einen weiteren Baustein in der Eigentumsförderung stellt das Baukindergeld dar: 1000 Mark pro Kind können unabhängig von der Einkommenshöhe jedes Jahr direkt von der Steuerschuld abgezogen und im Bedarfsfall sogar mit der Steuerschuld späterer Jahre verrechnet werden. Acht Jahre nach dem Einzug gibt es dann nur noch in Ausnahmefällen Steuervorteile bei der Finanzierung - Handwerkerkosten, Schuldzinsen und Abschreibungen können nicht länger geltend gemacht werden.

Sind die steuerlichen Aspekte der Finanzierung geklärt, muß über die Art der Finanzierung mit den Kreditinstituten verhandelt werden. Für Selbstnutzer einer Immobilie wird sich am ehesten eine Hypothek mit festen monatlichen oder vierteljährlichen Raten, ein Annuitätendarlehen, vergleichbar einer Mietzahlung, eignen. Die Rate umfaßt die Zinszahlungen und die Tilgung, in der Regel ein Prozent des Schuldbetrages. Dank der Tilgung nimmt im Laufe der Zeit der Zinsanteil stetig ab und die Rückzahlungen entsprechend zu. Beträgt der Zinssatz im Mittel der Jahre etwa sieben Prozent, ist der Kredit nach 29 Jahren abgetragen. Beträgt die Anfangstilgung aber zwei Prozent, dann ist die Laufzeit nur 20 Jahre, bei drei Prozent nur 16 Jahre. Welche Form der Tilgung gewählt wird, hängt sehr von der individuellen Situation der Bauherren ab - und von der Risikobereitschaft und dem Interesse, das die Bauherren der Finanzierung entgegenbringen. Denn die Entwicklung der Kreditzinsen ist nicht vorauszusehen. Allein in den letzten drei Jahren haben sich die Hypothekenzinsen von 6,5% auf teilweise über 9% erhöht, was bei einem Darlehen von 300000 Mark eine Kostensteigerung von 1900 auf 2500 Mark pro Monat bedeutete. Die Frage, die der Kreditnehmer beantworten muß, ist also, wie er die Zinsentwicklung in den nächsten Jahren abschätzen wird. Gibt es nach der Hochzinsphase der letzten Jahre einen Zinsabschwung, oder ist es besser, erst einmal eine Zinsbindung für die nächsten zehn Jahre fest zu vereinbaren, um sicherzugehen, welcher Betrag für die Hausfinanzierung monatlich zu berücksichtigen ist. Um sich einen Eindruck über die unterschiedliche Einschätzung der Zinsentwicklung zu ver-

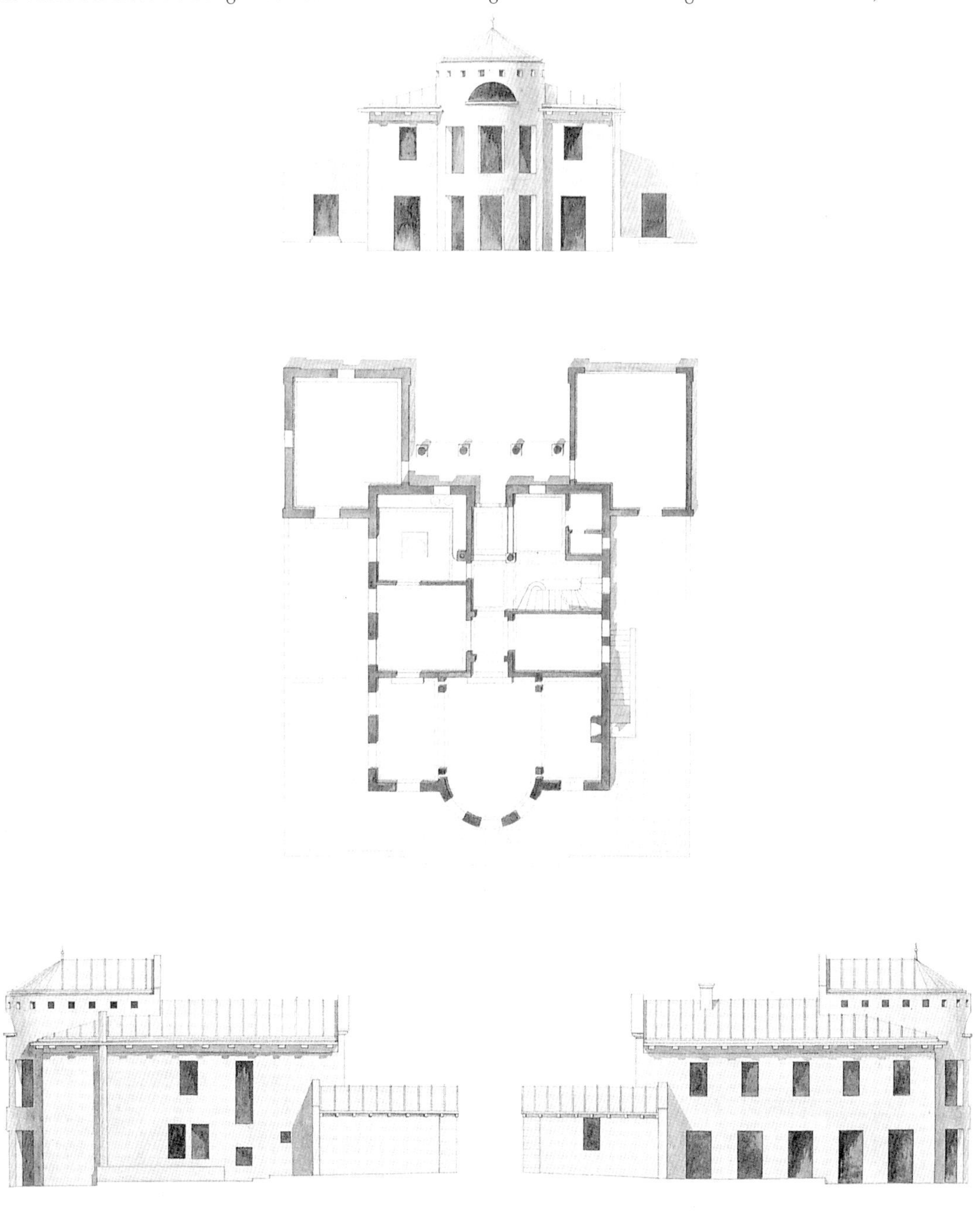

Studienblatt für ein Villenprojekt bei Wien - schon die Art der Zeichnung vermittelt den Geist des Projektes (s. Seite 46 und 47). Architekt: Franz C. Demblin, Wien

schaffen, sollten die zukünftigen Bauherren mit mehreren Kreditinstituten sprechen und sich auch Angebote für die Finanzierung machen lassen. Ein kritischer Preisvergleich bei den Konditionen, die die monatliche Belastung bestimmen werden und auch über die Restschuld nach der Zinsbindungsfrist lohnt sich: je besser der eigene Informationsstand, je stärker ist auch die Verhandlungsposition im Gespräch mit der Bank.

Um die Angebote der Kreditinstitute vergleichbar zu machen, kann der Bauherr auch eine Art Ausschreibung vorbereiten. Hier sollte er Angaben machen über das zu versteuernde Jahreseinkommen, über andere Kreditverpflichtungen, über das eigene Vermögen, über die Gesamtkosten der Immobilie, das einzusetzende Eigenkapital, eventuelle zinsgünstige Darlehen, die Verwandte gewähren wollen, Bausparverträge und die Höhe des gewünschten Kredits. Weitere Details lassen sich dann mit den Instituten der engeren Wahl besprechen, so zum Beispiel, welchen Beleihungswert - meist um die sechzig Prozent - die Bank für das Objekt zugrundelegen will. Denn für Kreditzusagen, die über diesem Wert liegen, die zweitrangige Hypothek, verlangen die Banken meist höhere Zinssätze als Risikozuschlag. Der Preisvergleich zeigt dann, welcher Anbieter bei gleichen Monatsraten am Ende der Laufzeit die geringste Restschuld aufweist. Und ist das die Hausbank, muß nicht länger über eine mögliche "politische" Entscheidung für ein anderes Kreditinstitut nachgedacht werden. Schließlich zahlt sich manchmal auch die Treue zur eigenen Bank aus: sie ist häufig nicht nur kulanter und schneller in der Bearbeitung, sondern letztlich auch kostengünstiger: denn wird nach Ende der Zinsbindung der neue Anschlußkredit verhandelt und der Kreditnehmer bleibt bei seiner Bank, fallen auch keine Notar- und Grundbuchkosten an, die beim Wechsel des Kreditgebers sonst zu entrichten sind - gar nicht zu reden von der lästigen Formulararbeit, durch die jeder Kreditnehmer erst einmal in die Rolle des Bittstellers gedrängt wird.

Risikobegrenzung

Die Bauversicherungen

Um mögliche Risiken und Schadensersatzansprüche während der Bauzeit kalkulierbar zu machen, empfielt es sich, vor Baubeginn eine Bauwesenversicherung und eine Bauhaftpflicht-Versicherung zu vereinbaren. Die Bauwesenversicherung wird in der Regel vom Architekten im Namen des Bauherrn abgeschlossen. Sie wird immer dann zur Schadensregulierung herangezogen, wenn weder der Architekt noch die Handwerksfirmen bei Schadensfällen direkt zur Verantwortung gezogen werden können. Da durch die Bauwesenversicherung nicht nur der Bauherr, sondern auch der Architekt und die ausführenden Firmen mitversichert sind, wird die Prämie auf die ausführenden Firmen umgelegt, wobei der Architekt die Verrechnung mit den Firmen gemäß der einzelnen Auftragssummen vornimmt. Dem Bauherren selbst entstehen also keine direkten Kosten, sie werden allerdings im Rahmen der Firmenangebote mitkalkuliert. Der Beitragssatz beträgt bei einer Bausumme bis zu 1 000 000 DM üblicherweise 1,55 Promill (1 550 DM) zuzüglich 10% Versicherungssteuer, wenn keine besonderen Bauerschwernisse zu erwarten sind. Ist jedoch mit Erschwernissen zu rechnen (zum Beispiel ein Bodenaustausch vor dem Einbau der Fundamente oder besondere Stützmaßnahmen der Baugrube zum Nachbarn), wird der Architekt diese mit dem Versicherungsunternehmen im einzelnen besprechen und eine Prämie vereinbaren, die diese spezifischen Risiken abdeckt. Die Versicherungsprämie wird für die gesamte Bauzeit erhoben und nach der vorläufig kalkulierten Bausumme berechnet.

Der Versicherungsschutz umfaßt Schäden durch Einbruchdiebstahl und Diebstahl fest eingebauter Materialien, mutwillige Beschädigung und Zerstörung und Elementarschäden verursacht durch Sturm, Hagel oder Frost. Versichert sind auch Ungeschicklichkeit, Böswilligkeit und Fahrlässigkeit der am Bau Beteiligten sowie die Folgen von Konstruktions- und Materialfehlern, Fehler in der statischen Berechnung und Folgeschäden von Leistungsmängeln. Bei Bauvorhaben, die nicht unter das Monopol einer Feuer-Zwangsversicherung fallen, ist der Abschluß einer separaten Feuerrohbauversicherung zu empfehlen.

Da der Bauherr grundsätzlich für das gesamte Bauvorhaben verantwortlich ist und das finanzielle Risiko durch Ersatzansprüche von Geschädigten erheblich sein kann, empfiehlt sich auch der Abschluß einer Bauherrenhaftpflicht-Versicherung, Der Beitrag ist mit circa 15% der Bauwesenprämie zuzüglich 10% Versicherungssteuer gering. Sie erspart einem die sorgenden Gedanken, was alles passieren kann, wenn zum Beispiel spielende Kinder auf dem Bau zu Schaden kommen. Oder wer denkt schon über Schadensersatzansprüche nach, die dadurch entstehen können, daß jemand durch die von den Baufahrzeugen beschmutzte Fahrbahn zu Schaden kommt?

Auch für die Bauhaftpflicht-Versicherung gilt, daß Sonderrisiken einer Absprache mit dem Versicherer bedürfen. Auch diese Verhandlungen wird der Architekt direkt mit dem Versicherer führen, er weiß, welche Risiken einer Zusatzversicherung bedürfen. Die Deckungssummen für Personenschäden betragen üblicherweise 2 000 000 Mark und für Sachschäden 500 000 Mark.

Der Bauablauf - Termine, Termine, Termine

Immer wieder heißt es, daß erfahrene Architekten für die Planung eines Einfamilienhauses weniger als eine Woche benötigen und daß bei diesen Rastellis des Reißbretts dann auch der Bau nach nur 25 Wochen fertig ist. Im Einzelfall mag das stimmen. Sonst aber sieht die Wirklichkeit anders aus - und das auch zu Recht.

Der Bauablauf gliedert sich in zwei Phasen, die Bauplanung und die eigentliche Bauzeit. Für die Planungszeit sollten sich die Bauherren ausreichend Zeit nehmen. Weniger als drei Monate für ein gutes Einfamilienhaus anzusetzen, ist unrealistisch. Schließlich soll keine einfache

Lagerhalle, sondern ein Traumhaus geplant werden. In diesen wichtigsten Monaten der gesamten Bauzeit muß von den Vorgesprächen bis zu den genehmigungsfähigen Zeichnungen besonders von den Bauherren viel Gedanken- und Entscheidungsarbeit geleistet werden. Man sollte in dieser Phase immer wieder in den Plänen des Hauses spazierengehen, das Modell auf sich wirken lassen, noch einmal die Raumfolgen, alle Materialentscheidungen und die gesamte Technik überdenken und sich fragen, ob das Ergebnis wirklich dem Traumhaus entspricht. Wollen die Bauherren ihr Pflichtenheft gründlich abarbeiten und sich Zeit für das Eindenken in die Pläne und für Aussuchen und Beurteilen der Materialien nehmen, damit sich auch ein sicheres Gefühl für das Haus einstellt, dann sind drei Monate keine allzu lange Zeit. Sind schließlich alle Fragen geklärt, reicht der Architekt die Genehmigungsplanung bei der Baubehörde ein. Für diese Phase, in der immer wieder Rücksprachen mit den Bauherren notwendig sind, werden noch einmal vier bis sechs Wochen veranschlagt. Bis die Baugenehmigung schließlich vorliegt, können sechs bis zwölf Wochen vergehen. Ist nicht mit gravierenden Änderungswünschen durch die Behörden zu rechnen - auch das kommt vor, vor allem dann, wenn die Bebauungsplanvorschriften sehr eng gefaßt wurden und der Architekt für seine Bauherren eine bessere Grundstücksausnutzung oder abweichende Gestaltungskonzepte durchsetzen möchte -, dann kann während dieser Zeit schon die Ausführungsplanung und anschließend die Ausschreibung der Bauleistungen erfolgen. Abhängig von der Komplexität des Bauvorhabens und der Entscheidungsfreudigkeit der Bauherren wird die Bearbeitung der Leistungsverzeichnisse, der Angebotsauswertung und der Preisspiegel auch etwa sechs bis acht Wochen in Anspruch nehmen. Unmittelbar nach der Submission kann dann mit den eigentlichen Bauarbeiten begonnen werden.

Inzwischen ist über ein halbes Jahr vergangen, die Freude und die Ungeduld, das eigene Haus beziehen zu wollen, wächst. Hing die Dauer der Planungszeit in erster Linie von den Bauherren und den Genehmigungsbehörden ab, so ist der zeitliche Bauablauf bei einem Neubau - mit Einschränkungen - exakt zu steuern. Vorausgesetzt, die Bauherren halten sich mit Änderungswünschen während der Bauzeit zurück und überlassen die Baubetreuung wirklich dem Architekten. Dieser wird im Zuge der Auftragsvergabe einen Terminplan für die einzelnen Gewerke aufstellen, diesen mit den Firmen abstimmen und vertraglich festlegen, wann welche Arbeiten begonnen und abgeschlossen werden müssen. Der Bauzeitenplan wird ergänzt durch einen Zahlungsterminplan, so daß die Bauherren schon vor Baubeginn wissen, wann mit welchen Zahlungen für die geleisteten Arbeiten zu rechnen ist. Auch diese beiden Terminpläne sollten Architekt und Bauherren sorgfältig miteinander abstimmen, auf ihre Realisierbarkeit überprüfen - und sich dann vor allem daran halten. Es sind in der Regel nicht die Architekten, die die Bauzeit überschreiten, meist sind es die Bauherren selbst, die durch immer neue Wünsche, Bedenkzeiten oder im schlimmsten Fall gar durch Veränderung oder Abriß schon fertiger Bauteile den Baufortschritt verzögern und den Terminplan zum Einsturz bringen. In der Folge kommt es zu Engpässen sowohl beim planenden Architekten als auch bei den Firmen, und es muß improvisiert werden. Verzögerungen, Termindruck und vor allem Kostensteigerungen sind dann unvermeidbar.

All das kann vermieden werden, wenn der Architekt seine Baustelle fest im Griff hat und auch seine Bauherren während der Bauzeit zu führen versteht. Dann ist auch die Bauabnahme nur noch ein notwendiger formaler Akt - und kein Spießrutenlaufen.

Bei diesem abschließenden, systematischen Rundgang durch das Haus erstellt der Architekt gemeinsam mit den Bauherren ein Abnahmeprotokoll mit einer Mängelliste, die den Firmen mit einer Fristsetzung zur Mängelbeseitigung vorgelegt wird. Sind die Mängel behoben und die Schlußrechnungen bezahlt, läuft die Gewährleistungsfrist. Bei Unstimmigkeiten mit dem Architekten oder den Firmen über Art und Umfang der Mängel empfiehlt es sich - wenn ein gütlicher Weg nicht möglich erscheint -, einen unabhängigen Sachverständigen hinzuzuziehen. Bausachverständige nennt die örtliche Industrie- und Handelskammer oder die Architektenkammer.

Ein Einfamilienhaus bei Tübingen

Bautradition neu interpretiert

Architekten: Ackermann & Raff, Tübingen

Die Grundstückssituation: Das Grundstück liegt in einem sehr heterogen angelegten Neubaugebiet über dem Neckartal bei Tübingen. Die Süd-West-Ausrichtung bietet beste Besonnungsmöglichkeiten und vor allem einen weiten schönen Blick auf die Schwäbische Alb. Die Hanglage läßt sich gartenseitig als halbes Vollgeschoß nutzen.

Die Vorschriften des Bebauungsplanes waren sehr detailliert: asymmetrische Dachform mit bergseitig 50 und talseitig 35 Grad Neigung, vorgegebener Baukörper und Materialien für Dach und Außenwände.

Leider besitzen viele solcher Gestaltungssatzungen nicht die Selbstverständlichkeit einer gewachsenen, landschaftsbezogenen Bautradition - Stichwort einheitliches Stadtbild - sondern sind häufig einem sich schnell wandelnden Zeitgeist entsprungen. So auch hier. Die Architekten haben sich daher sehr vehement für eine Ausnahmegenehmigung eingesetzt, da alle Untersuchungen mit asymmetrischen Formen auf diesem Grundstück kein befriedigendes Ergebnis erbracht hatten. Am Ende konnten sie ein steil geneigtes Dach durchsetzen, das der traditionellen lokalen Bauart entspricht.

Die Bauweise: Die Auftraggeber wünschten sich ein Haus, das sowohl in der Herstellung als auch im Betrieb möglichst umweltschonend und kostengünstig ist. Das Ergebnis ist ein Niedrigenergiehaus, hochwärmegedämmt mit der Möglichkeit zur passiven Solarnutzung.

Die Verwendung großformatiger Kalksandsteine sorgte für einen schnellen Baufortschritt und eine kurze Rohbauzeit, auch die Deckenfertigteile mit günstiger Spannweite trugen zur Kostenreduzierung bei. Die effektvollen Wärmedämmaßnahmen (Wände k=0,3, Dach k=0,2, Fenster k=1,3, wobei der passive Solarenergiezugewinn sich zusätzlich positiv auswirkt) sorgen für einen geringen Energieverbrauch. Trotz der Mehrkosten für die zusätzliche Dämmung konnten die Baukosten pro Quadratmeter Nutzfläche niedrig gehalten werden.

Das Gestaltungskonzept: Die Architekten gingen bei der Formfindung des Hauses den Weg in Richtung Einfachheit und Reduktion. Der Baukörper wurde im Grundriß, im Schnitt und in der Fassade schlicht und - auf den ersten Blick - unspektakulär, im Sinne guter Gebrauchsform entwickelt. Es sollte ein "gewöhnlicher", traditioneller Haustypus entstehen mit präzis formulierten Räumen - sachlicher Rahmen für ein zeitgemäßes Wohnen, das sich die Auftraggeber wünschten.

Das Haus ist aus wenigen Elementen zusammengesetzt, die in ihrer reinen Geometrie wirken sollen: Klare kubische Formen bilden den Baukörper. Das scharf geschnittene Dach erhielt daher keinen Dachüberstand, um die Dreiecksform zu präzisieren. Die verputzten Wände haben präzise Einschnitte für die Fenster und die Haustür. Die farbigen Akzente in den Laibungen unterstreichen die gewünschte Körperhaftigkeit. Dazu trägt auch die ungewöhnliche, kubische Balkongestaltung bei, deren feine Lochblechstruktur als Sonnen- und Blendschutz dient und für eine interessante grafische Struktur sorgt.

Im Inneren überzeugt die klare Anlage des symmetrischen Grundrisses mit einer allerdings ungewöhnlich inszenierten Eingangssituation, die die Ordnung erfrischend aufbricht. Die Wohnräume im Erdgeschoß einschließlich der offenen Küche orientieren sich, überall die schöne Aussicht nutzend, nach Süden. Ein kleiner Wintergarten dient als Eßplatz, der auch die in der Küche Arbeitenden in das Geschehen einbezieht. Das Obergeschoß folgt diesem klaren Schema. Auch hier schafft ein gläserner Körper eine besondere Raumqualität und dient zusätzlich als Energielieferant. Eine eingezogene Spitzbodenebene, die die steile Dachneigung nutzt, ist Bühne und zusätzlicher Stauraum.

Erd- und Obergeschoßgrundriß (M=1:200) sind streng symmetrisch angelegt, nur der Eingangsbereich durchbricht geschickt dieses Konzept und schafft eine unerwartete räumliche Großzügigkeit.

Das Gestaltungsprinzip der formalen Reduktion in der Baukörpergestaltung setzt sich stimmig im Innenraum fort. Nur wenige Materialien, minimierte Materialstärke und ein strenges Farbkonzept bilden den qualitätvollen Rahmen für die zeitgemäßen Einrichtungsvorstellungen der Bewohner.

Technische Angaben

Grundstücksgröße: 600 m²

Wohnfläche

Gesamt: 190 m²
Erdgeschoß: 100 m²
1. Obergeschoß: 75 m²
Dachgeschoß: 15 m²
Kellergeschoß: 60 m²

Tragkonstruktion

Mauerwerksbau mit Deckenfertigteilen

Bauweise

Außenwände: Kalksandstein
Dachkonstruktion: Holzdachstuhl
Dachdeckung: Ziegeldeckung
Decken: Stahlbeton - Fertigteildecken
Innenwände: Mauerwerk
Fenster: Holzfenster
Bodenbeläge: Parkett und 30/30 Fliesen
Treppen: Stahl mit Holzstufe
Heizungssystem: Gasheizung

Ein kreativer Selbstbau

Architekten: Ackermann & Raff, Tübingen

Ein kreativer Selbstbau: Es gibt eine beliebte Formulierung unter Architekten, die immer dann fällt, wenn einem Gebäude besondere Anerkennung gezollt werden soll: "Das Projekt wurde konsequent bis ins letzte Detail durchgeplant...". Eine Arbeitsweise, die aber nicht zwangsläufig zu guter Architektur führt.

Die Architekten dieses Hauses gingen einen anderen Weg, den des spontanen, kreativen Selbstbaus.

Die Aufgabe: Das Grundstück liegt an einem steilen Südhang in zweiter Reihe, ohne direkte Baustellenzufahrt. Dichter Baumbestand und wilder Efeubewuchs sind die prägnanten Merkmale des Geländes, das an einen alten, ungenutzten Weinberg grenzt. Die Umgebung ist locker mit Einfamilienhäusern bebaut.

Um die Grundstückskosten zu halbieren und ein Stück gemeinschaftliches Wohnen zu verwirklichen, wurde das Haus so geteilt, daß hier zwei Familien unter einem gemeinsamen Dach leben können. Bewußt fehlt jede formale Anlehnung an ein Doppelhaus. Der Entwurf stand unter folgenden Prämissen: das Gebäude sollte in seiner architektonischen Tonlage die Stimmung des Grundstücks aufnehmen, das Tragwerk mußte so beschaffen sein, daß spätere Umbauten problemlos möglich sind, der Transport der Materialien sollte von Hand erfolgen und die Materialwahl ökologischen Qualitätsansprüchen genügen. Über allem stand der Wunsch nach dem selber Bauen, mit einfachen und leichten Materialien, um bei den arbeitsintensiven Bauschritten Geld einsparen zu können.

Das Entwurfsthema: Ausgehend von den Bedingungen des Grundstücks interessierte die Architekten vor allem die Möglichkeit einer spontanen Kreativität an der Baustelle, bei minimalem Planungsaufwand. Hier sollte einmal ganz bewußt nicht alles bis ins Detail durchgeplant werden. Vielmehr waren spielerische Improvisation, ein nur skizzenhaftes, unfertiges und veränderbares Arbeiten das Anliegen des Entwurfes. Diese Vorgehensweise funktioniert natürlich nur, wenn der Architekt gleichzeitig auch Bauherr ist. Wer sonst würde sich auf ein solches Risiko einlassen?

Die Planung beschränkte sich auf das Notwendigste, wie Erschließung, Holzskeletttragwerk und Grundrißorganisation. Die eigentliche Gestaltung sollte sich im Bauprozeß entwickeln nach dem Motto: Gebaut wird das 1:1 Modell.

Aufgrund der Skelettkonstruktion konnten alle Raumformen und Größen unabhängig vom Tragwerk mit sehr einfachen Details am Bau entwickelt und problemlos in den Stützenwald hineingestellt werden.

Das Raumkonzept: Das Konzept basiert auf der Absicht, unterschiedliche Raumsituationen und Qualitäten für die verschiedenen Nutzungen und Lebensabläufe im Haus zu schaffen: Arbeiten, Bewegen, Sitzen, Liegen sollten ihre Entsprechung in der räumlichen Gestaltung finden. Das wurde durch unterschiedliche Deckenhöhen, offene und geschlossene Räume sowie durch interessante Belichtungssituationen erreicht. Um die relativ kleinen Haushälften größer erscheinen zu lassen, wurden die Raumabschlüsse und Übergänge transparent ausgeführt, und großflächig verglaste Fassaden schaffen eine enge Innen-Außenbeziehung, so daß die Räume nicht an der geschlossenen Wand enden. Treppen und Treppenpodeste sind so in das Raumgefüge eingebaut, daß sie als Wege und kleine Plätze für Spannung im inneren Bewegungsablauf des Hauses sorgen.

Die Konstruktion: Bis auf Bodenplatte, Keller und Wohnungstrennwand ist das ganze

Die Erd- und Obergeschoßgrundrisse (M=1:200) zeigen eine gelungene Anordnung von großzügiger Offenheit in der Wohnebene und die notwendige Abgeschlossenheit für die Schlaf- und Rückzugsbereiche. Wenig nutzbare Flure konnten so ganz vermieden werden.

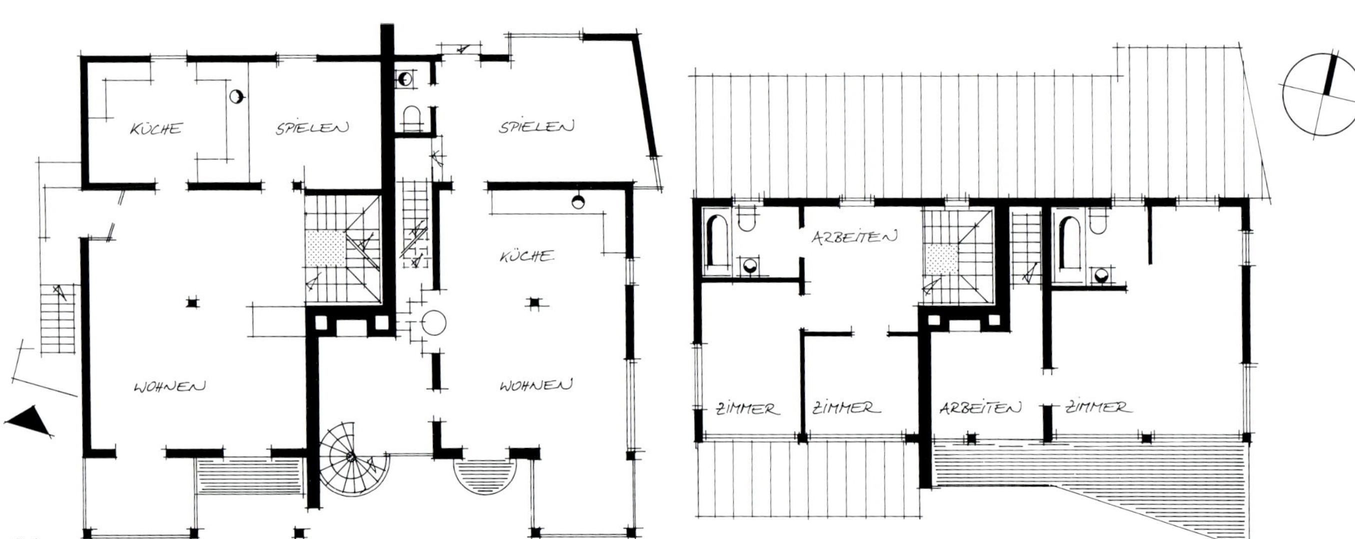

Technische Angaben

Grundstücksgröße: 1 100 m²

Wohnfläche:

Gesamt: je 135 m²
Erdgeschoß: 70 m²
Dachgeschoß: 35 m²
Untergeschoß:Wohnen 30 m²

Tragkonstruktion:

Holzskelettbau

Bauweise:

Außenwände: Holzständerwerk mit aussteifenden, geschlossenen Wandteilen
Außenfassade aus zementgebundenen Spanplatten, Stülp- und Brettschalung
Dachkonstruktion: Holzdachstuhl
Dachdeckung: Ziegel
Decken: Holzdecken
Innenwände: Holzleichtwände
Fenster: Holz
Bodenbeläge: Holzdielen
Treppen: Holz
Heizungssystem: Gasbetriebene Brennwerttherme

Wie facettenreich der Umgang mit dem Material Holz sein kann, zeigt die Fassadengestaltung. Die unterschiedliche Art der Beplankung, der Wechsel von geschlossenen und offenen Flächen und die spannungsreichen Proportionen sprechen für sich.

Haus ein Holzleichtbau. Die Konstruktion setzt sich aus den beiden zweigeschossigen Kernhäusern zusammen, über denen ein langes, ruhiges Ziegeldach liegt. An dieses Rückgrat lehnen sich ein grasgedeckter Anbau auf der Nordseite und verschiedene erkerförmige Wintergärten und Balkone auf der Giebelseite und talwärts an.

Das Holzgerippe steht auf einem Raster von 62,5 Zentimetern, wobei die geschoßhohen Eck- und Mittelpfosten ringsumlaufende Randbalken tragen, in die die Deckenbalken eingezapft sind. Auf Türsturzhöhe zwischen die Pfosten eingebaute Riegel ermöglichen überall Oberlichter und den Anbau von Raumnischen mit niedriger Deckenhöhe. Ausgesteift wird das Skelett durch geschlossene Wandteile mit senkrechten Ständern (6/14) im Rastersystem und außen aufgeschraubten, zementgebundenen Spanplatten.

Die Anbauten, die weitgehend im Selbstbau ohne Baupläne entstanden, weichen bewußt vom Rastersystem ab, um den Gegensatz von nötiger Planung und gewollter Spontaneität zu zeigen. Es wurden nur wenige, einfach zu bearbeitende Profile verwandt.

Neben Holz ist Glas der dominierende Baustoff: Die Festverglasungen wurden kittlos im Selbstbau montiert, Kippfenster und Fenstertüren in den Gefachen sorgen für ausreichende Lüftung.

Der Eindruck der Innenräume wird durch die sichtbar belassene Holzkonstruktion geprägt, die leicht über dem Fensterband zu schweben scheint. Außen dagegen verleiht die zarte Farbgebung der Fassadenplatten dem Haus eine wohltuende Heiterkeit.

Forschungsprojekt Dorfhaus

Architekten: Ackermann & Raff, Tübingen

Die Vorbedingungen: Östlich des Ortsrandes eines Dorfes bei Rottenburg in Baden-Württemberg entsteht ein Neubaugebiet mit anspruchsvollem Ansatz: Das Land fördert hier ein Forschungsprojekt zum Thema Dorfhaus.

Die Vorgaben für die Architekten waren aus den örtlichen Bautraditionen abgeleitet worden. So sollten die neuen Häuser die historischen, langgestreckten Baukörper mit steilem Satteldach aufnehmen und die charakteristischen Bausteine wie Haupt- und Nebengebäude und Außentreppen verwenden. Die Technik sollte einfach, der Gebäudezuschnitt klar und die Anordnung der Häuser so erfolgen, daß Gruppen entstehen, die definierte Außenräume bilden und Nachbarschaft entstehen lassen - also keine einfache Addition an neuen Erschließungsstraßen, sondern ein städtebauliches Konzept, das versucht, an die dörfliche Tradition anzuknüpfen. Innerhalb dieses Gestaltungsrahmens haben die Architekten versucht, ein zeitgemäßes Wohnhaus zu bauen, ohne pseudodörfliche Attribute zu verwenden.

Das Grundstück: Das kleine trapezförmige Grundstück war von Südwesten zu erschließen. Die Aufgabenstellung, ein Wohnhaus mit separatem Atelier und einer Garage zu bauen, machte die geforderte, typische Hofanlage möglich. Durch die U-förmige Anordnung der drei Baukörper entsteht ein Wohnhof mit guter Orientierung nach Südwesten.

Das Konzept: Das Haupthaus ist funktionsgerecht in drei wesentliche Teile gegliedert: in eine massive, geschlossene Bauweise an den Giebelwänden. Hier befinden sich die dienenden Funktionen des Hauses, Küche, Bad, Garderobe, Windfang und Gästetoilette. Kleinformatige Fenster sorgen für ausreichende Belichtung, gleichzeitig sind sie Teil eines sinnvollen Energiekonzeptes, das die nach Norden orientierten Räume soweit wie möglich schließt.

Der Sonne zugewandt liegen der Wohnbereich im Erdgeschoß und die Zimmer im Obergeschoß. Filigrane Konstruktionen mit großen Glasflächen bilden die offene Fassade, so daß auch in den hinteren Bereichen des Grundrisses noch genügend Tageslicht und im Winter bei geringem Neigungswinkel auch Sonnenlicht in die Räume gelangt.

Als dritter ablesbarer Teil des Baukörpers wurde die Wand nach Nordosten geöffnet, um die schöne Aussicht in die Landschaft wie durch einen Rahmen einzufassen.

Mit wenigen prägnanten Mitteln konnte die Aufgabenstellung eines dörflichen Wohnhauses erfüllt werden. Klare Baukörper ohne modische Gestaltungsversuche prägen das Ensemble. Die Differenzierung findet im Detail statt. Es wurden nur Materialien verwendet, denen der natürliche Alterungsprozeß über die Jahre eine gewisse Schönheit verleiht: Kalkputz, mit Mineralfarben gestrichen, und Ziegel können in Würde Patina ansetzen.

Die Konstruktion: Die Massivbauteile aus porosiertem Ziegelmauerwerk sind innen und außen verputzt. Dazwischen steht losgelöst eine Holzständerkonstruktion aus Brettschichtholz für das Treppenhaus. Alle Holzverbindungen wurden mit den zeitsparenden Mitteln des Ingenieurbaus ausgeführt.Das ziegelgedeckte steile Dach scheint nur auf den beiden massiven Baukörpern zu ruhen. Aufgrund der geringen Haustiefe von nur fünf Metern konnte ein Sparrendach aus vorgefertigten Dreiecksbindern einfach und schnell aufgesetzt werden. Die Zangenpaare sind als Ornament am Kastengesims sichtbar.

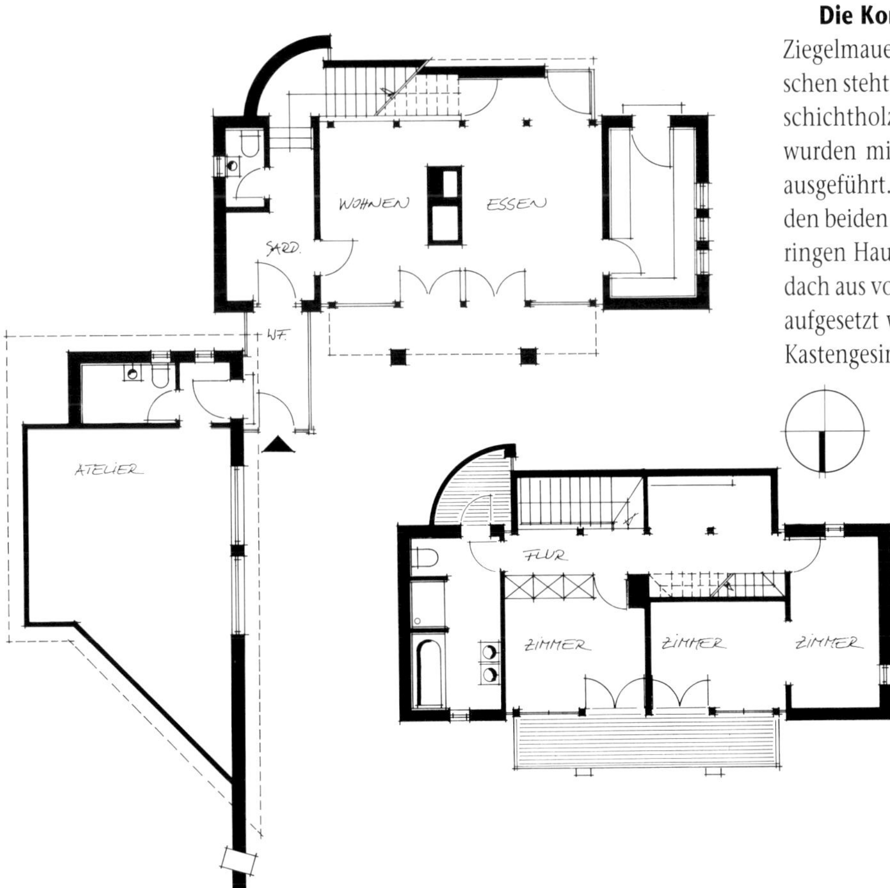

Gekonnt einfach wurde der Grundriß (M=1:200) angelegt: symmetrischer Aufbau des offenen Erdgeschosses mit großem Wohn-/ Eßbereich. Der Eingangsbereich erhält seinen Reiz durch den Treppenturm, der die Schlafebene erschließt.

Das Atelier wurde, typisch für die Nebengebäude der Region, als Leichtbau konstruiert. Die flachgeneigten Pultdächer des Ateliers und der Garage sind mit einem Grasdach eingedeckt, ihre grüne Färbung erinnert an den Moosbewuchs von Stallgebäuden. Heute sorgen sie im Rahmen eines Gesamtenergiekonzeptes mit ihren stabilisierenden Wärmeeigenschaften auch für ein gutes Raumklima.

Das Besondere des Baukörpers liegt in seinen bewußt gestreckten Proportionen und der spannungsreichen Anordnung der Fensteröffnungen.

Eine sehr reduzierte Formensprache und der Einsatz einfacher Materialien bestimmen den Raumeindruck. Rechts wird das Prinzip der geschlossenen Hofanlage deutlich, die einen kleinen, geschützten Freisitz bildet.

Technische Angaben

Grundstücksgröße 640 m²

Wohnfläche

Gesamt: 136 m²
Erdgeschoß: 54 m²
1. Obergeschoß: 54 m²
Dachgeschoß: 28 m²
Kellergeschoß: 57 m²
Atelier: 49 m²

Tragkonstruktion

Massiver Mauerwerksbau

Bauweise

Außenwände: Ziegelmauerwerk
Dachkonstruktion: Sparrendach
Dachdeckung: Falzziegel
Decken: Holzdecken und Massivdecken
Innenwände: Mauerwerk und Holzleichtbauwände
Fenster: Kiefernholz
Bodenbeläge: Lärche-Riemen, Asphaltfliesen
Treppen: Buchenholz
Heizungssystem: Ölzentralheizung

Konsequent: Ein Haus nur aus Metall und Glas

Architekten: Bambek + Bambek, Stuttgart

Die Situation: Es ist kein einladendes Grundstück, das sich die Architekten für ihr Haus vorgenommen hatten. Eine verwahrloste Hinterhoflandschaft mit Resten von ruinenhaften Gewerbebauten, die den größten Teil der Fläche bedeckten. Dazu im Westen eine 15 Meter hohe Felswand, stark überwuchert und absturzgefährdet, so daß ständig mit Steinschlag zu rechnen war. Auch der Baugrund selbst war schwierig, weil das Gelände früher als Steinbruch genutzt und später nur mit Sand aufgefüllt worden war. Das waren schlechte Bedingungen für ein Fundament - auch im übertragenen Sinne. Darüber hinaus galt das Gelände von immerhin fast 1000 Quadratmetern rechtlich als unbebaubar.

Es gehört schon ein visionäres Vorstellungsvermögen dazu, so schwierige Rahmenbedingungen einmal gänzlich ausklammern zu können, und sich im Kopf eine Vorstellung davon zu machen, wie in einer solchen Umgebung als Kontrapunkt eine Bebauung entstehen soll, die all diese Hemmnisse überwindet und aus einem trostlosen Ruinenwirrwar eine üppige Garten- und Teichlandschaft macht.

Das Entwurfskonzept: Vier Baugesuche und vier Jahre Wartezeit waren nötig, um die örtlichen Baubehörden von der Bebaubarkeit des Grundstücks zu überzeugen. Genehmigt wurde schließlich unter der Bedingung, daß nur eine Fläche von zehn mal zehn Metern bebaut werde. Größtes Hindernis für die Planung war die Felswand im Westen, weil sie der Belichtung und dem Ausblick im Wege stand. Erst die Idee, das Haus auf den Fels auszurichten, brachte die Lösung.

Es ist ein in jeder Hinsicht experimentelles Haus entstanden. Angefangen beim Grundstück, über die Erschließung, die technische Ausstattung bis zu den sichtbaren Materialien, die das Erscheinungsbild prägen.

Die Organisation des Hauses verläuft auf vier Ebenen. Im Erdgeschoß liegt, mit Anschluß an Hof und Wassergarten, das Büro, dessen Räume auch zu einer Einliegerwohnung umgewandelt werden können.

Die Wohnräume befinden sich im ersten Obergeschoß, eine Brücke führt über ein Wasserbecken zum Eingang in dem großen Wintergarten. Dem verglasten Eßraum ist nach Südwesten ein kleiner Balkon vorgelagert. Über ein verschiebbares Sonnensegel lassen sich Freisitz und Glasflächen nach Bedarf verschatten.

Über eine außenliegende Stahlspindeltreppe gelangt man, durch eine gläserne Hülle geschützt, ins Obergeschoß zu den symmetrisch angeordneten Schlafräumen, die auch einen Zugang zum oberen Teil des Glashauses haben. Von hier aus leitet ein auskragender Steg ins Freie.

Die Wendeltreppe führt weiter ins eigentliche Dachgeschoß zu einer kleinen separaten Gästewohnung.

Das Materialkonzept: Im Inneren bestimmen naturbelassene Metallflächen, Glas und Spiegel den Raumeindruck. Zusammen mit dem großzügig einfallenden Licht und den Pflanzen entsteht eine helle, metallisch glänzende Atmosphäre. Abgeschirmt zur trivialen umgebenden Bebauung orientieren sich die großen Fensterflächen zum Felsen und dem begrünten Hang - das Haus wendet sich einfach ab. Eine verständliche Geste.

Die Wahl der Materialien ist kein modisches Bekenntnis. Vielmehr ist die Verwendung von Metall für Außenwände, Innenwände,

Abgebildet sind der Grundriß der Wohnebene und des separat erschlossenen Dachgeschosses (M=1:200), das eine kleine abgeschlossene Wohnung mit Zugang zum großen Glaskörper enthält. Rechts das Lichtspiel auf der Metallfassade.

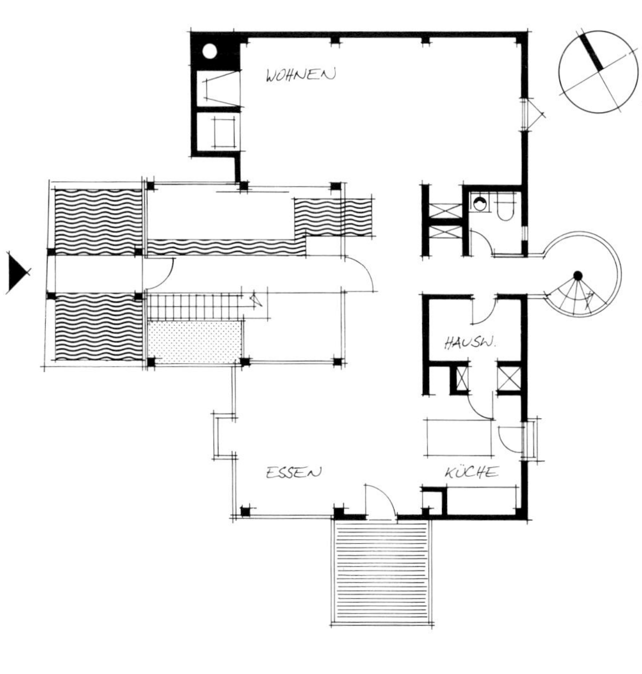

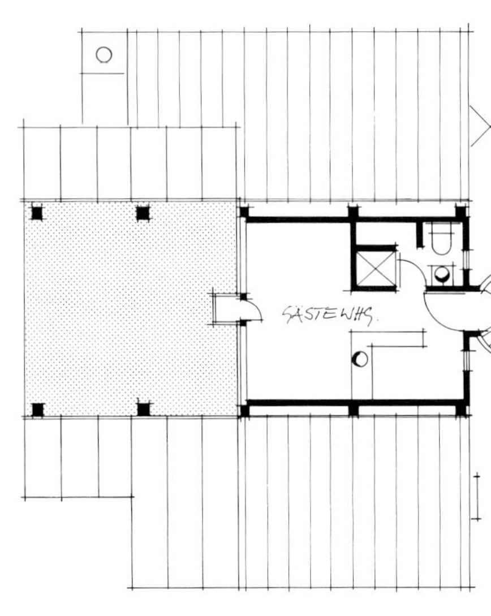

Böden (Fußbodenheizung) und Dach Ergebnis größter Sparsamkeit im Umgang mit den Baukosten. Statt Glas wurde zum größten Teil für das Grünhaus eine Hostaflonfolie verwandt, die nur halb so teuer ist wie Glas. Auch das Energiekonzept ist unkonventionell, vor allem aber sparsam in bezug auf die Nutzung von Fremdenergie. Kern des Systems ist eine elektrische Magnesitblockspeicherheizung, kombiniert mit einer Luftheizung, die von Sonnenkollektoren und einem Steinspeicher im Erdgeschoß unterstützt wird.

Die umweltbewußte Planung setzt sich auch in den Außenanlagen fort. Der ehemalige Weinberg am Hang wurde freigelegt und in den alten Zustand zurückversetzt, Felswand und alter Bergstollen saniert, und auch die natürliche Grotte wurde wiederhergestellt. Im Teich läßt sich das Niederschlagswasser für Grünhaus und Garten zum Gießen sammeln und ein altes Gebäude auf dem Grundstück dient als Garage. Auf ihrem Dach entsteht ein Küchengarten.

Gründlicher und entlarvender kann eine Planung kaum sein. Entlarvend deshalb, weil die Bebauung dieses Grundstücks über lange Zeit von vielen Seiten boykottiert wurde. Niemand konnte sich offenbar das Ergebnis der Planung vorstellen und niemand hatte den Mut, den Ideen des Architekten zu folgen. Der zähe, vier Jahre dauernde planerische Kampf um dieses Grundstück hat sich gelohnt.

Besonders interessant ist bei diesem Projekt das Wechselspiel zwischen dem relativ kleinen Innenraum und dem großen umgebenden Außenraum, der in unterschiedlichen Abstufungen das Haus ins Unendliche zu erweitern scheint. Rechts: Die untere Ebene des großen Glashauses - auch sie bildet einen inszenierten Übergang in den Garten.

Technische Angaben

Grundstücksgröße: 980 m²

Wohnfläche

Gesamt: 148 m²
1. Obergeschoß: 76 m²
2. Obergeschoß: 52 m²
Dachgeschoß: 20 m²
Erdgeschoß: 106 m²
(Büro und Nebenräume oder Einliegerwohnung)

Tragkonstruktion

Innerer Stahlbetonkern mit äußerem Stahlskelett

Bauweise

Außenwände und Dach Aluminiumsandwichplatten
Decken: Stahlbeton-Fertigteilplatten
Innenwände: Stahlsandwichplatten
Fenster: Aluminiumfenster
Bodenbeläge: Stahlplatten
Treppen: Stahlspindeltreppe
Heizungssystem: Elektro-Luftheizung mit aktiver Nutzung der Sonnenenergie

Vom Reiz der Proportionen

Architekten: Planungsgruppe für Architektur und Städtebau
Bitterli + Girsberger, Kempten

Die Situation: Das Grundstück liegt in einem vorwiegend mit Einfamilienhäusern bebauten Wohngebiet in Dachau. Hier sollte ein bestehendes Wohnhaus aus den fünfziger Jahren mit einem neuen Einfamilienhaus verbunden werden, so daß nicht der Eindruck eines Anbaus, sondern ein Ensemble eigenständiger Baukörper entsteht.

Das Konzept: Als formales Trennelement wurde zwischen die beiden Gebäude ein gläsernes Bindeglied eingefügt, das das Treppenhaus des Neubaus aufnimmt.

Das Wohnhaus ist genau nach Süden orientiert, rechtwinklig zu dem bereits bestehenden. Zusammen mit der ganz originären, modernen Architektursprache und der zurückhaltenden, aber doch kontrastreichen Farbigkeit dokumentiert der Baukörper seine sich absetzende Individualität.

Die Grundrißorganisation: Die Erschließung des Hauses erfolgt von Norden über eine axial angeordnete, leicht gebogene Eingangsnische, deren Wand aus Glasbausteinen zum abgewinkelten Windfang überleitet.

Der offene Erdgeschoßgrundriß wird durch die Wand des hohen Kamins in zwei Raumzonen unterteilt, den großen Wohnraum nach Süden und den zur Küche orientierten, eingestellten Eßbereich. Vor und in den Wänden laufende Schiebetüren lassen die Räume je nach Bedarf großzügig offen oder abgeschlossen erscheinen.

Die Feuerstelle, der Kamin, ist das eigentliche Zentrum des Gebäudes. Seine beiden Stahlrohre für Heizung und offenes Feuer unterstützen die Symmetrie des einfachen Rechteckhauses nach außen, im Inneren wird sie durch einen schmalen schwarzen Schlitz über dem Feuerloch betont.

Ins Obergeschoß führt eine leichte Stahltreppe, deren Setz- und Trittstufen korrespondierend zum Fußboden des Wohnraumes in Holz ausgeführt wurden. Der Grundriß folgt, bedingt durch die Erschließung, dem Prinzip der einfachen Reihung und birgt zwei Schlaf-, ein Arbeitszimmer nach Süden und das eingestellte Bad.

Der einfache Baukörper, ein gestrecktes Rechteck mit flach geneigtem Satteldach, erhält seinen Reiz durch die spannungsreiche Anordnung der Fenster an jeder Fassadenseite. Ungewöhnlich gestreckte Proportionen, schöne Details an den Fensterumrandungen und die Beschränkung auf nur wenige Formen und Materialien machen die Faszination dieses relativ kleinen Hauses aus.

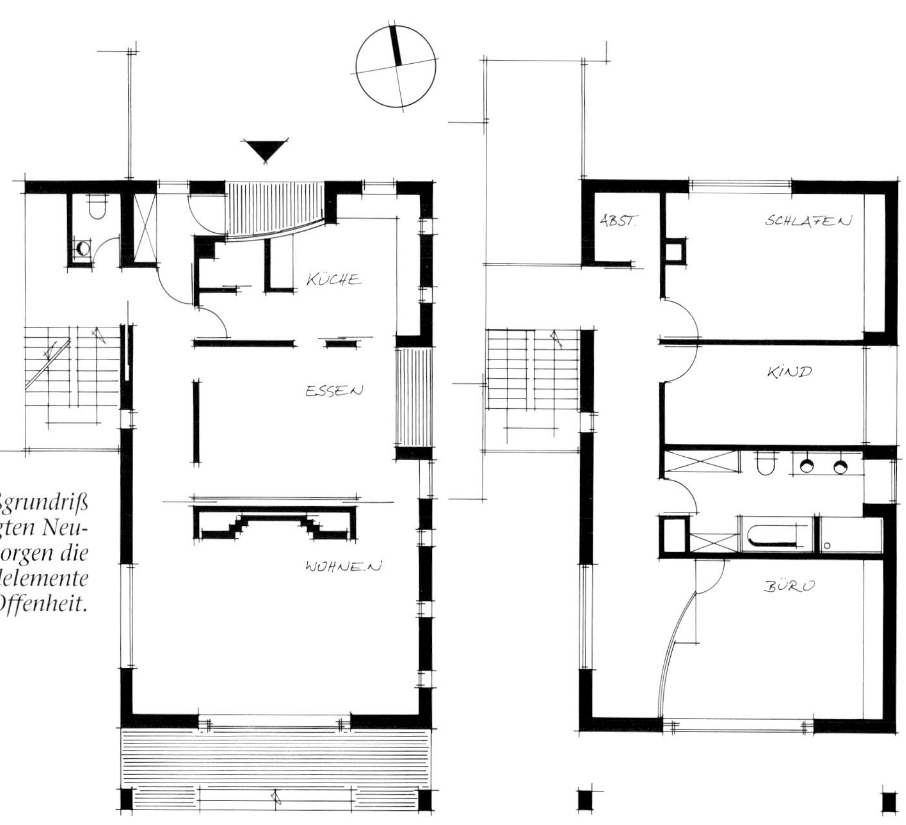

Erd- und Obergeschoßgrundriß (M=1:200) des angefügten Neubaus. Im Erdgeschoß sorgen die nur eingestellten Wandelemente für die gewünschte Offenheit.

Die Fassadengestaltung zeigt, wie mit einfachen Mitteln und ungewöhnlichen Proportionen ein traditioneller Haustyp eine zeitgemäße architektonische Ausstrahlung erfährt.

Wie eine große Plastik beherrschen Kaminwand und marmorner Spritzschutz den Raumeindruck. Eine interessante Lösung stellt auch die Anordnung der Türen dar. Sie werden von festverglasten Elementen eingefaßt, die optisch einen scheinbar nahtlosen Übergang zum Garten schaffen.
Die klaren Stahlbaudetails der äußeren Fenstergliederung werden innen an der Geländerkonstruktion fortgeführt.

Technische Angaben

Grundstücksgröße 1460 m²

Wohnfläche

Gesamt: 189 m²
Erdgeschoß: 105 m²
1. Obergeschoß: 84 m²
Kellergeschoß: 100 m²

Tragkonstruktion

Massiver Mauerwerksbau

Bauweise

Außenwände: Verputztes Ziegelmauerwerk
Dachkonstruktion: Holzdachstuhl mit Dachschalung
Dachdeckung: Titanzink
Decken: Stahlbeton
Innenwände: Mauerwerk
Fenster: Holzfenster weiß gestrichen, feste Teile in Druckverglasung
Bodenbeläge: Fertigparkett aus Eiche
Treppen: Stahltreppe mit Holzstufen
Heizungssystem: Ölheizung

Eine Bautradition wird mit neuem Leben erfüllt

Architekt: Bernhard Busch, Rheine

Das Grundstück: Der Architekt ist immer dann besonders gefordert, wenn er sich innerhalb von zweifelhaften Gestaltungs- und Festsetzungsgrenzen eines Bebauungsplanes bewegen muß. So wie hier.

Das Grundstück ist eine ehemalige Wiese mit Nord-Südausrichtung. Die Nachbarschaft: Einzelhaus steht an Einzelhaus, kleine Grundstücke, kein Baum, kein Strauch und auch keine städtebaulichen Vorgaben. Das Ergebnis: Eine Ansammlung von geschmäcklerischen Renditeobjekten. Ein Beispiel, von dem es Tausende in deutschen Gemeinden gibt. Diese liegt im Münsterland.

Das Hauskonzept: Für die Planung gab es zwei wesentliche Vorgaben. Das Haus für die fünfköpfige Familie sollte mit öffentlichen Mitteln gefördert werden. Das bedeutete, daß die Flächenhöchstgrenze, die Bausumme und ihre Finanzierungsvorgaben nicht überschritten werden durften. Eine wichtige Einschränkung, aber auch eine Herausforderung an den Architekten, in einer unsensibel geplanten Umgebung ein Beispiel für Qualität bei niedrigem Budget zu setzen.

Die zweite war ein Vorbild, das sich bewährt hatte: das Elternhaus des Bauherrn, gebaut um die Jahrhundertwende.

Innerhalb dieses Rahmens entstand ein klar gegliedertes Haus mit 140 Quadratmetern Wohnfläche, kompakt und doch großzügig in der Raumwirkung. Diesem Haus sieht man seine Grenzen (des Budgets) nicht an. Im Gegenteil. Seine Ausstrahlung erfährt der äußere Baukörper durch die Verwendung der traditionellen Architekturmerkmale des Münsterlandes: Roter Ziegel, traditionelle Doppelmuldenpfannen mit einer feinen grafischen Struktur, eine grün-weiße Verschalung der Giebel als Witterungsschutz und, als einziger, aber wichtiger Schmuck, die Sandsteineinfassungen der Fenster. Eine Freude für das Auge, das hier mit liebevoll gestalteten Details inmitten von sonst karger Einfachheit verwöhnt wird. Der große Baumeister des Münsterlandes, Schlaun, hat dieses Stilmittel schon vor über 200 Jahren perfekt zu nutzen gewußt. Dieses Haus knüpft an eine bedeutende Tradition an.

Um das Grundstück einzufassen, wurde die Garage mit dem Carport von der Straße zurückversetzt, so daß ein kleiner Hof entsteht, der den Garten räumlich einfaßt, dem Freisitz Schutz gegen Wind gewährt, und gleichzeitig einer buschigen Rosenhecke Halt gibt: Prachtvoll blühender Blickpunkt neben der Terrasse.

Im Inneren des Hauses übernimmt die kleine Halle eine wichtige, weil vielfache Funktion. Sie ist einladender Empfangsraum, sie ermöglicht durch den gläsernen Treppenturm einen weiten Blick in das Hausinnere, ihr Steinbodenbelag hat etwas Würdiges, das zugleich auch nützlich ist.

Das eingestellte Treppenhaus ist auch Raumteiler für den Wohn- und Eßtrakt und markiert durch einen gedachten Vorraum den Zugang zur Terrasse. Der Abstand von der Fassade ist so groß gewählt, daß er ausreichend diagonale Blickbezüge zuläßt und so beide Räume optisch vergrößert. Der in Hausrichtung längs verlegte Parkettboden und die weiß gestrichenen Wände schaffen zusätzlich Weite in diesem nur 45 Quadratmeter großen Bereich.

Es ist wohltuend, wenn sich Architekten auch einer Bauaufgabe mit einer Bausumme von unter 400 000 DM mit so großem Interesse zuwenden. Der Bauherr wird das bei den ersten kolorierten Plänen für sein Haus gespürt haben. Die Anlage der Pläne verriet schon in einem sehr frühen Stadium den endgültigen Eindruck des Gebäudes, seiner Form und auch seiner materiellen Textur. Eine ganz wichtige Form der Präsentation, denn nur so kann sich der Laie sein späteres Haus wirklich vorstellen.

Im Erd- und Obergeschoßgrundriß (M=1:200) dient das eingestellte Treppenhaus als Raumteiler. Besonderer Wert wurde auf die Gestaltung der Fassaden gelegt. Traditionelle Baumaterialien der Region, Ziegel und Sandstein, verleihen dem Haus eine unverwechselbare Würde.

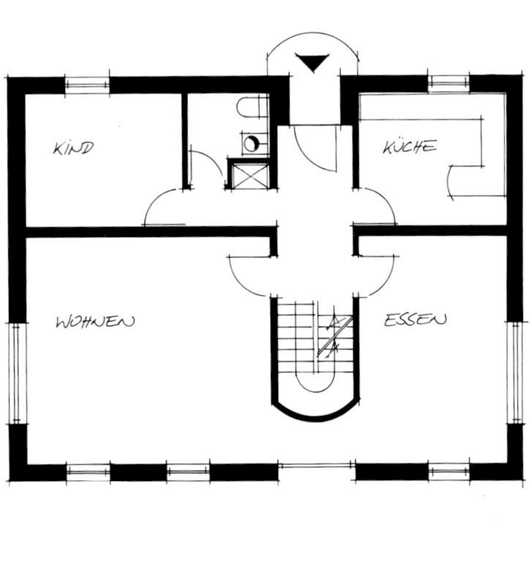

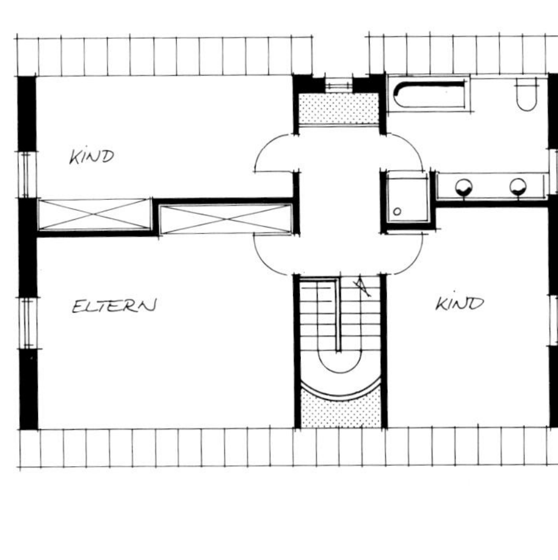

In heiterem Kontrast zum soliden Mauerwerk des Erdgeschosses steht das farbig abgesetzte holzverkleidete Giebelfeld. Es dient auch als Wetterschutz. Der gekonnt detaillierte Plattenbelag in der Diele schafft einen kostbaren Raumeindruck.
Unten: Wohn- und Eßraum werden optisch durch das eingestellte Treppenhaus unterteilt, ohne daß dadurch die Großzügigkeit der Blickachsen gestört wird.

Technische Angaben

Grundstücksgröße: 520 m²

Wohnfläche:

Gesamt: 140 m²
Erdgeschoß: 80 m²
Dachgeschoß: 60 m²
Kellergeschoß: 80 m²

Tragkonstruktion:

Leichter Mauerwerksbau

Bauweise:

Außenwände: Poroton mit Luftschicht und Verblendmauerwerk
Dachkonstruktion: Holzsparrendach
Dachdeckung: Ziegeldach mit Zinkgaube
Decken: Stahlbeton
Innenwände: Mauerwerk
Fenster: Holzfenster
Bodenbeläge: Parkett und Naturstein
Treppe: Massiv mit Holzbelag
Heizungssystem: Gasheizung

Reduktion auf das Wesentliche

Architekten: DeBiasio & Scherrer, Zürich

Die Ausgangssituation: Aus einem großen Grundstück wird ein kleines Quadrat von 442 Quadratmetern herausgeschnitten, um Platz für ein zweites Wohnhaus auf dem schön angelegten Gelände zu schaffen. Das vorhandene Gebäude stammt aus den zwanziger Jahren.

Das Gelände fällt zur Rückseite des neuen Hauses stark ab, so daß im Souterrain nach Nordwesten die Hälfte des Hauses noch über der Erdgleiche angelegt werden konnte. Hier befinden sich Eingang und Garderobe. Ein weiterer Raum und ein Duschbad lassen sich durch Schiebetüren separieren. Der Neubau und das alte Haus liegen sich auf dem Grundstück gegenüber. Die Architekten haben den Schwung der alten Gartenmauer als Verbindungselement zum neuen Haus weitergeführt. Die Fassade setzt diesen Schwung fort, die Zusammengehörigkeit von Alt und Neu wird als Geste betont.

Das Konzept: Die Grundrisse des Hauses wenden sich in den beiden oberen Geschossen ganz dem Garten zu. Der weit ausladende Balkon, der gleichsam die Arme ausbreitet, unterstreicht diese Geste.

Im Erdgeschoß wird die Haustiefe von weniger als sieben Metern ganz für die Wohnräume genutzt, die durch Schiebetüren abtrennbar sind. Geöffnet schaffen sie einen weiten Durchblick entlang der gebogenen Fassade. Sie läßt die Konturen im unklaren, so daß noch mehr Weite entsteht - ein raffiniertes Mittel, um die nur 90 Quadratmeter kleine Gesamtfläche des Hauses zu weiten. Die an der Nordseite aufsteigenden Innentreppen beanspruchen in jedem Geschoß nur wenig Platz, räumlich treten sie kaum in Erscheinung.

Im Obergeschoß gibt es auf ebenfalls 90 Quadratmetern drei Schlafzimmer, ein Ankleidezimmer, das Bad und zwei kleine Kabinette als Schrankraum. Auch hier herrscht durch die strenge, klare Grundrißform das Primat von Raum und Licht. Das Dekorative schafft sich das Leben selbst, vor dem Hintergrund der Natur. Die Offenheit zur Natur unterstreichen auch die hohen schlanken Türelemente, die sich alle nach außen schlagen lassen, dem Garten und der Sonne entgegen.

Hier ist mit wenigen akzentsetzenden Mitteln ein qualitätvolles Haus entstanden, das nur 98 Quadratmeter Grundstücksfläche beansprucht. Die Betonung der Horizontalen schafft der auskragende Balkon, die Auflösung der Front die beiden kubischen Erker, der eine für das abendliche Kaminfeuer in der großen Küche, der andere für das Tageslicht in der Bibliothek. Im formalen Verbund mit dem breiten Fensterband im Obergeschoß machen diese wenigen Elemente das Haus schnell verständlich und vertraut. Fläche, Körperhaftigkeit und Linienführung stehen in einem überraschenden Spannungsverhältnis, das sich nicht erschöpft - wie so manche große Geste bei "zu klein" geratenen Häusern.

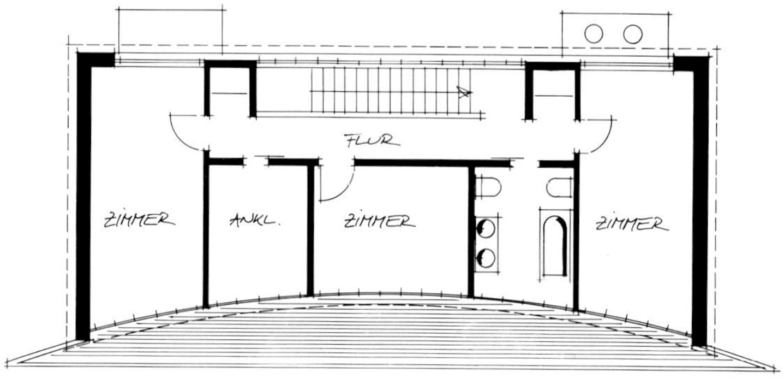

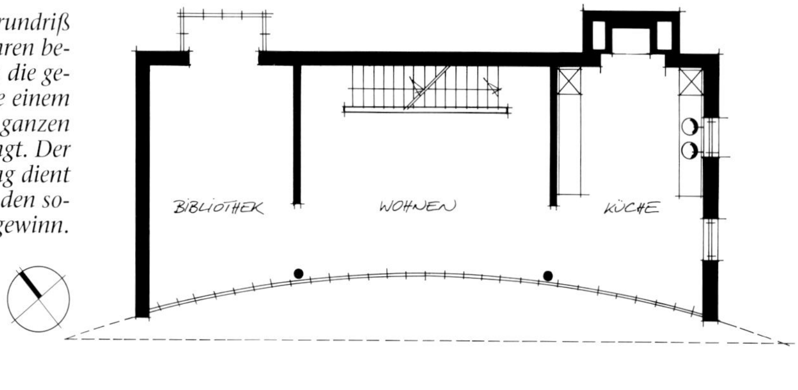

Erd- und Obergeschoßgrundriß (M=1:200) erfahren ihren besonderen Reiz durch die geschwungene Fassade, die einem Hohlspiegel gleich den ganzen Tag die Sonne einfängt. Der dunkle Steinplattenbelag dient als Wärmespeicher für den solaren Energiegewinn.

Wie ein Sonnensegel schwebt der weit ausladende Balkon über dem Erdgeschoß. Er schafft den ausdrucksstarken Akzent in diesem sonst so zurückhaltend angelegten Baukörper. Im Obergeschoß läßt das breite Fensterband morgens die aufgehende Sonne hinein und gibt den weiten Blick frei in die bergige Landschaft.

Technische Angaben

Grundstücksgröße: 442 m²

Wohnfläche:

Gesamt: 182 m²
Erdgeschoß: 92 m²
1. Obergeschoß: 90 m²
Kellergeschoß: 90 m²

Tragkonstruktion:

Stahlbeton

Bauweise:

Außenwände: Beton
Dachkonstruktion: Beton
Dachdeckung: Blech
Decken: Beton
Innenwände: Mauerwerk
Fenster: Holz
Bodenbeläge: Parkett und Schiefer
Treppen: Beton
Heizungssystem: Gasheizung

Die Villa - Manifestation traditioneller Lebensart

Architekt: Franz C. Demblin, Wien

Architekten, deren Bauten eine unverwechselbare Handschrift tragen, machen es dem Interessenten, der ein neues Haus bauen will, relativ leicht. Er weiß in etwa, was er von seinem Gegenüber zu erwarten hat - und umgekehrt.

Wer sich für den Typus der klassischen Villa als Wohnhaus entscheidet - und für den Architekten, der in der Lage ist, eine so anspruchsvolle Bauaufgabe umzusetzen -, der will diese als Ausdruck eines bestimmten Lebensstils, gleichsam als bauliches Manifest, verstanden wissen: Erinnerung an eine klar definierte gesellschaftliche Ordnung und ihre Repräsentation. Das dafür notwendige architektonische Vokabular war und ist nicht unumstritten. Interessant wird es dann, wenn Planer und Bauherr den Versuch unternehmen, den Bautypus der Villa architektonisch überzeugend neu zu formulieren und mit zeitgemäßem Inhalt zu füllen. Eine nicht leicht zu lösende Aufgabe.

Beide architektonischen Richtungen, die Moderne und die Klassiker, werden daran gemessen, ob ihre Bauten dauerhaft den Anspruch auf Gültigkeit rechtfertigen - oder als modische Grillen, schon bald überlebt, in einem Umbau aufgehen werden. Dieser Beurteilung müssen sich Bauherr und Architekt stellen. Und sicher fällt die Beurteilung eines der Tradition verpflichteten Bauwerks kritischer aus als zum Beispiel bei einem schwer faßbaren, dekonstruktivistischen Entwurf.

Der Baukörper: Zur Straße flankieren zwei niedrige Baukörper, die die Garage und ein Arbeitszimmer aufnehmen, einen patioähnlichen Eingangshof. Das umlaufende Dach faßt die beiden Vorbauten zusammen. Es wird in der Mitte von vier gedrungenen Säulen getragen, die den zentralen Eingang, über das rein Funktionale weit hinausgreifend, thematisieren. Eine hohe Giebelfassade überragt den kleinen Vorhof und zeichnet die Silhouette des dahinterliegenden Haupthauses nach.

Zum Garten zeigt sich das Haus als kompakter, massiver Körper, dessen schmucklose Fassade nur durch schlanke, regelmäßige Fenster gegliedert wird. Auf der Ostseite erhebt sich ein Turm über den Baukörper, betont die Vertikale und antwortet damit auf die hoch aufragenden alten Bäume des Grundstücks.

Das Grundrißkonzept: Im Inneren bietet sich das Haus gleichsam entlang eines räumlichen Rückgrates dar, wobei vom Eingang kommend das Niveau des Erdgeschosses dem Gelände des Gartens folgt und abgetreppt ist. Man betritt das Haus von einem zwar höher gelegenen, aber niedrigen Eingang und gelangt dann, die Tiefe des Hauses abschreitend, in den quer angeordneten, dreigliedrigen Wohnraum. Die große Höhe - es sind die höchsten Räume des Hauses - verleiht ihnen die gewünschte palaisartige Ausstrahlung. Abschluß dieser Raumsequenz ist die dem Garten zugewandte Apsis.

Im Obergeschoß dient eine Loggia im Turm als geschützter Freisitz, Mittler zwischen Innen- und Außenwelt. Aus dem Dach ragt das Turmzimmer, ein Malatelier, mit Fenstern nach Osten und Westen und einem umlaufenden Band mit zusätzlichen Lichtluken.

Das Farb- und Materialkonzept: Außen ist das Haus in einem klassischen Elfenbeinton gestrichen, wogegen sich das fein strukturierte Blechdach in kupfergrünem Farbton abhebt - eine Farbkombination, die dem Haus eine zurückhaltende Eleganz verleiht und wohltuende Erinnerungen an große Villenvorbilder aus der Zeit um 1800 wachruft, ohne dabei nur Zitat zu sein. Im Inneren dominieren die glatt geschliffenen Stucco-lustro-Wände, die eine lichtdurchflutete, kühle Atmosphäre schaffen.

Ein Kalkstein dient in der Halle, auf den Treppen und in der Küche als Bodenbelag. In den Wohnräumen liegt Parkettboden. Die Geländer aus Quadrat- und Flachstahlprofilen sind anthrazitfarben gestrichen. Zum Garten umfaßt ein mit hellem Kalkstein verkleideter Terrassensockel das Gebäude, erhebt es gleichsam über den Baugrund.

Die Wirkung von Licht und Schatten: Einem klassischen Kompositionsprinzip folgend, setzt sich dieses Gebäude aus verschiedenen, hierarchisch geordneten Baukörpern zusammen. Sie verleihen den einzelnen Teilen des Hauses ihre jeweilige Bedeu-

Auch wenn es bisher nur Baustellenfotos gibt, so zeigen die Aufnahmen doch eindrucksvoll, wie das klassisch Atmosphärische der Zeichnungen kongenial in die gebaute Form umgesetzt wurde.

tung. Die ruhigen Wandflächen erhalten Leben und Ausdruckskraft nicht durch das zierende Detail, sondern von der Strahlkraft des Lichtes und den Konturen, die die Schatten der einzelnen Bauelemente werfen. So entsteht je nach Sonnenstand im Laufe des Tages ein Spiel von Hell und Dunkel, das der strengen Architektur zusätzliche Bedeutung verleiht. Denn erst das Licht und sein Schatten lassen die stereometrischen Körper räumlich zur Gänze wirksam werden. In diesem Sinne beruft sich diese Villa auf die Architektur der Schatten des großen französischen Architekten E.L. Boullée: "Das wahre Talent eines Architekten liegt in der Fähigkeit, in seinen Werken den herrlichen Zauber der Poesie zum Ausdruck zu bringen."

Natürlich läßt sich die revolutionäre Rationalität eines Boullée nicht einfach auf unsere Zeit übertragen. Aber ganz sicher ist die Rückbesinnung auf die Wirkung von Architektur, auf ihre Zeichenhaftigkeit, ein wichtiger Schritt. Eine Architektur, die sich den klassischen Prinzipien verschreibt, hat etwas Forderndes. Sie diszipliniert und verlangt eine adäquate Lebensführung - welch ein Gegensatz zu der noch vor wenigen Jahren so gefeierten Multifunktionalität, die sich mehr und mehr als blasse Unentschlossenheit entlarvt.

Technische Angaben

Grundstücksgröße: 1200 m²

Wohnfläche:

Gesamt: 319 m²
Erdgeschoß: 175 m²
1. Obergeschoß: 144 m²

Tragkonstruktion:

Massiver Mauerwerksbau

Bauweise:

Außenwände: 38 cm Porotherm Ziegel
Dachkonstruktion: Holzdachstuhl
Dachdeckung: Verzinktes Eisenblech
Decken: Betonfertigteile
Innenwände: Ziegel
Fenster: Holz
Bodenbeläge: Kalkstein, Fliesen, Parkett
Treppen: Beton und Kalkstein
Heizungssystem: Gas-Zentralheizung

Modulbausystem für den Einfamilienhausbau

Architekten: Driendl & Steixner, Wien

Die Idee: Das Konzept dieses Baustein- oder Modulhauses - eine Art Fertighaus, was die kurze Bauzeit von sechs Wochen angeht, aber mit sehr hohem formalen Anspruch und technischer Raffinesse - soll Alternative und Denkanstoß für eine gute Architektur des Einfamilienhauses sein.

Es ist entstanden aus den stark gestiegenen Anforderungen und Wünschen nach Energieersparnis, Umweltverträglichkeit und besserer Bauqualität. Und natürlich als Antwort auf die Gestaltung der Fertighäuser, die in Österreich auf das Standardmodell Tirol beschränkt zu sein scheint. Im Gegensatz zu Pseudogemütlichkeit und falscher Brauchtümelei bestimmen bei diesem Modulhaus die modernen Baustoffe Stahl, Holz, Glas und Stein die Architektur. Der Prototyp des Hauses ist erstellt, zehn weitere sollen mit ganz individueller Ausprägung, nur gestützt durch das serielle Bausystem und die vorgegebenen Materialien, in naher Zukunft entstehen.

Die Konstruktion: Das Haus ist in einer Mischbauweise konzipiert: mit einem massiven Teil, der die statischen Funktionen und die Speichermasse für die Solarenergienutzung übernimmt und einer leichten Stahl- und Holzbauweise für die Fassaden und Innenräume (maximales Volumen bei minimalem Materialaufwand). Die Südseite wird als großflächige, isolierverglaste Front ausgebildet, die geschlossenen Teile bestehen aus Holzsandwichplatten mit wärmedämmendem Korkkern. Außenliegende Aluminiumlamellen schützen vor zuviel Sonneneinstrahlung, eine innenliegende, bewegliche Dämmwand vor Kälte. Ergänzt wird das solare Konzept durch ein Erddach, das im Sommer die Räume angenehm kühl hält, im Winter dagegen eine effiziente Wärmedämmung abgibt. So kann annähernd der gesamte Energiebedarf des Hauses durch ein kombiniertes System von Absorberflächen, einem 70 Kubikmeter großen Wasserspeicher und die passive Energienutzung der großen Glasflächen gedeckt werden.

Die Materialien: Neben den gestalterischen Ansprüchen an die Materialien wurde der Baubiologie besondere Aufmerksamkeit geschenkt. Verwendet werden nur die natürlichen Baustoffe, Holz, Stahl, Stein und Glas, die durch ihre angenehme Alterung nur wenig Unterhaltungsaufwand fordern. Auf diese Weise können die Folgekosten für Instandhaltung und Renovierung gering gehalten werden - was von so manch gepriesenem pflegeleichten Werkstoff durchaus nicht gesagt werden kann.

Das Modulsystem: Das Leitmotiv der Planung, ein variables System aus Raumadditionen, Maßen und unterschiedlichen Baukörperformen - es können zum Beispiel Flachdächer, Walm- oder Satteldächer die Hauswirkung bestimmen -, erlaubt die Anpassung und Veränderung an die besonderen geographischen und topologischen Anforderungen eines jeden Grundstücks.

Ein Haus, das wie eine moderne Raumplastik konzipiert wurde, verlangt nach aufgeschlossenen Bauherren. Eine Fertighausgemütlichkeit findet hier nicht statt. Doch auch ein Modulhaus birgt die Gefahr- so gut seine Architektur auch immer sein mag -, daß es an der falschen Stelle, zum Beispiel in einer Umgebung, auf die es nicht antworten kann, eingesetzt wird. Hier ist die Verantwortung der planenden Architekten gefordert. Außerdem wird die Kreativität in gewissem Maße eingeschränkt, denn nicht jeder Wunsch läßt sich mit einem Bausteinsystem erfüllen. Als Vorteil erweist sich demgegenüber, daß der Bauherr schon vorher eine Vorstellung von dem Ergebnis erhält. Er muß

Der Erdgeschoßgrundriß (M=1:200) öffnet sich in ganzer Breite nach Süden der Sonne. Im hinteren Bereich kann in unterschiedlichen Größen das Bad hineingestellt werden. Die verbleibenden Flächen werden auf ganzer Länge von oben belichtet und dienen als Wintergarten.

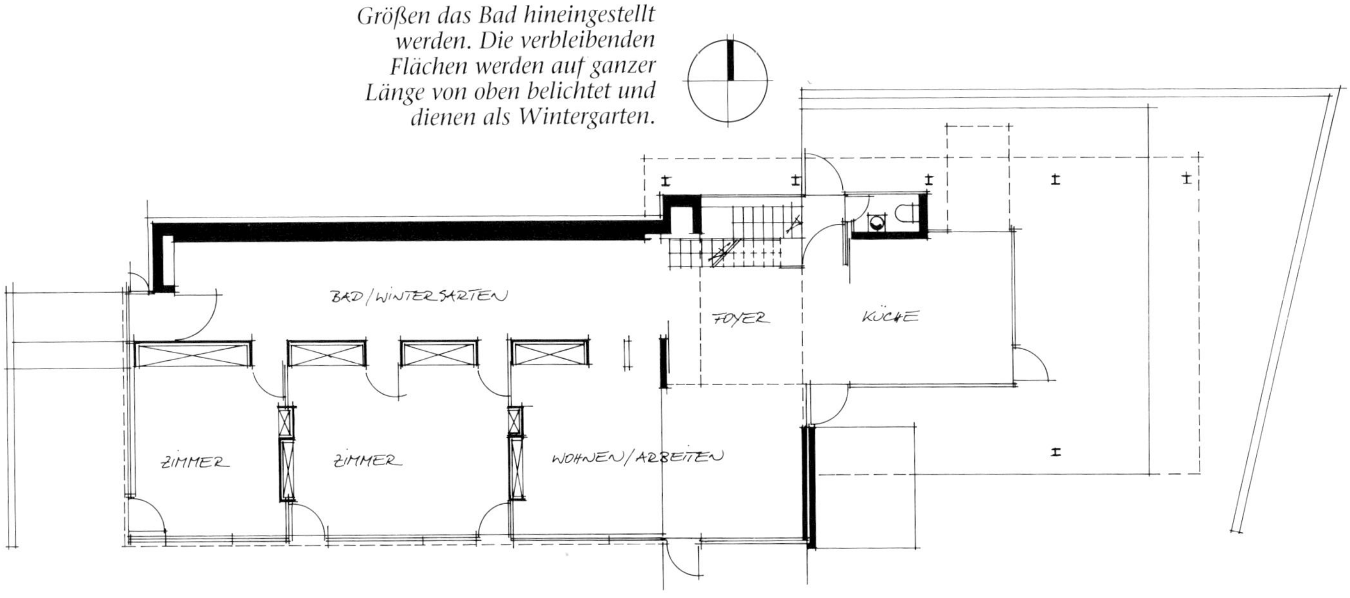

sich nicht allein auf seine Architekten und seine eigene Phantasie verlassen. So ist dieses Haus viel mehr als nur ein konventionelles Fertighaus. Die Idee, auch mit einem Modulsystem für Einfamilienhäuser eine gute Architektur zu schaffen, wurde bereits honoriert: das Haus hat inzwischen mehrere Architekturpreise erhalten. Ansporn oder Versuchung?

Technische Angaben

Wohnfläche

Gesamt: 145 m²

Tragkonstruktion

Mischbauweise aus massiven Betonspeichermassen und einem Stahl-/Holzleichtbau

Bauweise

Außenwände: Stahlbeton als Wärmespeichermasse, leichte Fassaden aus Holz und Stahl
Dachkonstruktion: Holzdachstuhl
Dachdeckung: Blech und Erddach
Innenwände: In Leichtbauweise mit Schrankwänden kombiniert
Fenster: Holz
Bodenbeläge: Holz und Naturstein
Heizungssystem: Grundheizung (Öl, Gas) mit integrierter passiver Solarnutzung mit Langzeitspeicher, gestützt durch eine Wasserniedertemperaturanlage mit Konvektoren und Fußbodenheizung

Das Foyer ist der Zentralraum, der Schlaftrakt, Wohnraum und Küche erschließt. Transluzente Schiebeelemente schirmen bei Bedarf den Wohn- und Schlafbereich ab.

Konsequenter lassen sich die Materialien Stahl, Holz und Glas kaum einsetzen. Das Haus ruft damit Erinnerungen an die besten Bauten der klassischen Moderne wach und schafft gleichzeitig die ruhige Ausstrahlung japanischer Wandgestaltungen.

Architektur, die Maßstäbe setzt

Architekt: Hermann Eisenköck, Graz

Lage und Konzept: Das Projekt wird in erster Linie von der Topographie und Wegführung auf dem Gelände und im Inneren bestimmt. Von der Straße aus sieht man zunächst nur einen kleinen Teil des Hauses. Aber schon der macht neugierig: Eine feingliedrige Brückenkonstruktion führt auf den Eingang zu, weist auf den steil abfallenden Hang und die besondere Lage hin, schwebend nähert sich der Besucher dem Haus. Das weit ausladende Pagodendach breitet einladend seine Flügel aus. Schon vor dem Eingang, zwischen Vorplatz und Hang wird die Dramaturgie des Hauses angekündigt: Offen im Eingangsgeschoß, aber abgeschirmt im privaten Teil, die Hanglage entzieht das Haus dem fremden Blick. So, wie sich der Besucher dem Haus nähert, setzt sich auch im Inneren der Weg über eine Brücke fort. Durch eine im weiten Radius geschwungene Wand wird dann aber die Bewegung zu den Wohnräumen hin umgelenkt, um auf die großartige Aussicht ins Tal zu verweisen.

Das Haus öffnet sich nach Süden zur Sonne, die Nordseite zeigt sich geschlossen, nur schmale Schlitze sorgen für die Belichtung.

Kaskadenartig folgt das Haus über mehrere versetzte Geschoßebenen dem Hang nach unten. Erst zur Schlafebene, dann zum Arbeitsraum, neun Meter unter dem Eingangsniveau.

Der massive Baukörper, der blockartig aus dem Hang herauswächst, wird in einem rhythmischen Raster durch Mauerschlitze gegliedert: aus ihnen heraus scheinen die Stahlstützen zu wachsen, die das große gewölbte Dach tragen. Dieses ist in der Mitte durchbrochen und schafft Raum für ein Oberlicht, das die tief stehende Westsonne aufnimmt.

Licht ist überhaupt eines der charakteristischen Merkmale des Hauses. Die Lichtführung wurde vorher an einem Modell ausprobiert, um den Einfall des Sonnenlichts im Sommer und im Winter exakt zu ermitteln. Während in den kälteren Monaten die Sonnenstrahlen die Räume durchqueren und passiv aufheizen, schützt im Sommer das auskragende Dach vor zuviel Hitze.

Die Farbauswahl fiel auf Rot, Blau und Gelb, weil es frische Farben, aber auch Erinnerung an die Konstruktivisten sind, deren Geist der Erneuerung auch diesem Haus innewohnt: eine markante Architektur, die in der Qualität ihresgleichen sucht. Und doch ist es ein Haus, das auf alle Bedürfnisse des Familienlebens zugeschnitten ist, nicht zuletzt auf die Pflege und Unterhaltung: Einfache Materialien, leicht zu pflegende Holzböden und die weiß geputzten Wände lassen sich schnell und problemlos renovieren oder irgendwann einmal auch verändern.

Das Modellfoto zeigt, mit welch kühner Formensprache auf die Hangsituation eingegangen wurde. Ebenso ungewöhnlich ist die Grundrißanordnung (M=1:200), deren qualitätvolle Räume und Raumfolgen analytisch präzise auf die topografische Lage des Grundstücks antworten. Das Foto oben rechts zeigt die Eingangssituation, darunter die Brücke mit dem Blick auf den Eßplatz.

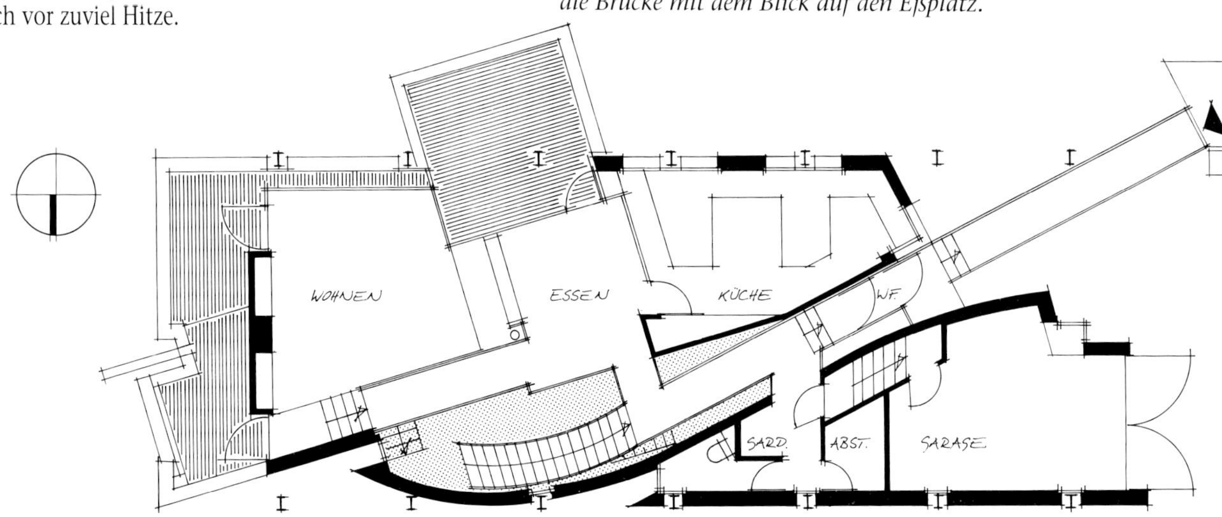

Technische Angaben

Grundstücksgröße: 3300 m²

Wohnfläche

Gesamt: 233 m²
Erdgeschoß: 70 m²
1. Hanggeschoß: 111 m²
2. Hanggeschoß: 52 m²
(Arbeitsraum)

Tragkonstruktion

Massiver Hochlochziegelbau mit Betonsteinmauerwerk im Keller

Bauweise

Außenwände: Verputztes Mauerwerk
Dachkonstruktion: Mit Holz ausgefachte Stahlkonstruktion
Dachdeckung: Bitumendeckung
Decken: Stahlbeton
Innenwände: Verputztes Mauerwerk
Fenster: Lackierte Fichtenholzfenster
Bodenbeläge: Massives Ahornparkett im Wohngeschoß
Treppen: Holzstufen auf Beton
Heizungssystem: Ölheizung mit Wärmepumpen-Warmwasserbereitung

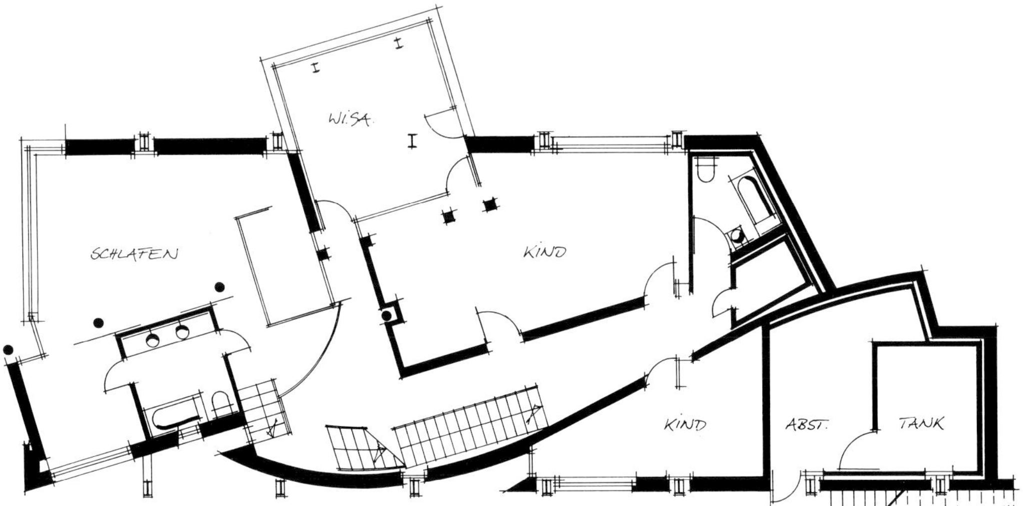

Diesen Raumkörper muß der Betrachter wie eine Raumplastik entschlüsseln: Formen, Flächen, Materialien und die an mittelalterliche Bauten erinnernden funktionalen Details geben ihre beredte Faszination besonders beim Umrunden des Hauses preis. Dann wird ihr skulpturaler Charakter besonders deutlich.
Unten: Am Tage reizt der Ausblick, abends die Stille und das Spiel des Feuers im brennenden Kamin.

Ein vorgefertigtes Haus - kein Fertighaus

Architekten: Fierz & Baader, Basel

Dieses Haus ist in seiner Wirkung so schroff wie eine unerwünschte, aber wohlmeinende Kritik. Erst bei genauem Hinsehen, beim Verstehen, erschließen sich seine großen Qualitäten.

Die Vorbedingungen: Das Grundstück liegt in einem neu erschlossenen Einfamilienhausgebiet im Kanton Basel-Land. Im Gegensatz zu den meisten Gemeinden in diesem Kanton gelten hier liberale Bauvorschriften, die allerdings den Architekten dann auch eine entsprechende Verantwortung abverlangen. Das drückt sich auch darin aus, daß die Baueingaben keiner ästhetischen Kommission vorgelegt werden müssen - an der schon so manch gute Architektur gescheitert ist. Dachform und Neigung waren also frei, ebenso gab es keine einschränkenden Richtlinien über Materialien und Farbgebung. Allein die Firsthöhe durfte nicht über neun Meter und die Fassadenhöhe nicht über sechs Metern liegen. Im Gegensatz zu den offenen Bauvorschriften standen die Vorstellungen der Auftraggeber. Es sollte ein konsequentes, kompromißloses Haus sein, eher der Ingenieurkunst denn der typischen Einfamilienhausarchitektur verpflichtet. Anzumerken ist, daß keiner der anderen 20 Architekten, die zur selben Zeit in der Nachbarschaft ihre Häuser erstellten, von der Möglichkeit eines flachen Daches Gebrauch gemacht hat. Die Folge sind alle Spielarten von Sattel- und Walmdächern - einer muß halt den Anfang machen auf dem Weg zurück in die

Zukunft: Das Raumprogramm für die Familie mit zwei Kindern war leicht zu formulieren: ein großer Wohn-/ Eßbereich im Erdgeschoß, die Schlafräume im Obergeschoß. Schwieriger war es dann, die Forderung nach nur wenigen Monaten Bauzeit zu erfüllen. So stand ganz automatisch die Art der Konstruktion für das Haus im Vordergrund. Nur mit seriell hergestellten Elementen und nur als Trockenbau kann eine solche Aufgabe gelöst werden.

Warum nun lassen sich Architekten, die in der Regel an einem Einfamilienhaus ohnehin nur sehr wenig verdienen, auf eine solche Aufgabe ein? Die Regeln des seriellen Industriebaus lassen sich nicht auf ein kleines Einfamilienhaus übertragen. Hier galt es vielmehr, Neuland zu betreten. Und wann findet der Architekt schon einen Auftraggeber, der an wirklichen Experimenten interessiert ist?

Die Konstruktion: Der einfache Kellergrundriß wurde in Ortbeton hergestellt, ebenso der Gebäudekern mit dem Garderoben- und Sanitärbereich. Auf der Erdgeschoßplatte steht ein stählernes Tragskelett mit einem Achsmaß von 2,15 Metern, dessen einzelne Elemente in schönen Stahlbaudetails klar in der Fassade ablesbar sind. Die eingeschobenen Außenwände bestehen aus 44 Fassadentafeln in Holzbauweise, die mit sechs Zentimeter starken, vorgefertigten Betonrahmen eingefaßt und mit hinterlüfteten Fassadenplatten verkleidet wurden.

Die Konstruktion mit außenliegenden, biegesteif verbundenen Stützen und Riegeln und innen anschließenden Brettschichtholzträgern für die Geschoßdecke und das Dach vermeidet die gefürchteten Kältebrücken von innen nach außen - Grund vieler Feuchtigkeitsschäden im Wohnungsbau. Hier wurde dieses Detail, das die Kombination aus Stahl- und Holzbau schafft, überzeugend gelöst. Auch alle anderen Verbindungspunkte unterlagen der Forderung nach serieller Bearbeitung. Für aktuelle Entscheidungen am Bau, die ohnehin nicht etwa für kreative Spontaneität sprechen, sondern meist nicht vorhandene Zeichnungen zu ersetzen haben, war in dem Zeit- und Kostenrahmen dieses Projektes kein Platz. Die Innenwände wurden in Trockenbauweise als nicht tragende Konstruktion aus Gipskartonplatten hergestellt. Ein problemloses, schnelles und vor allem leicht reversibles Bauverfahren.

Die Grundrisse: So geordnet, wie sich die Fassade darstellt, so klösterlich streng ist auch der Erdgeschoßgrundriß, der in seinen Maßen und seiner Schlichtheit einem Refektorium gleicht. Und dennoch strahlt dieser konsequent rationalistisch angelegte Raum eine ver-

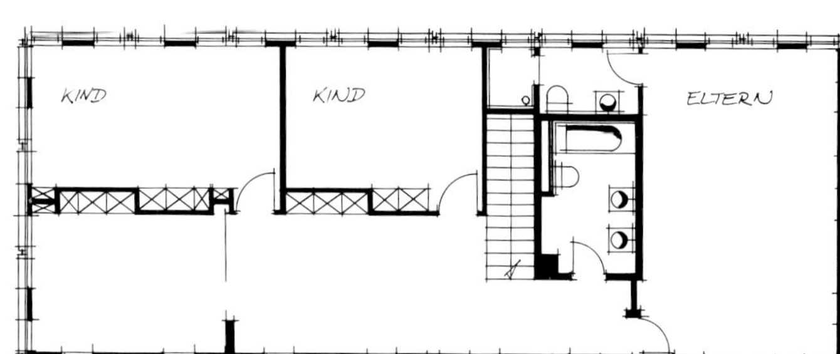

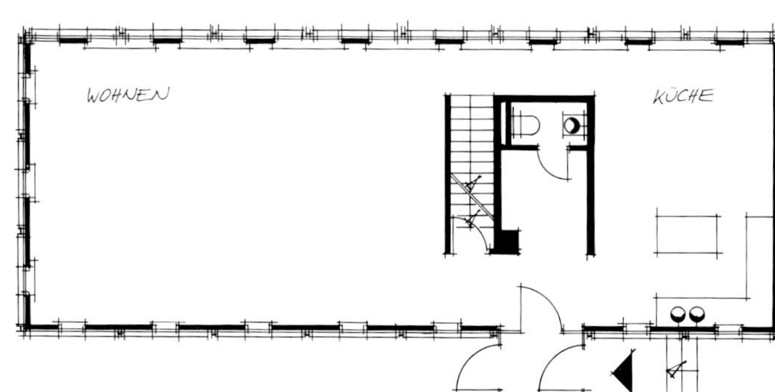

Erd- und Obergeschoß (M=1:200) zeigen das Entwurfsprinzip: Eine Raumhülle, die statische Festigkeit durch den Treppenhauskern erhält. In die offenen Flächen der Geschosse lassen sich je nach Nutzungswunsch unterschiedlich große Räume hineinstellen.

Die Nüchternheit der Fassaden-gestaltung wird durch die präzise Detaillierung aufgehoben, deren Formen- und Flächenstruktur die ganz besondere Faszination der konsequenten Rationalität ausstrahlt.

blüffend einladende Behaglichkeit aus. Das Kopfende des Raumes bildet der Garderobenraum, dahinter liegen offen die Küche und der Eßplatz. In den Proportionen folgt dieser Bereich dem Wohnraum, und auch hier schaffen nicht Wände die Raumbildung, sondern Blickhindernisse. So werden Küche und Eßraum, obwohl ineinander übergehend, klar durch den eingestellten Funktionsblock voneinander getrennt und in Zonen geteilt.

Das Obergeschoß, ebenso streng konzipiert, wird durch den Kern, der Bad, Dusche und WC aufnimmt, klar in den Kinder- und Elternbereich gegliedert. Der offene Galeriebereich, der sich vor den Kinderzimmern weitet, schafft hier in dem nur etwa 6,50 Meter tiefen Haus eine willkommene Großzügigkeit.

Technische Angaben
Grundstücksgröße: 570 m²

Wohnfläche
Gesamt: 200 m²
Erdgeschoß: 100 m²
1. Obergeschoß: 100 m²
Kellergeschoß: 96 m²

Tragkonstruktion
Stahlskelettkonstruktion mit Ausbau in Trockenbauweise

Bauweise
Außenwände: Betonrahmen mit Holzausfachung
Dachkonstruktion: Holztragwerk
Dachdeckung: Blecheindeckung
Decken: Holzbinder
Innenwände: Gipskartonplatten
Fenster: Holz
Bodenbeläge: Parkett
Treppen: Holz auf Beton

Von unten nach oben zeigt sich der Bauablauf: Grundplatte und Betonkern bilden das statische Gerüst für den zweigeschossigen - noch offenen - Baukörper. Schon in diesem Stadium - nach wenigen Tagen - ist das Haus gegen die Witterung geschützt. In die seitlich montierten Randbohlen werden die Holzdecken nur noch eingehängt. Präzise vorkonstruiert und gefertigt, konnten die Räume nach kurzer Bauzeit bezogen werden.
Oben: das großzügige Erdgeschoß.

Drei gleiche Wohnhäuser in Arlesheim (Schweiz)

Vom Verständnis des Betons

Architekten: Fierz & Baader, Basel

Lage: Das 11000 Quadratmeter große Grundstück mit einer repräsentativen Villa im Zentrum war den Eigentümern zu groß und zu pflegeintensiv. Ein Teil, etwa 4000 Quadratmeter, sollte abgetrennt werden, um darauf fünf Einzelhäuser zu errichten. Für den Entwurf wurde den Architekten nur eine Bedingung gestellt: Die Häuser sollten schmal sein, um den schönen Ausblick von der Villa in erhöhter Lage nicht zu beeinträchtigen.

Das Konzept: Die Erschließung der Häuser erfolgt in Verlängerung einer bestehenden Stichstraße, parallel zur Hanglage des Grundstücks. Die Zufahrtsstraße wurde privat erstellt, um Anlage und Gestaltung unabhängig von den Straßenbaunormen durchführen zu können. Die Abstellplätze für alle Häuser wurden am Eingang der Anlage konzentriert. Die Häuser selbst sind hangseitig erschlossen. Drei davon, als kleinstmögliche Typenserie, sind identisch.

Es sind im wesentlichen zwei Kriterien, die den Entwurf bestimmen. Für die noch nicht bekannten zukünftigen Bewohner sollten vielseitig nutzbare Häuser entstehen, gleichzeitig sollten sie auch als individuelle Bauten erlebt werden. Neben dem Haustyp stand die Frage nach dem Material und der Struktur im Mittelpunkt.

Alle Überlegungen führten bei der Struktur zum gestalteten Körper, bei den Werkstoffen zu Beton und Holz. Beton als markanter Baustoff unseres Jahrhunderts und Holz, weil es für die Herstellung der Betonkörper unverzichtbar ist. Beide Baustoffe sind unmittelbar in ihrer Ausdruckskraft, sie können nur richtig oder falsch verwendet werden, nachträgliche Korrekturen sind so gut wie unmöglich. Deshalb erfordert der Baustoff Beton ein hohes Maß an Vorstellungskraft, die über die rein konstruktiven Eigenschaften, die ja nahezu unbegrenzt sind, hinausweist.

In der Realität ein chemischer Abbindeprozeß, bedeutet er bildlich die Momentaufnahme einer Erstarrung, die Verwandlung vom flüssigen in den festen Zustand, eine Kristallisation. Ein Betonbauwerk kann nur altern oder aber gesprengt werden, eine nachträgliche Veränderung, ein Make-up oder ein Face-lifting, sind nicht möglich - für viele Menschen hat auch dieser Aspekt etwas Bedrohliches - neben den vielen anderen, die dieses Material so in Verruf gebracht haben.

Die drei gleichen Baukörper stehen wuchtig als Betonklötze im Hang, ohne Sockel und ablesbare Stockwerke, sie wirken allein als behauene, plastische Körper. Ihre innere Organisation wurde aus dem Schnitt entwickelt. Im Zentrum steht der Treppenhauskern, der alle Räume erschließt. Die rhomboide Gesamtform betont die Raumidee, gleichzeitig erfüllt sie die Forderung nach einer schmalen Hausform.

Die gegenseitige Verschränkung der über sieben Meter hohen, ohne Zwischendecken errichteten Betonschale verleiht der Konstruktion die notwendige Stabilität. Zwischen dem betonierten Treppenhaus

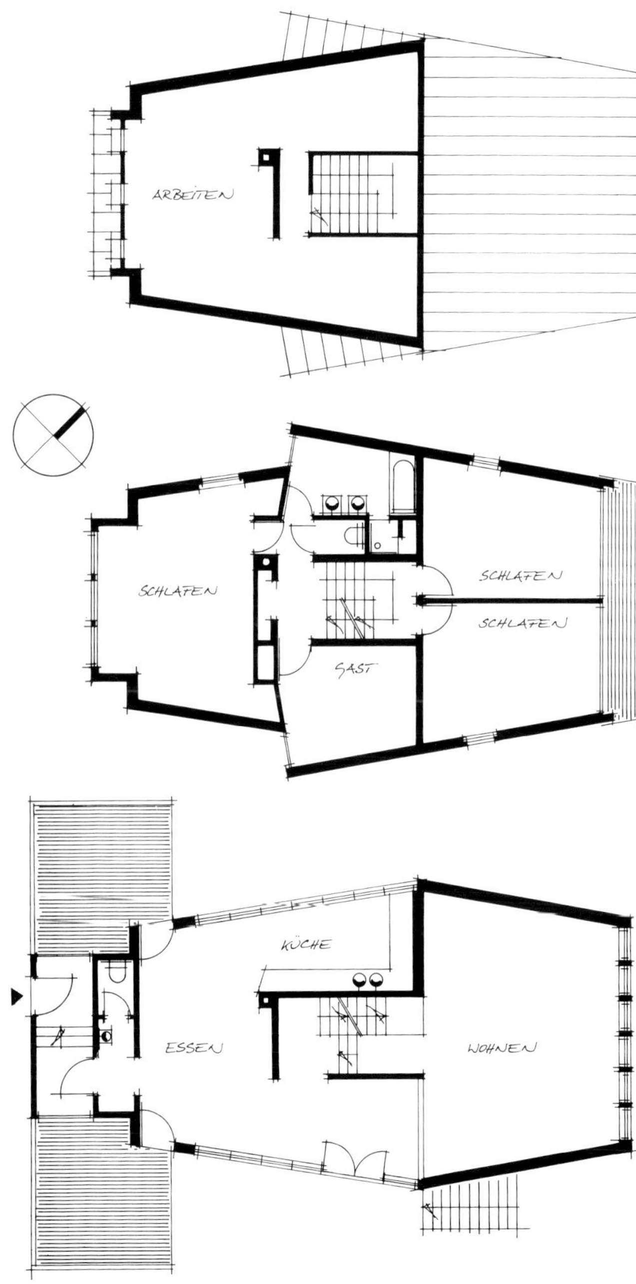

Die Wabenform der drei Grundrißebenen - Erd-, Ober- und Dachgeschoß (M=1:200) - ist das Ergebnis einer optimierten Baukörperform, die wie ein stromlinienförmiger Keil in der Landschaft steht und so kaum den Blick für die Nachbarn verstellt.

Technische Angaben

Grundstücksgröße: je 650 m²

Wohnfläche

Gesamt: 206 m²
Erdgeschoß: 88 m²
1. Obergeschoß: 80 m²
Dachgeschoß: 38 m²
Kellergeschoß: 70 m²

Tragkonstruktion

Massiver Stahlbetonbau mit tragenden Außenwänden und Treppenhauskern

Bauweise

Außenwände: Sichtbeton mit raumseitiger Leichtbauschale
Dachkonstruktion: Holzdachstuhl aus Brettschichtholz
Dachdeckung: Bitumendichtungsbahnen
Decken: Blindböden aus Spanplatten über Holzbalkendecken
Innenwände: Mit Gipskartonwänden beplankt
Fenster: Holz
Bodenbeläge: Holz, gewachst
Treppen: Buchenholz
Heizungssystem: Gasheizung für Fußbodenheizung und Niedertemperaturkonvektoren

Wie mit wuchtigen, gezielten Schlägen scheint der Baukörper geformt zu sein. So klar kubistisch läßt sich nur mit Beton bauen. Den gekonnten Umgang mit diesem Baustoff verrät auch die durch die Negativform der Schalung vorgedachte exakte Fassadenstruktur.

und der Betonaußenschale sind Stockwerksdecken aus Holz eingehängt. Ein solches Haus ist in seiner Struktur nur in Beton denkbar.

Die Konstruktion: Die besonderen bauphysikalischen Probleme der Sichtbetonbauweise, die Kältebrücken und Fragen der Kondensation, haben zu einem nicht alltäglichen Wandaufbau geführt. Von der Idee her ist ein Holzhaus mit Betonmantel entstanden. Die äußere Betonschale trägt, schützt und gibt Stabilität, die dämmende Schicht innen ist eine Leichtkonstruktion aus Holzständern und Gipskartonplatten oder Holzschalung. Auf diese Weise werden die verschiedenartigen, sich ergänzenden statischen und bauphysikalischen Eigenschaften von Beton und Holz nutzbar gemacht - und dargestellt.

Für einen jeden Baustoff gibt es Verfechter und Gegner. Bei Beton ist die Gegnerschaft besonders groß, weil er überwiegend falsch eingesetzt wird - nämlich nur aus Gründen der Zweckmäßigkeit und Praktikabilität. Die Folge: häßliche, brutale, banale Bauwerke. Wird dieser Baustoff aber in seinem ganzen Facettenreichtum modelliert, dann kann er etwas wunderbar Poesievolles haben. Kahn und Le Corbusier haben es bewiesen.

Moderne, heitere Architektur für eine traditionelle Bauaufgabe

Architekten: Fischer Steiger Tschaidse, München

Die Ausgangssituation: Ein leicht abfallendes Hanggrundstück mit Blick auf den Starnberger See, dazu eine gewachsene Landhaus- und Villenarchitektur in der Nachbarschaft und alter Baumbestand - das war die Situation, die sich den Planern bot. So eine qualitätvolle Vorgabe erfordert eine entsprechende Antwort in der Architektur. Die bauliche Form der klassischen Villa, ihre vertraute Kontur, wurde aufgenommen und eine traditionelle Grundrißanordnung gewählt. Formal ist ein ganz eigenständiges, im besten Sinne modernes Haus entstanden, das auf alle landschaftstypischen Attribute verzichtet - ohne dabei seinen lokal süddeutschen Charakter zu leugnen. In diesem Sinne ist es beispielhaft.

Das Konzept: Dem Wunsch des Bauherrn, aber auch dem in der Nachbarschaft üblichen Villentypus entsprechend, gibt es eine klare Grundrißorganisation. Nach Süden, zum Garten und zum See wurden das Eßzimmer und der Wohnraum angeordnet, der durch einen gläsernen Wintergarten erweitert wird. Dieser Baukörper ist so filigran, daß die eigentliche Gebäudekontur nicht zerstört wird. Da der Eingang des Hauses auch auf der Südseite liegt - nur hier war er möglich -, bietet sich die Fassade relativ geschlossen dar. Die gewünschte Transparenz und Öffnung zum Garten erhält der Wohnraum durch die Wintergartenöffnung. Gegen unerwünschte Einblicke schützt die Bepflanzung.

Das abfallende Gelände erlaubte hier einen Niveausprung um drei Stufen, so daß die zusätzliche Höhe dem Raum einen lichten und großzügigen Charakter verleiht. Die weiße Holzdecke schafft einen schwerelos wirkenden Abschluß. Die Art ihrer Verwendung erinnert an die Holzarchitektur der umliegenden Bootshäuser, von denen es gerade an diesem See einige sehr qualitätvolle Beispiele gibt.

Im Obergeschoß setzt sich die klare Gliederung der unteren Ebene fort. Zwei große Räume, Schlafzimmer und Studio, nutzen die schöne Südlage. Der große Dachüberstand sorgt im Sommer für einen wirksamen Sonnenschutz, im Winter dagegen können die Sonnenstrahlen ungehindert durch die großen Fensteröffnungen eindringen und ihre wohltuende Wärme verbreiten. Nach Westen liegen die beiden Kinderzimmer, nach Osten, der Morgensonne entgegen, wurden platzsparend die kompakten Bäder und ein Ankleidezimmer eingerichtet.

Die Garage liegt etwas zurückversetzt hinter der Gebäudekante. Diese Anordnung vermag ihr auf der einen Seite die Bedeutung zu nehmen, andererseits ist sie willkommene Rückfront eines vor der Küche angelegten kleinen Hofes, von dem auch der Wirtschaftseingang betreten wird.

Die Konstruktion: Der Wunsch nach großen Fensteröffnungen bestimmte die Wahl der Tragkonstruktion, ein Stahlbetonskelett mit Unterzügen. So konnten die Außenwände - im Gegensatz zu einem massiven Mauerwerksbau - großzügig geöffnet werden. Die Ausfachung erfolgte mit Ziegeln, Wärmedämmung und einer Stülpschalung aus kanadischem Zedernholz, das witterungsbeständig ist und mit der Zeit einen schönen silbrigen Glanz annimmt. Hierzu kontrastiert die Wandverkleidung im Obergeschoß aus zementgebundenen Spanplatten, deren Stöße durch Leisten abgedeckt werden. Die dadurch entstehenden kleinen Vor- und Rücksprünge schaffen ein abwechslungsreiches Licht- und Schattenspiel auf der Fassade.

Um eine größere Luftigkeit in den Räumen zu erzielen, wurde im Obergeschoß die Schräge der vollen Dachhöhe ausgenutzt. Die Innenwände auf der Holzbalkendecke bestehen hier, um Gewicht zu

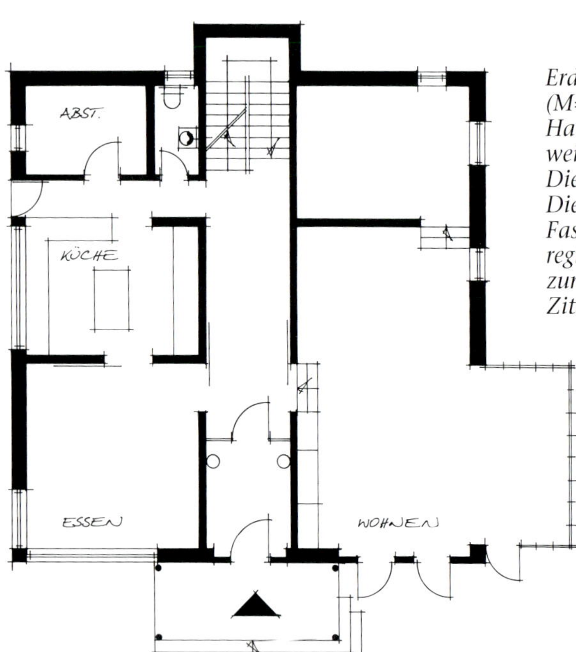

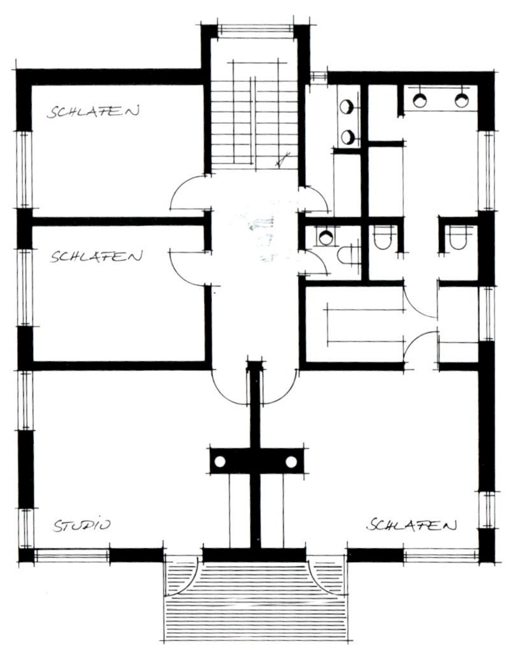

Erd- und Obergeschoß (M=1:200) des kubischen Hauses, dessen Räume jeweils durch eine großzügige Diele erschlossen werden. Die Materialwahl für die Fassade greift bewußt auf regionale Traditionen zurück, ohne allerdings im Zitat stecken zu bleiben.

sparen, aus einer Leichtbaukonstruktion. Ein durchlaufender Dachreiter setzt das Lichtspiel im Inneren des Treppenhauses fort.

Die Außenfassade erfährt ihre Gliederung durch die Materialwahl. Im Sockel, der das Gebäude zusammenfaßt, scheint die Anordnung der Stülpschalung das Haus geradezu gegen den Grund abzustützen, während die senkrechte Gliederung der Fassadenplatten das Obergeschoß zum Licht zu strecken scheint. Dieser Materialwechsel verleiht dem Haus eine wohltuende Ordnung. Alle Raumfunktionen sind ablesbar, das Haus zeigt sein wahres Gesicht, eine offene Heiterkeit. Schützend, und ebenso unbeschwert, liegt über allem das weit auskragende Dach.

Die wenigen formalen Bausteine und die immer neuen Varianten der spannungsreichen Proportionen in den geöffneten und geschlossenen Flächen verraten ein gutes Gespür für den gekonnt sparsamen Mitteleinsatz. Hinter einem so klaren Entwurf verbirgt sich immer eine umfangreiche und gekonnte planerische Arbeit. In der Einfachheit liegt ja oft das große Geheimnis, oder wie es etwas ruppiger, aber treffend formuliert wurde: ein Haus ist erst dann wirklich gut, wenn man beim Betrachten nicht den Schweiß des Architekten riecht.

Technische Angaben

Wohnfläche

Gesamt: 265 m²
Erdgeschoß: 140 m²
1. Obergeschoß: 125 m²
Kellergeschoß: 135 m²

Tragkonstruktion:

Stahlbetonskelett

Bauweise:

Außenwände: 24cm Ziegelmauerwerk, 8cm Wärmedämmung, Hinterlüftete Schalung
Dachkonstruktion: Holzsparrendach
Dachdeckung: Bitumenbahnen
Decken: Holzbalkendecken
Innenwände: Ziegel mit Gipskartonverkleidung
Fenster: Holzfenster
Bodenbeläge: Ahornparkett, Naturstein
Treppen: Stahlbeton mit massiven Ahornstufen
Heizungssystem: Niedertemperatur-Gasheizung

Im Erdgeschoß schaffen die sichtbaren Deckenbalken im Wohnraum und in der Halle eine schöne konstruktiv-grafische Struktur.
Unten: Spiegeleffekte und gliedernde Natursteinstreifen sorgen für die Illusion großer Raumtiefe im Kinderbad.

Überzeugungsarbeit in Sachen Architektur

Architekten: Fischer Steiger Tschaidse, München

Die Lage: Das Haus liegt an einem leicht abfallenden Hanggrundstück mit altem Baumbestand und Blick auf den Starnberger See - eine Rarität, auch so etwas gibt es noch.

Ein sehr eng gefaßter Bebauungsplan ließ wenig Freiraum für die Planung. Traufhöhen, Dachneigung und Materialvorgaben legten den Architekten eine "typisch voralpenländische" Bauweise nahe.

Diesen generalisierenden Geschmacksvorstellungen wollten sich Auftraggeber und Architekten nicht unterordnen, als Ausweg blieb ihnen aber nur die intensive Arbeit am Detail. Das Ergebnis ist gelungen.

Das Planungskonzept: Die Topographie des Grundstücks und seine Hauptbeziehungen zum See und zum umgebenden Parkgelände spiegeln sich wider in der Grundrißanordnung mit den Wohnräumen nach Süden und Westen und ihren großflächigen, zum Teil transparenten Fassadenöffnungen im Eßbereich und der oberen Galerie: die Öffnung des Hauses zur prachtvollen Natur.

Da die Hausform strikt vorgegeben war, bestehen die Gestaltungsmittel für die Fassaden allein in der Reduktion des Formalen. Es gibt nur eine bewußte Gegenüberstellung von schwer und leicht, von geschlossen und offen, von flächig und strukturiert. Diese wenigen formalen Akzente sind nur als Andeutungen gedacht, wie graphische Codierungen verweisen sie auf den Inhalt des Hauses, ohne ihn preiszugeben.

Die Farbigkeit der Fassade lebt vom Weiß der Flächen und dem Grauton der Blechnerarbeiten. Dieser Ton wurde auch für den Fensteranstrich übernommen. Einziger Kontrast ist das freche Gelb der Schiebeläden, die sich mit einer traditionellen Scheunentormechanik vor die Fensteröffnungen ziehen lassen. Ein Gelbton, der sagen will, hätte uns die Baubehörde doch nur die Freiheit für die Dachgestaltung gegeben - rote Ziegel waren zwingend vorgeschrieben -, dann wäre das Haus noch besser geworden.

Schließlich müssen alpenländische Umgebung und zeitgenössische Architektur kein Widerspruch sein, schon gar nicht müssen sie Provokation bedeuten. Nur leider wird es in den Bauämtern immer wieder so verstanden.

Technische Angaben

Wohnfläche

Gesamt: 222 m²
Erdgeschoß: 90 m²
Einliegerwohnung: 30 m²
Obergeschoß: 102 m²
Kellergeschoß: 127 m²

Tragkonstruktion

Mauerwerksbau

Bauweise:

Außenwände: 49 cm Ziegelmauerwerk beidseitig verputzt
Dachkonstruktion: Pfettendachstuhl aus Fichtenholz
Dachdeckung: Betondachstein
Decken: Stahlbeton mit schwimmendem Estrich
Innenwände: Ziegel verputzt
Fenster: Holzfenster deckend lackiert
Bodenbeläge: Ahornparkett und Naturstein
Treppen: Stahlkonstruktion mit massiven Ahornstufen
Heizungssystem: Niedertemperatur-Gasheizung als Fußbodenheizung mit zusätzlichen Unterflurkonvektoren

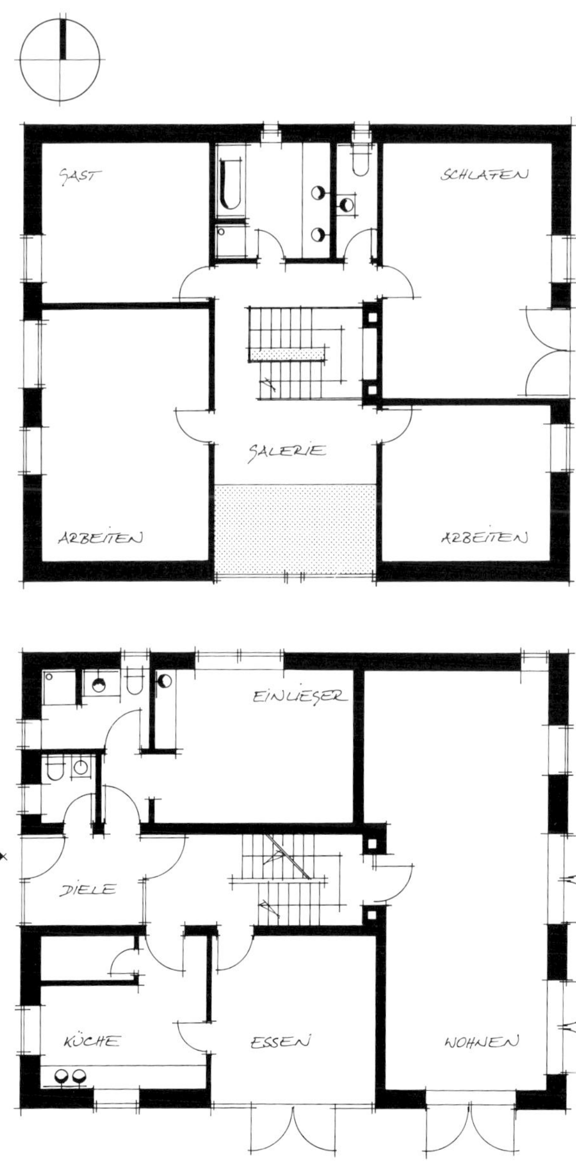

Grundriß Erd- und Obergeschoß (M=1:200)

Links: Der Baukörper besticht durch seine klare vertraute Form. Großformatige Fensteröffnungen und die fast provozierende grafische Struktur der Fensterschiebeläden stehen dazu in erfrischend heiterem Kontrast und zeigen, wie geschickt die Bauvorschriften interpretiert werden können.
Oben: Das Terrassentürelement schafft eine großzügige Belichtungsfläche. Um einem Wärmestau vorzubeugen, befindet sich am höchsten Punkt die Lüftungsklappe. Darunter: Das filigrane Holztreppenhaus gibt den Blick frei bis in den hinteren Wohnraum. Unten: Deckenfluter betonen die Höhe des hellen Dachgeschosses.

Es dominiert das Quadrat und ist doch kein Zitat

Architekten: Gatermann + Schossig, Köln

Der Ort: Das Grundstück liegt am östlichen Rand des Kölner Stadtteils Rodenkirchen. Es ist der letzte Bauplatz am Ende eines kleinen Gewerbeareals, danach folgt ein kleiner Wald. Das nahezu quadratische Grundstück war bei Planungsbeginn mit zwei Gebäuden bebaut, einem Lager und einem Atelier. Sie markieren als Grenzbebauung zwei der zur vorhandenen Umgebungsbebauung orientierten Grundstücksseiten. Zur Erschließungsstraße und zum Wald hin war das Grundstück noch frei.

Die Interpretation des Ortes: Die Größenverhältnisse des Grundstücks verlangten, daß das neue Gebäude so nah wie zulässig an die Grundstücksgrenzen gesetzt werden mußte. Die geringe Distanz zur Straße legte ein insgesamt introvertiertes Konzept für das Haus nahe, als Teil des Ensembles auf dem Grundstück hatte es die Aufgabe zu übernehmen, für ein ausgewogenes Gleichgewicht der Flächen und Körper zu sorgen.

Das Gebäudekonzept: Grundform und wesentliches Gestaltungselement ist das Quadrat. So besteht der Grundriß auf beiden Ebenen aus identischen Quadraten, denen jeweils bestimmte Funktionen zugeordnet sind. Das Quadrat in der äußeren Gebäude- und Grundstücksecke beinhaltet die innere Erschließung und untergeordnete Räume (Bäder, WC, Küche, Technik). Die Erschließung von der äußeren Ecke aus erzeugt im Inneren eine diagonale Orientierung. Die Hauptfunktionen des Gebäudes (Wohnen, Essen, Schlafen und Arbeiten) sind in den flankierenden Quadraten untergebracht.Das vierte, diagonal zum Treppenhaus liegende Quadrat ist die Terrasse, eine kleine Piazza. Dieser offene Raum ist durch einen Stahlrahmen, bestehend aus einer Eckstütze und zwei horizontalen Balken in seinem Volumen definiert. Zusammen mit dem virtuellen Raum im Obergeschoß ergänzen sie den Baukörper zu einem Würfel.

Die nach Westen orientierte Terrasse bildet zusammen mit dem übrigen Hofbereich einen differenzierten Freiraum, der durch Lage und Ausformung eine sehr intime, private Ausstrahlung hat.

Die Grundstücksgrenze zur Straße wird durch eine zwei Meter hohe Ziegelmauer markiert, die lediglich Öffnungen für das Schiebetor, einen schmalen Blickschlitz und das Eingangstor vorsieht. Das neue Gebäude steht somit deutlich sichtbar in zweiter Reihe. Bedingt durch die Topographie und zur Verstärkung der Andersartigkeit der Nutzung, liegt das Erdgeschoßniveau des Hauses etwa einen halben Meter über dem Niveau von Lager und Ateliergebäude. Das Haus steht also auf einer Plattform, der Zugang erfolgt von der Straße aus über eine Stahlbrücke.

Die Fassaden: Das Haus zeigt nach außen sehr unterschiedliche Gesichter. Die langen und die kurzen Außenseiten zur Straße, zum Wald und zum Lager und Atelier sind geradezu verschlossen. Kleine quadratische Fensteröffnungen akzentuieren die Fassaden. Ergänzt werden sie durch Sonderelemente wie die große Eingangstür und den Glaserker zur Waldseite. Ganz im Gegensatz dazu zeigt sich die Fassade zur Innenecke: sie ist vollständig aus Glas.

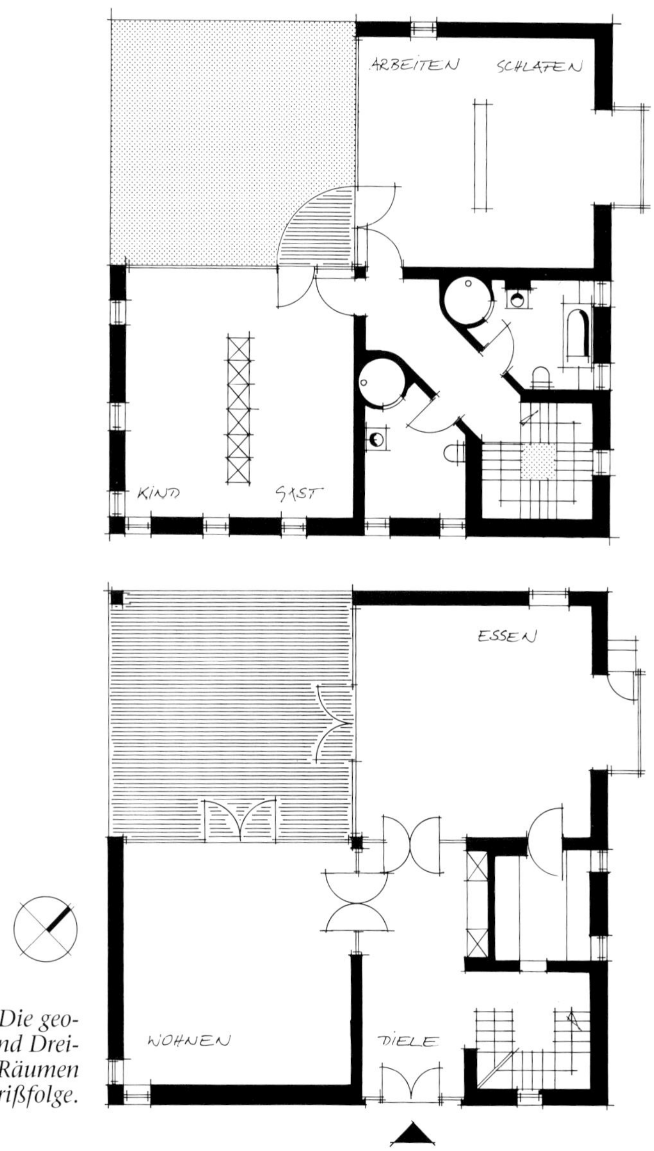

Grundriß und Obergeschoß (M=1:200). Die geometrischen Grundformen Quadrat, Kreis und Dreieck schaffen zusammen mit den virtuellen Räumen eine ungewöhnlich interessante Grundrißfolge.

Die Materialien: Bei der Materialwahl für das neue Gebäude stand die Frage nach der Art des Dialogs zwischen Alt und Neu im Vordergrund. Eine eigenständige Dachform und ein gänzlich anderes Material für die Außenhülle wurden als Grundvoraussetzung angesehen, um die gewollte Spannung zu erzeugen. Der Einfachheit der Grundgeometrie folgend ergab sich daraus fast zwingend ein Flachdach und als Antwort auf die präzisen Formen entsprechende technisch orientierte Materialien, wie ein wellenförmiges Aluminium für die Außenhaut und scharfkantige Profile aus Aluminium für die Fenster- und Fassadenkonstruktion.

Im Inneren wurde der Boden mit quadratischen Steinzeugfliesen verlegt, die Terrasse in Betonplatten derselben Größe. Die Wände wurden nur verputzt und weiß gestrichen. Die gewählte Farbpalette liegt zwischen Weiß bis Schwarz, nur die inneren Glastüren bilden mit ihrem Grau-Grün einen zarten Kontrast.

Um die exakten Formen des Baukörpers nicht zu stören, wurde auf Vorsprünge oder auftragende Materialstärken ganz verzichtet: es gibt keine Fensterbänke und keine Fuß- und Sockelleisten, die die kubischen Formen unterbrechen könnten.

Technische Angaben

Grundstücksgröße: 1140 m²

Wohnfläche

Gesamt: 208 m²
Erdgeschoß: 107 m²
Obergeschoß: 101 m²
Kellergeschoß: 68 m²

Tragkonstruktion

Mauerwerksbau

Bauweise

Außenwände: Zweischaliges Mauerwerk mit Aluminiumvorhangfassade
Dachkonstruktion: Betonflachdach mit Dämmung und Bekiesung
Decken: Stahlbeton
Innenwände: Beton und Mauerwerk
Fenster: Aluminiumfenster
Bodenbeläge: Steinzeugfliesen
Treppen: Beton
Heizungssystem: Fußbodenheizung

Links: Das Eingangselement, rechts das Treppenhaus. Auch im Innenraum bestimmen die Grundformen den formalen Eindruck. Vor allem besticht die Exaktheit der Detailplanung, die besonders am Zusammentreffen der Fugen, der unterschiedlichen Materialien und Ebenen überzeugt.

Ein Haus für Städter auf dem Land

Architekt: Ernst Giselbrecht, Graz

Die Situation: Wenn Menschen, die das Stadtleben gewohnt sind, aufs Land ziehen, dort aber nicht in der Landwirtschaft arbeiten, dann stellt sich die Frage, welche bauliche Hülle eigentlich ihr Verständnis von Natur und Leben auf dem Lande ausdrücken soll.

Diese Frage hat der Architekt mit einem Haus beantwortet, das das "Konsumieren" der Landschaft repräsentieren soll - im Gegenatz zu Häusern von Menschen, die den Boden bearbeiten. Schließlich ist der Städter, der einen Teil seiner Zeit auf dem Lande verbringt, inzwischen ein wichtiger Partner für die Landerneuerung und Landschaftspflege.

Das Konzept: Das Haus verkörpert die Idee eines großen Guckkastens: Der Ausblick in die Landschaft, das "optische Konsumieren", steht im Mittelpunkt des Entwurfes. Aufgeständert über dem Boden, wie eine Kamera auf dem Stativ, schwebt der große Wintergarten als geschützter Ausguck über dem Hang. Die einzelnen Fensterabschnitte sind genau auf das Panorama abgestimmt. Und so wie der Stadtmensch, der nach getaner Arbeit aufs Land kommt und seinen Rock auszieht, so kann auch der Wintergarten seine Fassade ablegen und sich ganz der Natur öffnen: die beiden großen Schiebeelemente lassen sich über eine auskragende Konstruktion von der Fassade lösen, die entstehenden Öffnungen zeichnen Bildausschnitte, auf die sich der Betrachter konzentrieren kann: für einen stummen Dialog mit der

Natur: Im Erdgeschoß liegt der Wohnbereich mit der V-förmigen Terrasse, die den Blick wie eine Linse auf den Garten und die hügelige Landschaft lenkt.Das gestalterische Motiv des Guckkastens erfährt im Obergeschoß noch eine Steigerung: von den Schlafräumen führt eine Brücke auf einen kleinen Balkon, einen Platz, der nur der schönen Aussicht gewidmet ist.

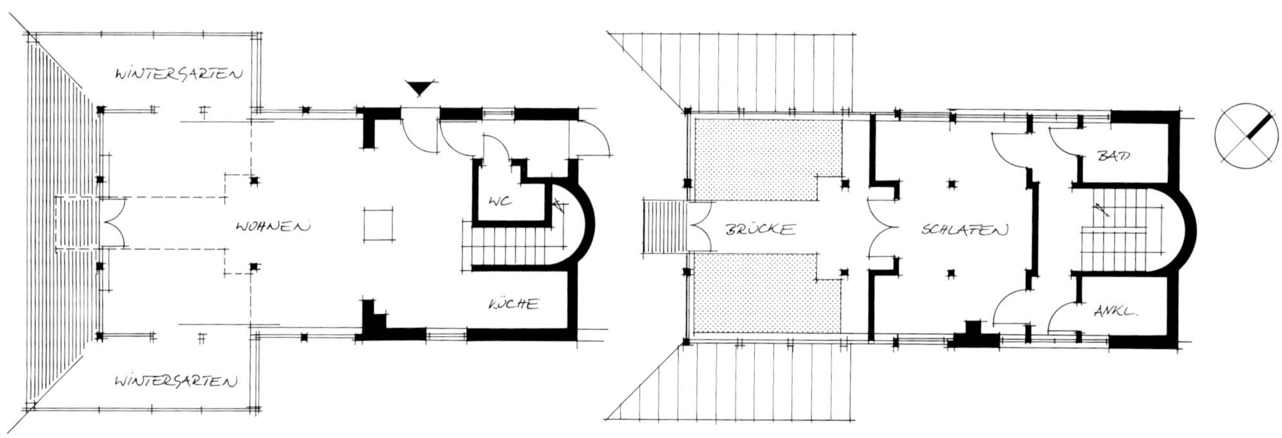

Erd- und Obergeschoß (M=1:200)

Technische Angaben

Wohnfläche

Gesamt: 133 m²
Erdgeschoß: 85 m²
1. Obergeschoß: 48 m²

Tragkonstruktion

Holzskelettbau

Bauweise

Außenwände: Beplankte Holzleichtbauweise, weiß gestrichen
Dachkonstruktion: Holzdachstuhl
Dachdeckung: Tonziegel
Decken: Holzbalkendecken
Innenwände: Mauerwerk
Fenster: Holzfenster und Holzschiebeelemente
Bodenbeläge: Holzdielen
Treppen: Holz
Heizungssystem: Ölheizung

Die Geste der weit geöffneten Arme symbolisiert den Entwurfsgedanken: hier wollen Städter die Natur umarmen.
Unten: Über einen raffinierten Schiebemechanismus lassen sich die Fassadenelemente vor den Wintergärten zur Seite fahren.
Rechts: Blick in das Treppenhaus mit dem Oberlicht, das das Fassadenmotiv in Inneren wieder aufnimmt.

Von der Faszination des Einfachen

Architekt: Prof. Günter Pfeifer, Lörrach

Das Grundstück: Das Haus wurde für eine vierköpfige Familie auf einem Teilgrundstück einer einfachen Villa aus den zwanziger Jahren geplant. Die vorgegebene Architektur war Anlaß, das neue Wohnhaus mit sehr zurückhaltenden Formen auszustatten.

Das Konzept: Ausgangspunkt der Planung war, das Gebäude wegen der beengten Grundstücksverhältnisse besonders im Hinblick auf die Außenräume zu planen. So entstand auf der Westseite ein sehr stiller, fast meditativer Gartenhof entlang einer bestehenden Tannenwand, der mit einem Holzsteg ausgelegt wurde - ein Schwellenbereich zwischen Innenraum und erdiger Natur. Im Osten bilden Garage und Haupthaus einen kleinen gepflasterten Hof, zu dem sich die Kinderzimmer orientieren. Die eigentliche Terrasse ist ein durch drei Pfeiler und einen Gesimsbalken eingefaßter Freisitz, der die dritte inszenierte Grenzzone zwischen Innen und Außen bildet - erst im Anschluß beginnt der Garten, der freie Außenraum, die eigene Formensprache der Natur.

Eine ganz andere, fast mediterrane Qualität hat die offene Dachterrasse, die in einen artifiziellen, von einer Pergola geschützten und einen offenen Bereich unterteilt wurde. Hier ist man nicht mehr in der Natur, hier setzt man sich ihr aus. Oder genießt einfach nur den weiten, attraktiven Blick in das Rheintal.

Der Kubus des Hauses mit seinem quadratischen Grundriß liegt im Zentrum dieser unterschiedlichen Außenräume. Der Kaminplatz ist Mittelpunkt, um ihn herum wurden unterschiedlich hohe Räume gruppiert, deren große ruhige Wandflächen aus geschlämmtem Mauerwerk den Hintergrund für eine Sammlung zeitgenössischer Kunst bilden. Entsprechend ist die Lichtführung: Hohe, helle Räume für die eher unempfindlichen, kleinere, dunklere für die intimeren Kunstwerke, die vor dem Licht geschützt werden müssen.

Hier wurde mit sehr wenigen baulichen Mitteln - es gibt zum Beispiel nur zwei Fensterformate im ganzen Haus und nur ein Wandmaterial - ein geschützter Hintergrund für das Leben der Bewohner geschaffen. Eine Hülle jedoch, die durch ihre differenzierte Raumgliederung und Formensprache eine qualitätvolle Herausforderung darstellt. Die auf ein Minimum reduzierten Mittel schaffen ein Maximum an Möglichkeiten - für den, der befähigt ist, sie zu verstehen und bewußt zu nutzen.

Die Isometrie der Erdgeschoßzone verdeutlicht das Konzept der inneren und äußeren Raumbeziehungen und ihre differenziert angelegten offenen, halboffenen und geschlossenen Raumzonen.
Rechts: Teil des atelierartig anmutenden Wohnraumes, der optisch sowohl als Ganzes wirkt, gleichzeitig aber auch durch die gliedernden Elemente wie Stützen und Scheiben in kleine intime Zonen aufgelöst werden kann.

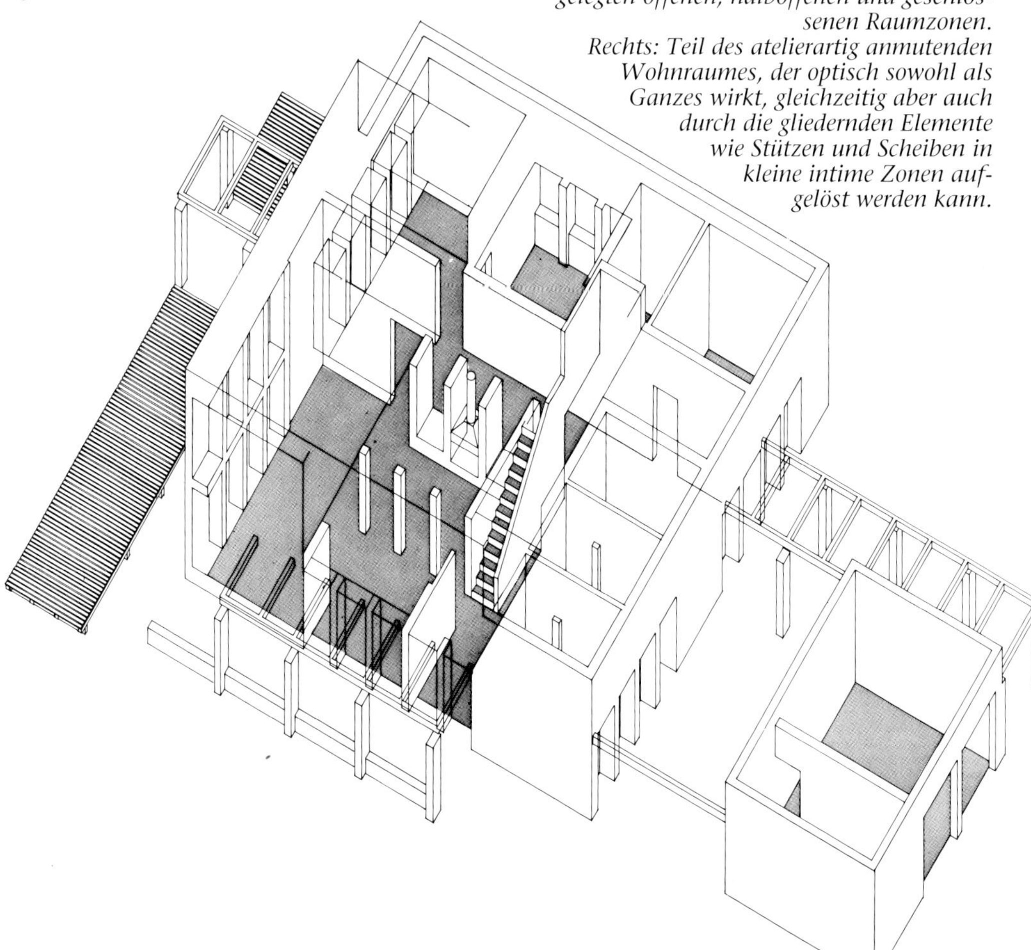

Technische Angaben

Grundstücksgröße: 1124 m²

Wohnfläche

Gesamt: 221 m²
Keller: 14 m²
Erdgeschoß: 148 m²
Obergeschoß: 55 m²
Einliegerwohnung: 18 m²

Tragkonstruktion

Massiver Mauerwerksbau

Bauweise

Außenwände: Zweischaliges Kalksandstein-Mauerwerk
Dachkonstruktion: Flachdach
Dachdeckung: Bitumendach
Decken: Stahlbeton
Innenwände: Kalksandstein-Sichtmauerwerk
Fenster: Holzfenster im Naturton
Bodenbeläge: Ziegelfliesen
Treppen: Stahlbeton

Die Garten- und Eingangssituation zeigt überzeugend den Umgang mit dem halboffenen Raum. Wie Andeutungen beschreiben Stützen, Balken und Pflanzen die Raumgrenzen und sorgen so für eine gefaßte Behaglichkeit.

Gekonntes Ensemble auf unbebaubarem Grundstück

Architekten: Prof. Günter Pfeifer + Thomas Heiß, Lörrach

Das Grundstück: Das spitzwinklige Grundstück liegt mitten im alten Teil des Ortskerns von Wiech bei Schopfheim und wird von zwei Straßen begrenzt. Der extreme Steilhang des Geländes galt lange Zeit als unbebaubar. Da es jedoch der einzige im Ort noch verfügbare Bauplatz war, entschloß sich der Bauherr, das Grundstück zu erwerben.

Das Konzept: Die Eingliederung in das Ortsbild gebot kleine und einfache Bauformen. Der Steilhang selbst verlangte ein schmales Haus, da schon bei einer Tiefe von sieben Metern die Höhendifferenz ein ganzes Geschoß beträgt. Wegen der guten Aussichtslage und der Sonnenorientierung sollte das Haus im oberen Bereich des Grundstücks stehen, die Erschließung war jedoch zwingend von der unteren Straße vorgegeben.

Das Raumprogramm: Auftraggeber war ein Ehepaar mit einem Kind. Es bestand der Wunsch, neben den eigenen Räumen auch zwei Gästezimmer mit Bad so einzuplanen, daß diese später einmal zu einer separaten Wohnung umgewandelt werden können.

Dieses Programm war am schlüssigsten in zwei getrennten Häusern unterzubringen. So werden die Gäste in einem Haus über der Garage mit eigenem Zugang untergebracht. Haupthaus und Nebenhaus bilden einen kleinen, gegen Einsicht schützenden Gartenhof. Das Hauptgebäude wurde als einfacher, zweigeschossiger Grundriß geplant: mit symmetrisch angeordneter Küche, Eßtrakt und Wohnraum im Erdgeschoß und einem Schlafraum mit großzügigem Bad im ersten sowie einem Kinderzimmer im Dachgeschoß.

Die Schwierigkeit lag in der Belichtung des Erdgeschosses, da das Haus mit der Rückseite ganz im Erdreich liegt. Um eine bessere Lichtführung zu erzielen, wurde daher das Obergeschoß als verglaste Galerie zurückversetzt.

Die Materialien: Alle Wände und Decken wurden weiß verputzt, im Treppenhaus in traditioneller, technisch ausgefallener Stucco-Lustro-Technik. Einziges schmückendes Detail ist hier eine Messingkanteneinfassung aus Winkelschienen, denen eine Sockelleiste, die die Wände und Türumrandungen einfaßt, präzise antwortet. Eindrucksvoll verbinden sich dabei formale Reduktion und handwerkliche Perfektion zu unaufdringlicher Meisterschaft.

Sämtliche Fußböden, außer im Bad, sind aus Eichenparkett. Die durchdacht eingesetzten, wenigen Materialien und zurückhaltenden Details im Inneren entsprechen der einfachen Erscheinungsform der Baukörper nach außen.

Entstanden ist ein besonderes, im besten Sinne modernes Haus, das sich eines strengen formalen Vokabulars bedient. Und doch schafft es dieser Bau, sich durch die Wahl der Mittel, zum Beispiel die Ausprägung der Dachformen, der Giebel, der Schornsteine und der Pergola, überzeugend in das Ortsbild einzufügen - und gleichzeitig neue Maßstäbe zu setzen.

Wie eine kleine Stadt in der Stadt mutet die Bebauungskonzeption des schwierigen Grundstücks an. Auf diese Weise konnte eine große Vielfalt qualitätvoller Innen- und Außenräume auf kleinster Fläche geschaffen werden. Besonders überzeugend ist der Treppenaufgang zum Haupthaus. Unwillkürlich muß der Betrachter hier an die großen Treppenaufgänge der Baugeschichte denken - und an das angenehme Schreiten, das sich bei solchen Treppenanlagen ganz automatisch einstellt.

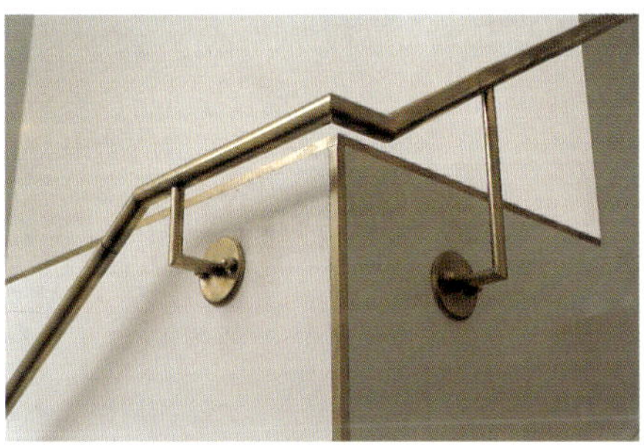

Links: Der zweigeschossige Wohnraum mit verglaster Galerie.
Oben: Blick in den oberen Innenhof, der durch eine offene Balustrade eingefaßt wird.
Unten: Den einfachen Formen der Räume antworten raffinierte Details und perfekte Stucco-Lustro-Flächen in sorgfältigster Bearbeitung. Sie bewirken im Zusammenspiel das kunstvoll stille Gesamtensemble.

Technische Angaben

Grundstücksgröße: 1300 m²

Wohnfläche

Gesamt: 221 m²

Tragkonstruktion

Massiver Mauerwerksbau

Bauweise

Außenwände: 36,5 cm Porotonziegel
Dachkonstruktion: Satteldach aus Holz
Dachdeckung: Tonziegel
Decken: Stahlbeton
Innenwände: 11,5 cm Ziegelwände verputzt
Fenster: Weiße Holzfenster
Bodenbeläge: Eichenparkett
Treppen: Stahlbeton mit Eichenstufen

Rücksichtnahme: Ein Wohnhaus verbirgt sich im Hang

Architekt: Prof. R. Hascher, Berlin

Grundstück und Lage: Das große Hanggrundstück liegt am Ortsrand einer kleinen Stadt in Baden-Württemberg, in der letzten Reihe eines Neubaugebietes. Von dem sanft abfallenden Hügel, auf dem dieser Ortsteil liegt, öffnet sich der Blick weit in die Landschaft der Schwäbischen Alb. Um die schöne Aussicht ins weite Tal sowohl für die nördlichen Nachbarn als auch für den oberhalb des Hauses gelegenen Fußweg zu erhalten, wurde das Gebäude tief in das Gelände eingebettet, seine Dachform der Hügellandschaft angepaßt und das hangseitige Dach begrünt.

Das biotopartige, mit alten Bäumen bewachsene Grundstück sollte soweit wie möglich von Baumaßnahmen verschont und in seiner herrlichen Weite erhalten bleiben. Deshalb wurde das Haus mit einer langgestreckten, schmalen, nicht in den Hang ausgreifenden Form ganz in die Nordwestecke des Grundstücks gelegt: Eine Architektur, die der Natur antwortet, sich dabei nicht aufdrängt und doch durch ihr ungewöhnlich qualitätvolles Gestaltungskonzept einen markanten Blickpunkt schafft.

Grundriß- und Raumkonzept: Die Konzeption des Hauses ist einfach: Eine reine Nord-Südausrichtung des langgestreckten Baukörpers, dessen nicht ständig genutzte Räume in den Hang hineingeschoben sind, während sich die eigentlichen Wohnräume mit großflächig verglasten Fassaden nach Süden zum Garten öffnen. Über verglaste Dachflächen gelangt das Sonnenlicht auch bis tief in das Gebäudeinnere, die hangseitigen Räume werden zusätzlich von oben belichtet.

Um einen ungehinderten Ausblick auch über die Diagonale des Grundstücks zu ermöglichen und die Weite der Landschaft genießen zu können, wurde der Wohnraum in Form einer leicht geschwungenen Kurve aus der sonst strengen Fassade herausgeklappt. Durch die vollständige Transparenz und die leichte Absenkung des Raumes unter das natürliche Geländeniveau wird die Empfindung noch verstärkt, sich wirklich mitten in der Landschaft zu befinden.

Die Erhöhung des Eßplatzes bietet den dort Sitzenden über die Brüstung zum Wohnbereich hinweg die Aussicht in den Garten.

Der Grundriß ist so angelegt, daß sich im Ostteil des Hauses eine Einliegerwohnung mit zwei oder auch drei Zimmern, einem Bad und einer noch einzubauenden Küche abteilen läßt. Wird die leichte Trennwand zwischen den Kinderzimmern entfernt, entsteht ein großzügiger Wohnraum mit allen Vorteilen der Südausrichtung.

Konstruktion: Der in den Hang eingebettete Teil des Hauses wurde im Inneren unbehandelt als glatt geschalter Sichtbeton ausgeführt. Den transparenten Wohntrakt zum Garten bildet eine leichte Holz-Skelettkonstruktion - eine geschickte Dramaturgie der Materialien, die die unterschiedlichen Raumqualitäten, ihre klimatische Zuordnung und ihre Funktionen einfühlsam betont.

Auf eine aktive Nutzung der Sonnenenergie wurde wegen der derzeit noch zu geringen Rentabilität verzichtet. Die großflächige Verglasung nach Süden nutzt die Sonnenenergie, wobei die massiven Betonscheiben im Inneren eine gute Wärmespeicherkapazität bieten. Zu starke Sonneneinstrahlung läßt sich durch Holzschiebeläden und innenliegende Blendschutzrollos regulieren. Ein automatisch zu öffnendes Fensterband im First sorgt für eine gute Ventilation im ganzen Haus. Die durchgängig verlegte Fußbodenheizung wird vor den verglasten Flächen durch stationäre Heizkörper unterstützt. Die Heizungsanlage wird mit Gas betrieben.

Der langgestreckte Grundriß (M=1:225) ist die klare Antwort auf die topographische Situation. Im Norden, im Hang, ist der Baukörper ganz geschlossen, im Süden öffnen sich alle Räume großflächig zur Sonne. In dem offenen Grundriß werden die unterschiedlichen Raumzonen durch Niveausprünge markiert.

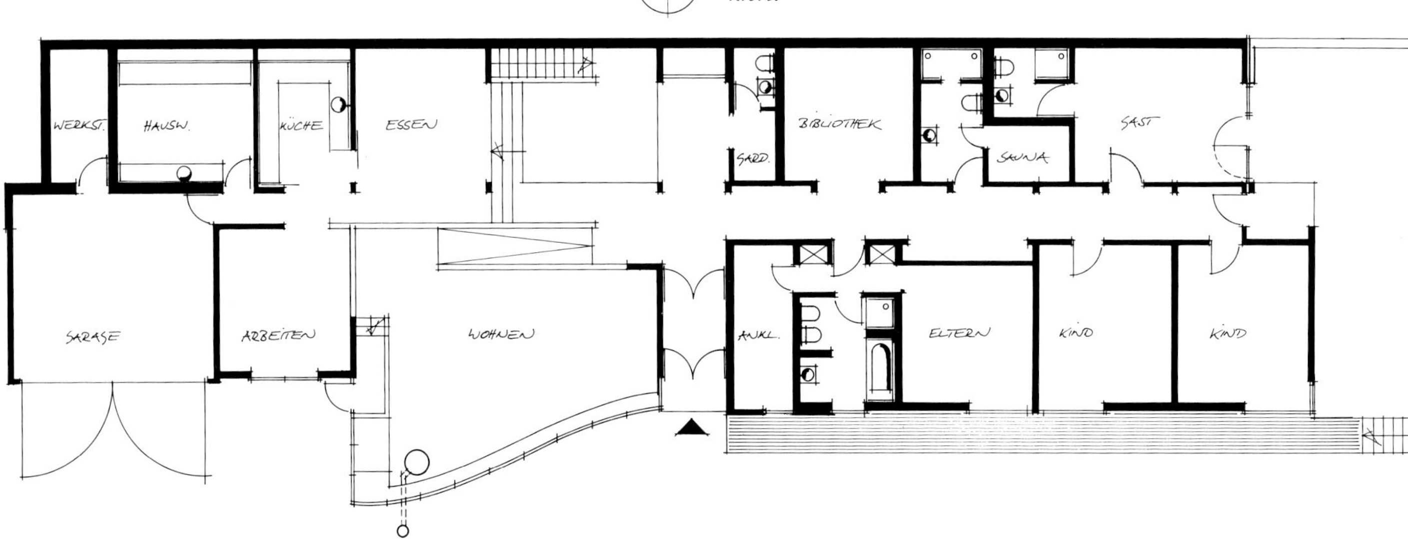

Technische Angaben

Wohnfläche:

Gesamt: 280 m²
Erdgeschoß: 280 m²
Kellergeschoß: 39 m²

Tragkonstruktion:

Verbindung von Skelettbau und massiven Wandscheiben

Bauweise:

Außenwände: Hinterlüftete Holzkonstruktion
Dachkonstruktion: Hinterlüftete Holzkonstruktion
Dachdeckung: Aluminiumstehfalzdach
Innenwände: Gipskartonständerwände
Fenster: Holzfenster
Bodenbeläge: Buchenparkett
Heizungssystem: Fußbodenheizung mit zentraler Gasheizung

Die Ostseite verdeutlicht das Hauskonzept: Die rechte Außenwand schirmt gegen den Hang ab, nach Osten wird das Gästezimmer durch ein großes Fassadenelement belichtet, die anderen Räume orientieren sich nach Süden. Das Dach schwebt als additiv angelegte Holzkonstruktion über dem gewölbten Baukörper.

Die Gegenüberstellung der Fotos zeigt, wie licht die Raumwirkung innen ist, während von außen betrachtet das Haus wie eine Höhle im Berg zu verschwinden scheint. Der Systemschnitt verdeutlicht das Prinzip dieser ungewöhnlichen Hausanlage.

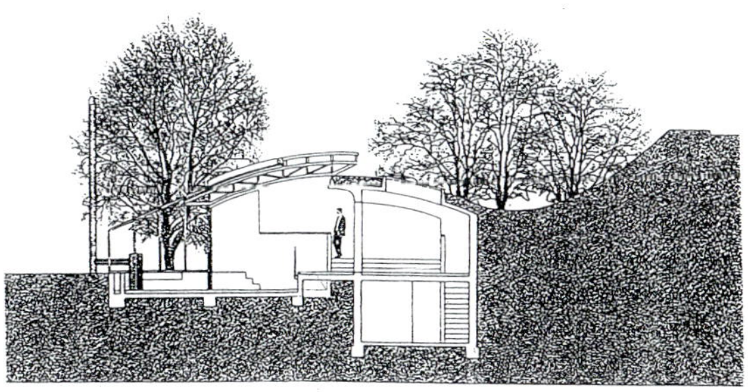

Ein qualitätvolles Low-budget-Haus

Architekt: Alois Juraschek, Aschau

Baurechtliche Situation: Zur Bebauung des Grundstückes war eine baurechtliche Zustimmung, die Ortsabrundungssatzung nach §34 Abs. 4 BauGB, notwendig. Sie regelt die Einbindung eines zusätzlichen Grundstücks in den baulichen Zusammenhang einer geschlossenen Ortschaft.

Die Bauaufgabe: Die Schwierigkeit des Entwurfes bestand darin, auf sehr schmalem Grundstück eine überzeugende Zuordnung des neuen Hauses an den vorhandenen Bestand der landwirtschaftlichen Gebäude am Rande des Ortes zu erreichen.

Die Grundidee war, in der Hülle eines typischen bayrischen Stadelgebäudes ein funktionsgerechtes Wohnhaus zu schaffen. Das Ergebnis ist ein Haus in den Proportionen einer landschaftstypischen Remise, das sich in der Kontur, der Materialwahl und der Farbgebung ganz unauffällig in die Nachbarschaft und ihre topografische Situation einfügt.

Das Raumkonzept: Auf der Eingangsebene liegt der große Wohn-Eßbereich und der Funktionsblock mit Küche und Bad als Raumteiler. Zur besseren Ausnutzung der geringen Gebäudebreite von nur fünf Metern im Inneren wurde auf eine Trennung von Wohn- und Verkehrsflächen verzichtet. Die Räume reihen sich von Nord nach Süd ihren Belichtungsansprüchen gemäß aneinander. Den Abschluß bildet die große Terrasse, die von dem weit überstehenden Satteldach geschützt wird. Der frei liegende große Fachwerkträger im Obergeschoß schafft die notwendige Kontur, um die räumliche Abgeschlossenheit und Körperhaftigkeit des offenen Terrassenvorbaus anzudeuten.

Im Obergeschoß, das über eine leichte gefaltete Stahltreppe zu erreichen ist, gilt dasselbe Raumprinzip der Reihung. Hier liegen das Schlafzimmer und eine großzügige Arbeitsebene mit Blick nach Süden in den Garten.

Das Untergeschoß nutzt die leichte Hanglage für ein Gartenzimmer, im hinteren Bereich befinden sich Sauna, Bad, Vorrats- und Technikräume.

Technik: Neben der Grundriß- und Materialoptimierung wurde auch die technische Ausstattung des Hauses bewußt kostengünstig angelegt. Alle Wasserver- und Entsorgungseinrichtungen liegen an einem einzigen Versorgungsstrang. Die Zuleitungen wurden in Edelstahl ausgeführt. Die Warmwasserbereitung erfolgt über einen 400-Liter-Boiler mit Erwärmung durch Nachtstrom und Solarenergie.

Die Primärheizung wird durch einen zentralen Elektroblockspeicher über Konvektion erreicht. Zur Abdeckung der Spitzenheizzeiten kann der Stahlwarmluftofen im Wohnraum mit festen Brennstoffen befeuert werden.

Die Elektroinstallation liegt innerhalb der Holzwandkonstruktion. Lichtkabelleitungen konnten eingespart werden, indem die Stromeinspeisung über Niedervoltspannseile erfolgt.

Die Materialien: Der Keller wurde als Fundament für die Holzkonstruktion in Ortbeton erstellt. Das Stützenskelett basiert auf einem Grundraster von 4 x 5 Metern. Die Binder im Systemabstand von 4 Metern, mit den Zwischenzangen und oberen Rahmen sind zugleich die Auflager der Obergeschoßdecke und des Daches. Wand- und Dachaufbau sind geschlossene Sandwichkonstruktionen ohne Hinterlüftung. Die äußere Fassade besteht aus massiven Fichtenholzbrettern, senkrecht geschalt, eine Bauweise, die traditionell für landwirtschaftliche Gebäude eingesetzt wurde und mit zunehmendem Alter immer schöner wird: ein silbriges Grau, das alle Häuser des Ortes zu verbinden scheint.

Das Wohnhaus mit 150 Quadratmetern Wohnfläche kostete in der Herstellung unter 180000 DM: ein überzeugendes Low-budget-Haus.

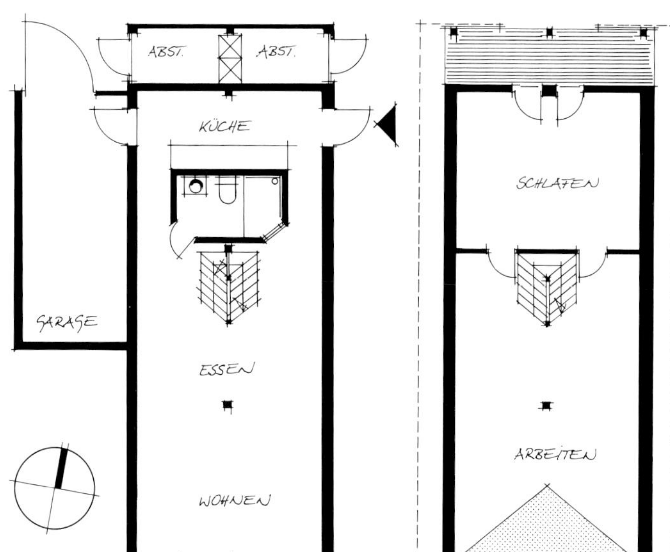
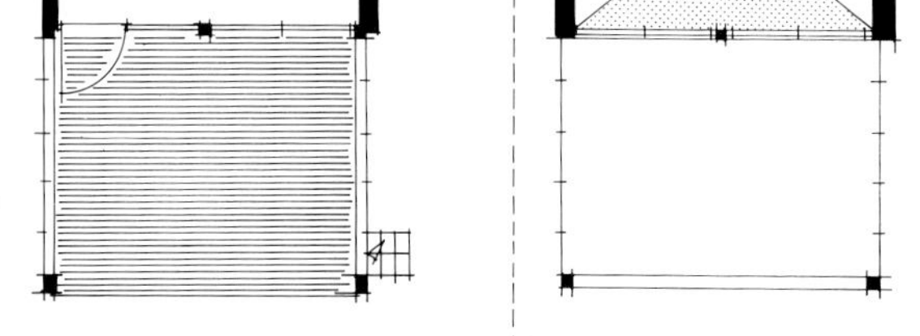

Der langgestreckte Grundriß (M=1:200) wird in seiner betonten Ausdehnung noch durch die schräg angeschnittene Treppe unterstrichen. Als optischer Raumteiler fungiert im Erdgeschoß allein die Stütze - es müssen nicht immer Wände sein.

Technische Angaben

Grundstücksgröße: 560 m²

Wohnfläche

Gesamt: 150 m²
Erdgeschoß: 60 m²
Dachgeschoß: 60 m²
Untergeschoß: 30 m²
Kellergeschoß: 30 m²

Tragkonstruktion

Holzskelettbau auf Betonuntergeschoß

Bauweise

Außenwände: Holzsandwichplatten
Dachkonstruktion: Holzdachstuhl
Dachdeckung: Eternitplatten
Decken: Holzbalkendecke
Innenwände: Holzleichtwände
Fenster: Holz
Bodenbeläge: Gumminoppen- und Sisalteppichboden
Treppen: Stahl
Heizungssystem: Zentraler Elektroblockspeicher und zusätzlicher Stahlwarmluftofen für feste Brennstoffe

Links: Durch den V-förmigen Anschnitt der Galerie erfaßt der Blick vom Arbeitsplatz aus die ganze zweigeschossige Glasfassade und bietet so eine ungehinderte Aussicht in den Garten.
Oben: Einen klaren Gegensatz zur dominanten Holzkonstruktion bieten die filigranen Stahlbauteile. Die Treppe wurde als selbsttragende Faltkonstruktion aus Industriestahlblech gefertigt. In der Küche dienen die polierten Stahlflächen als willkommene Reflektoren für das seitlich einfallende Licht.

Ein Wohnhaus in Stuttgart

Nicht groß, aber durchdacht

Architekten: Kaag + Schwarz, Stuttgart

Ein schwieriges Grundstück: In einem der schönsten Stuttgarter Vororte war ein sehr kleines, aber gut gelegenes Restgrundstück zu erwerben. Aufgrund der beengten Bauplatzsituation und des festgelegten Baufensters, konnte nur unter Ausnutzung aller Möglichkeiten und Finessen des Baurechts überhaupt eine Bebauung erfolgen. Der aus der Situation fast zwangsweise entstehende Baukörper war damit planerische Vorgabe für die Entwicklung der Grundrisse und des räumlichen Gefüges.

Das Konzept: Unscheinbar steht das Haus an der Straße, die niedrige Holzfassade mit der Eingangstür als einziger Öffnung hat kaum die Größe einer der Doppelgaragen der Nachbarschaft.

Um so überraschender und vielfältiger wirkt das Haus im Inneren. Der Blick geht sofort in zwei Richtungen, zum einen in den offenen Wohn-Eßbereich mit einer fein durchdachten Raumfolge, die im Hintergrund mit der Küche beginnt. Der freie Blick über die ganze Grundrißachse setzt sich über den wie durch Stellwände abgezirkelten Eßbereich fort, um dann, gleichsam zum Licht, im zweiseitig gläsern eingefaßten Wohnraum zu enden. Die andere Blickrichtung folgt der Treppe in den zweigeschossigen Luftraum zum Obergeschoß - eine Perspektive, die den kleinen Geschoßebenen die Enge nimmt.

Eltern- und Arbeitszimmer liegen im oberen Stockwerk, die Kinder haben ihren Wohnbereich mit eigenem Ausgang zum Garten.

Das Ergebnis: Angesichts der knappen Nutzfläche von gerade 40 Quadratmeter je Geschoß ist eine erstaunliche räumliche Vielfalt entstanden. Der Schlüssel dazu liegt im Prinzip des offenen Wohnens, das die abgeschlossenen Rückzugsbereiche im Ober- und Hanggeschoß ohne Flure oder eigenes Treppenhaus unmittelbar mit der mittleren Wohnebene verbindet. Nebenflächen entstehen praktisch nicht.

Die räumliche Organisation spiegelt sich im Äußeren des Baukörpers. Über dem massiven, verputzten Sockel des Hanggeschosses, auch als eigene Wohnung abteilbar, lagert der leichte, zweigeschossige Wohnkubus, dessen innere Struktur durch die raumhohen gläsernen Fassadenelemente ablesbar ist. Sie nehmen dem Bau jede Schwere und vermitteln das Bild einer schwebenden Raumschachtel.

Bemerkenswert ist auch die Verbindung zum Außenraum: Die weitgehende Verglasung des Erdgeschosses läßt den Wohnbereich besonders groß erscheinen, auf jeder Seite wird die Gartenkulisse mit ins Haus geholt. Und dennoch entsteht nicht das Gefühl, den Blicken der Nachbarn ausgesetzt zu sein. Dafür sorgen auch die tiefen, plastischen Metallprofile der Fassade, die in der Schrägsicht, ähnlich einem Lamellenvorhang, einen wirksamen Raumabschluß darstellen. Zusätzlich bieten außenliegende Stores und die raumhohen Vorhänge die Möglichkeit, Räume zu schließen, Blickausschnitte zu bilden oder auch nur das Licht zu filtern.

Die Materialien und Farben wirken innen und außen sehr zurückhaltend, konstruktive Details wurden auf das Nötigste zurückgenommen. Den freundlich warmen Raumeindruck bestimmt das Buchenholz, außen werden sich über die Zeit die Naturfarbe der Aluminiumfassade und die verwitterte Holzschalung zu einem gemeinsamen Grau verbinden, wogegen sich die tragende Stahlkonstruktion in einem dunklen Graphitton abhebt.

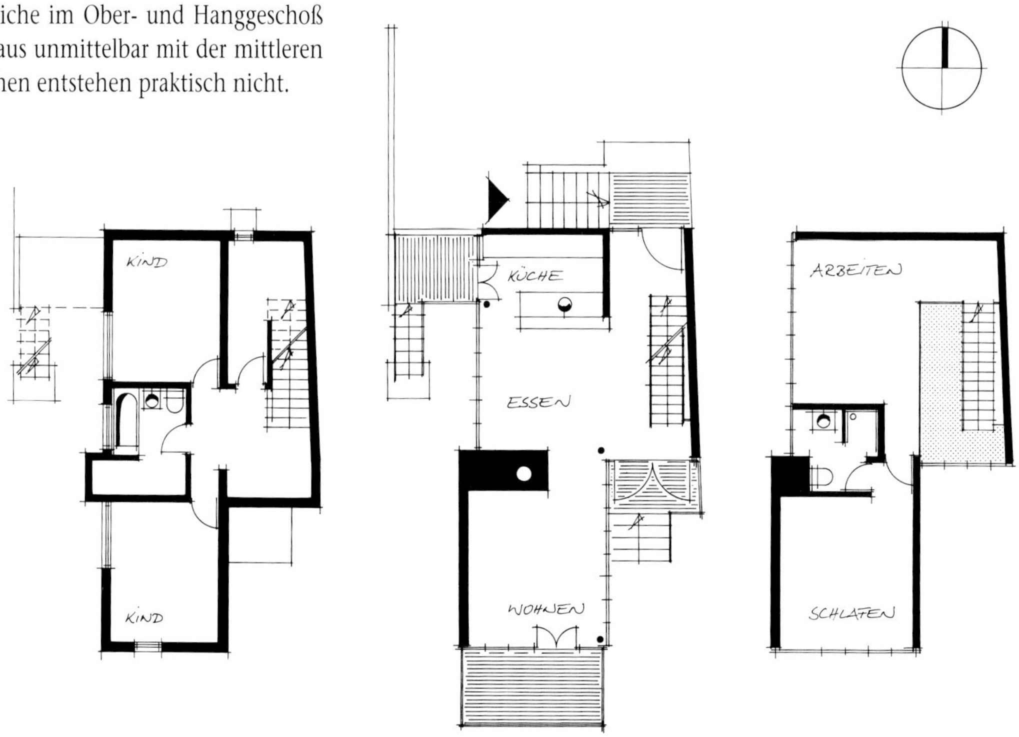

Die Grundrisse (M=1:200) zeigen das Prinzip der offenen Raumfolgen, das optimal die geringe Grundstücksfläche ausnutzt.

Sowohl im eingeschränkten Raumprogramm als auch in der Konstruktion erinnert der Bau an die Minimalhausentwürfe der nahegelegenen Weissenhofsiedlung - ohne jedoch dort formale Anleihen zu nehmen oder gar den Anspruch eines Prototyps zu erheben. Und dennoch kann man von diesem Haus viel lernen, ließe sich so manche Idee für das Bauen auf minimierten Grundstücken übernehmen. Dieses Haus ist klein *und* fein, nicht *aber*.

Besonders auf einem kleinen Grundstück zählt die Raumqualität. Hier wird sie durch die Zweigeschossigkeit, die Galerie und die großzügige Belichtung erzielt. Eine perfekte Detaillierung und der sparsame Mitteleinsatz betonen diesen Gestaltungsansatz.

Die Sonneneinstrahlung an der Südfassade läßt sich über die außenliegenden Jalousien regeln und bei Bedarf auch für den solaren Energiezugewinn nutzen. Überall sorgt das Prinzip von Achsen, Durchblicken und Streckungen - hier der überlange Heizkörper - für eine optische Erweiterung des an sich kleinen Flächenangebotes.

Technische Angaben

Grundstücksgröße: 277 m²

Wohnfläche

Gesamt: 108 m²
Erdgeschoß: 42 m²
1. Obergeschoß: 33 m²
Hanggeschoß: 33 m²

Tragkonstruktion

Statisches Gefüge aus Mauerwerksscheiben, Stützen und Deckenplatten

Bauweise

Außenwände: Aluminiumfassade und Redwoodschalung
Dachkonstruktion: Holzbalkendecke
Dachdeckung: Bitumeneindichtung mit Kiesschüttung als Wärmeausgleichsschicht
Decken: Stahlbeton
Innenwände: Beton und Mauerwerk verputzt
Fenster: Aluminiumfassadenelemente
Bodenbeläge: Buchenholzparkett
Treppen: Stahl mit Buchenholzstufen
Heizung: Gas-Zentralheizung

Konsequent: Ein Haus mit zwei Gesichtern

Architekten: Kaag + Schwarz, Stuttgart

Der Entwurf: Die Konzeption des Hauses ist einfach, gut durchdacht und überall klar ablesbar. In dem massiven rückwärtigen Teil, der Straßenseite, liegen nach Norden die Funktionsräume, sie schirmen das Innere ab. Über eine kleine Brücke erreicht man den Eingang mit dem zurückgesetzten Windfang.

Zum Tal hin, zur Sonne, öffnen sich der über beide Geschosse reichende Wohnraum, der geschickt integrierte Freisitz und das Arbeitszimmer im Obergeschoß. Durch die Hanglage ist auch das Untergeschoß nutzbar, hier wohnen die Kinder mit eigenem Zugang und Terrasse.

Dem Entwurfskonzept und der Organisation entspricht das äußere Bild. Von der Eingangsseite wirkt es verschlossen, nur wenige kleine Öffnungen setzen Akzente, zur Hanglage dagegen ist es großflächig verglast und zeigt die innere Struktur des Hauses. Das weit auskragende Dach schützt den Innenraum vor den intensiven Sonnenstrahlen im Sommer, und ein zusätzlicher Sonnenschutz verhindert die zu starke Aufheizung der Räume.

Im Inneren wird eine korrespondierende Großzügigkeit durch die vertikale Öffnung der Räume zueinander und den Verzicht auf beengende Flurflächen erreicht. Auf diese Weise wird die ganze Ausdehnung des Hauses vom Eßplatz aus über die Diagonale erlebbar. Die Nebenräume wurden intern verbunden, mit kurzen Wegen zur Küche und zum Bad.

Die Konstruktion: Tragwerk und architektonische Konzeption bedingen einander. Massive Wandscheiben begrenzen das Haus U-förmig nach Norden. In dieses Gefüge wurde eine Skelettkonstruktion aus Stahlstützen und Walzträgern eingeschoben, und sichtbar verleimte Holzpfetten tragen das Dach. Die hierauf liegende Platte bildet eine horizontale Scheibe, die schubfest mit den Wandscheiben verbunden ist.

Die Materialien: Der materialgerechte Umgang mit den verwendeten Baustoffen bestimmt die ästhetische Wirkung des Hauses. Indem ablesbar ist, was trägt und wie die einzelnen Elemente statisch zusammenwirken, ist die Konstruktion auch Laien verständlich, sie versteckt sich nicht.

Es ist ein zeitgenössisches Haus, dem Prinzip des offenen Wohnens verpflichtet, streng im Umgang mit den Formen, energiebewußt und nüchtern im Umgang mit den Materialien. Konsequenter geht es kaum. Ein Zeitzeuge.

Unter-, Erd- und Obergeschoß (M=1:200) des Hauses, das sich als Niedrigenergiehaus konsequent zur Sonne orientiert.

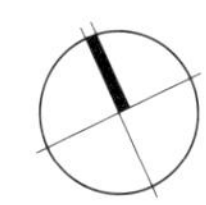

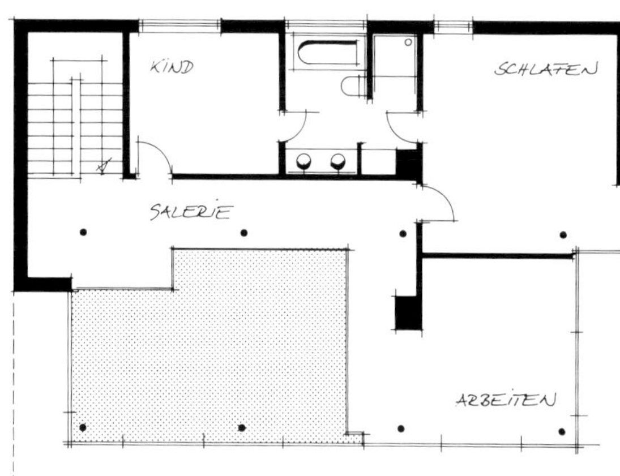

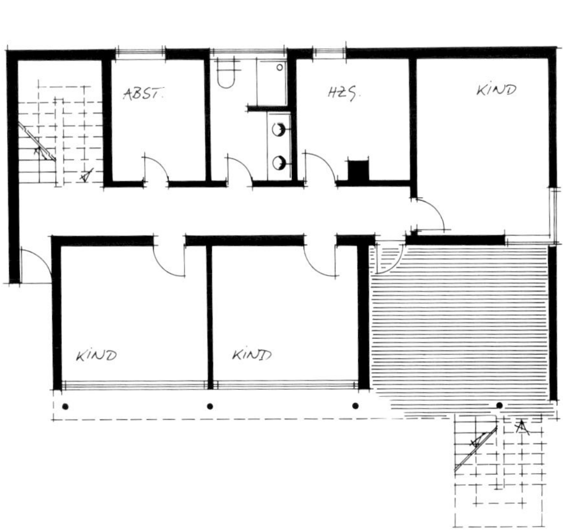

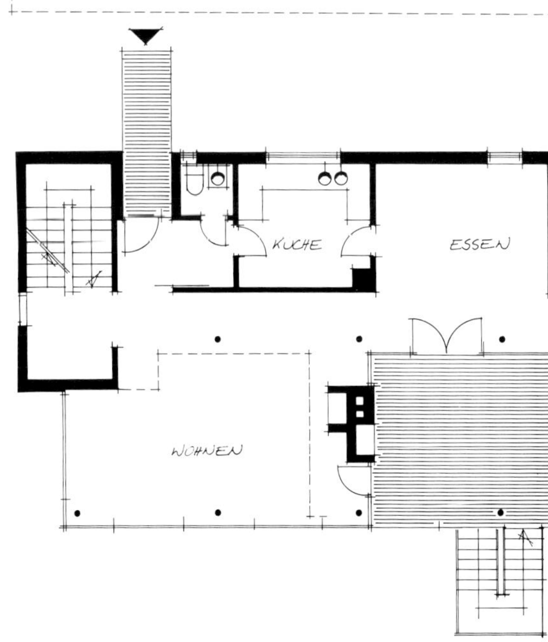

Links: Wohltuend für die Raumwirkung sind auch hier die vielfältigen Blickachsen, die den Grundriß über seine gläserne Begrenzung hinaus bis in den Garten zu strecken scheinen. Nach Süden bietet sich der Baukörper als Glashaus dar. Der breite Dachüberstand dient als Sonnenschutz und verhindert bei Regen die Verschmutzung der großen Scheiben.

Technische Angaben

Grundstücksgröße: 722 m²

Wohnfläche

Gesamt: 198 m²
Erdgeschoß: 75 m²
Obergeschoß: 68 m²
Hanggeschoß: 55 m²

Tragkonstruktion

Mischkonstruktion aus Wandscheiben und Stahlskelett

Bauweise

Außenwände: Stahlbeton und Aluminiumfassade
Dachkonstruktion: Verleimte Holzpfetten
Dachdeckung: Folie mit Kiesschüttung
Decken: Stahlbetonflachdecken
Innenwände: Mauerwerk
Fenster: Aluminiumfassadenelemente
Bodenbeläge: Parkett
Treppen: Stahlbeton
Heizung: Gaszentralheizung

Zwei Wohnhäuser mit Einliegerwohnung und Tiefgarage in Stuttgart

Das Reihenhaus - Ein ungeliebter Bautypus wird neu interpretiert

Architekten: Kauffmann Theilig, Stuttgart

Das Reihenhaus ist als Wohnhaustyp nicht unbedingt geeignet, die Wohnqualität zu optimieren - sicher gibt es dafür andere Wohnformen -, aber es ist eine Bauart, mit der sich der Flächenbedarf an Grundstücken minimieren läßt. Schmalbrüstig stehen die uniformen "Reihenhausschnitten" meist aufgereiht nebeneinander. Zu Recht hat ihnen dieses Erscheinungsbild den schlechten Ruf eingetragen. Der zwangsläufige Verzicht auf eine giebelseitige Belichtung ist ebenso wie die räumliche Enge spätestens beim Betreten einer solchen Wohneinheit oder Scheibe spürbar.

Der Entwurf versucht, dieses Problem aufzulösen und dem ungeliebten Gebäudetypus eine neue Qualität und damit auch seine Berechtigung zurückzugeben. Bauland ist inzwischen überall knapp und teuer.

Die Ausgangssituation: Eine Reihenhauszeile aus den fünfziger Jahren ist nicht in der ursprünglich geplanten Form ausgeführt worden. Auf dem Grundstück war noch Platz für zwei weitere Einheiten. Das neue Gebäude schließt an die vorhandene Giebelwand an, der zweite Baukörper bildet das Endhaus der Zeile.

Das Entwurfskonzept: Die beiden neuen Reihenhäuser wurden mit ihren Brandwänden um ein Maß von 3,50 Metern auseinandergerückt und bilden einen wintergartenähnlichen Zwischenraum. Hier liegt die gemeinsame Erschließungszone, der Kommunikations- und Spielbereich für die Familien. Sie ist Windfang, Pufferzone und - das ist ein ganz wesentlicher Aspekt des Entwurfes - schafft über die vollständige Verglasung eine Belichtung der Häuser auch an den beiden inneren Giebelseiten.

An das vorhandene Haus wurde ebenfalls mit einem Abstand angeschlossen, so daß auch für dieses Haus eine Belichtungsmöglichkeit über den Giebel besteht - eine Aufwertung des Bestandes.

Die beiden neuen Häuser verlassen die vorgegebenen Koordinaten der Umgebung, machen sich frei von der vorgedachten Aufreihung und erreichen so eine Optimierung der Besonnung und der individuellen Ausblicke. Gleichzeitig verhindert die gewählte Geometrie gegenseitige Einblicke. Ein schöner Gegensatz zu dem halböffentlichen, gemeinsamen Innenhof.

Bedingt durch die Hanglage und die talseitige Erschließung wird das Straßengeschoß als gemeinsame Tiefgarage und für individuelle Nebenräume genutzt. Hier liegen auch die unteren Ebenen der Einliegerwohnungen, die sich über zwei Geschosse erstrecken und bei Bedarf mit den Hauptwohnungen verbunden werden können.

Die eigentliche Eingangssituation erreicht man über eine gemeinsame Treppe und den Wintergarten. Von hier aus geht es zu den drei Ebenen: der Küche und dem Wohn-Eßraum, von dem aus nach Süden auch der Garten erreicht wird. Das Obergeschoß für die Kinder ist galerieartig über einen Luftraum mit dem Erdgeschoß verbunden. Im zweiten Obergeschoß befinden sich das Eltern- sowie ein Arbeits- oder Gästezimmer. Der Dachspitz wird raumsparend für die Technik und Heizung genutzt.

Die einzelnen Ebenen sind so organisiert, daß die "verstopfenden" Erschließungs- und Sanitärelemente "auf die Seite geschoben" wurden. Das schafft Weite im Grundriß. Bäder und einläufige, lichtdurchflutete Treppenelemente ragen als erlebbare Körper in den Wintergarten hinein. So kann sich ein freier, von Nord nach Süd durchgängiger Grundriß entwickeln, der auch über die Giebelseiten belichtet wird.

Wie ein fliegender Schmetterling präsentieren sich die Grundrisse (M=1:225) des Doppelhauses. Den "Leib" bildet das gemeinsame Glashaus, von dem aus die einzelnen Wohnflügel erschlossen werden.

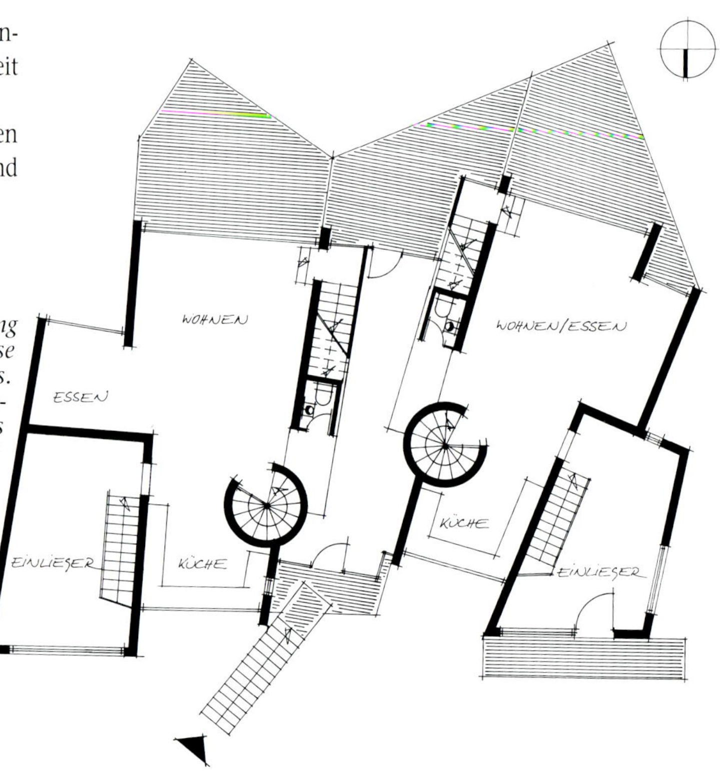

Das linke Foto zeigt die Anschnitte der beiden Häuser. In der Mitte das große Fassadenelement, dessen Lamellenfenster für eine ausreichende Belüftung des Glashauses bei starker Sonneneinstrahlung sorgen.
Unten: Minimierte Haltepunkte tragen das filigrane Glasdach des Verbindungsbaues.
Seite 96 zeigt die Straßenfassade mit der einladenden Treppe, die zur Eingangsebene führt.

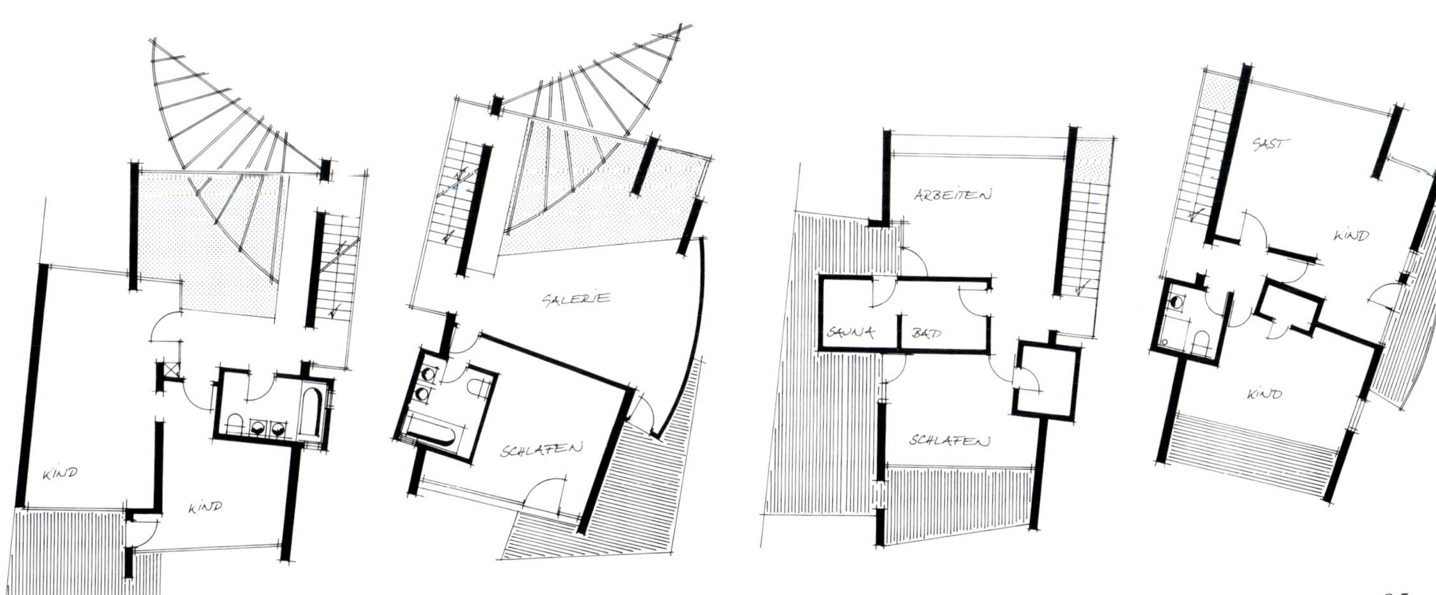

Entsprechend den Bedürfnissen der Familien können auf diese Weise die Räume und Ebenen variabel genutzt werden. Zusammen mit den Einliegerwohnungen kann entweder ein wachsendes Haus, ein Zwei-Generationenhaus oder einfach nur ein großes Haus aus den einzelnen Raumelementen zusammengesetzt werden. Qualitäten, die sonst nur die großzügigen Stadthäuser der Gründerzeit bieten - nur würde man diese nie als Reihenhäuser bezeichnen.

Technische Angaben

Grundstücksgröße: 616 m²

Wohnfläche je Haus

Gesamt: Je 170 m²
Kellergeschoß: 50 m² + 6 Stellplätze
Erdgeschoß: zusammen 125 m²
1. Obergeschoß: zusammen 125 m²
2. Obergeschoß: zusammen 90 m²
Einliegerwohnung: Je 40 m²

Tragkonstruktion:

Massive Scheibenkonstruktion aus Stahlbeton und Mauerwerk

Bauweise

Außenwände: Stahlbeton/Mauerwerk, Holz-Glasfassade an den Traufseiten
Dachkonstruktion: Holzdachstuhl
Decken: Stahlbeton
Innenwände: Mauerwerk und Holz-Glaselemente
Fenster: Holz
Bodenbeläge: Parkett, Teppich, Fliesen
Treppen: Stahlbeton mit Holz- und PVC-Belag und Stahlblechtreppe
Heizungssystem: Gasheizung

Thema: landschaftsbezogenes Bauen

Architekt: Professor Wolfgang Knoll, Stuttgart

Grundstück und Gebäudelage: Das Grundstück fällt nach Nordwesten um mehrere Meter ab. Daher wurde das Gebäude so auf dem Grundstück angeordnet, daß sich die Niveauversprünge im Inneren aus der Topographie ableiten lassen. Die Hauslängsseite folgt dem Hang, so daß es sich zum Garten und nach Norden zweigeschossig, zur Straße und nach Süden eingeschossig zeigt. Der Geländeversatz im Eingangsbereich wird durch den Materialwechsel von Putzfläche zu Holzschalung verdeutlicht. Auch die Fenster folgen dieser Bewegung und bilden das ansteigende Treppenhaus nach außen ab.

Der Grundriß: Der Eingang des Hauses liegt im unteren, zweigeschossigen Teil des Hauses. Auf dieser Ebene wurden die Räume angeordnet, die in der Nutzung eher eigenständig sind und einer gewissen Separierung bedürfen, das Arbeitszimmer, der Raum für den Gast und ein Zimmer für das schon ältere Kind.

Die Treppe zu den eigentlichen Wohnräumen ist ein wichtiges Element in der Folge der Rauminszenierungen. Der Emporsteigende durchschreitet am Ende der Treppe ein Portal, um von dort aus auf die Hauptebene zu gelangen: zuerst in das Kaminzimmer, das Zentrum des Hauses . In der geräumigen Feuerstelle können auch große Holzscheite verbrannt werden, um die gesamte Wohnebene zu beheizen - naheliegend bei der waldreichen Umgebung.Von hier aus führt der Weg entweder in die Bibliothek, mit offener Galerie zum Treppenhaus und weiter in den Schlaftrakt, oder ein paar Stufen hinab in das große Musikzimmer und zur Westterrasse. Nach Süden liegt abgetrennt der Küchen- und Eßbereich mit eigenem, eingefaßten Freisitz und eigener Treppenanlage in den Garten. Den bäuerlichen Traditionen entsprechend, wurde im hinteren Teil des Eßzimmers ein kleiner Alkoven eingebaut - intimer Vesperplatz oder Rückzugsbereich für die Kinder. Auffällig ist, daß es nur zwei Fensterformate im Haus gibt, das kleine quadratische, aus dem man nur stehend hinausschauen kann, und das langgestreckte mit tief liegender Fensterbank zum Sitzen und Hinausschauen - jedes so angeordnet, daß der Blick der jeweiligen topographischen Besonderheit folgt.

Entstanden ist ein in die Landschaft passendes Haus. Die Baumaterialien stammen aus der unmittelbaren Umgebung - hier hat man schon immer so gebaut, nur so entstehen originäre regionale Stile. Auch der Grundriß wurde den bäuerlichen Traditionen entlehnt, mit Raumanordnung, Lichtführung und Proportionen. Manchmal bedarf es eben des forschenden Blickes in die Vergangenheit, um Traditionen überzeugend neu beleben zu können. Viel Holz, Satteldach und Klappläden dagegen schaffen nur die falsche alpenländische Esperantoidylle. Zu der tragen leider oft die örtlichen Baubehörden bei, die auch hier statt des typischen Blechdaches ein rotes Pfannendach fürs Gemüt gefordert haben. Schade.

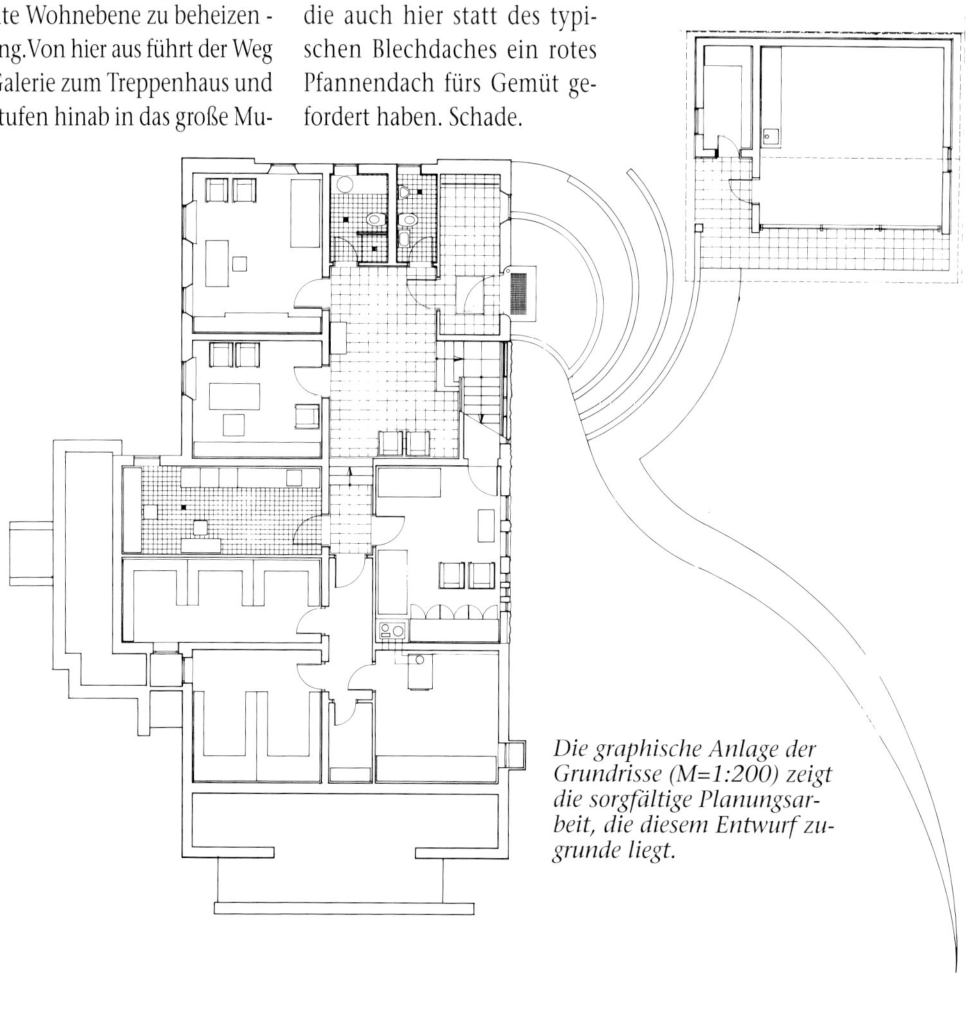

Die graphische Anlage der Grundrisse (M=1:200) zeigt die sorgfältige Planungsarbeit, die diesem Entwurf zugrunde liegt.

Die Südfassade wird bestimmt durch das Spiel der pointierten Flächen und Kuben. Darüber schwebt der große Fachwerkträger als offene Fassade, die dem Haus nach oben einen leicht schwebenden Abschluß gibt.

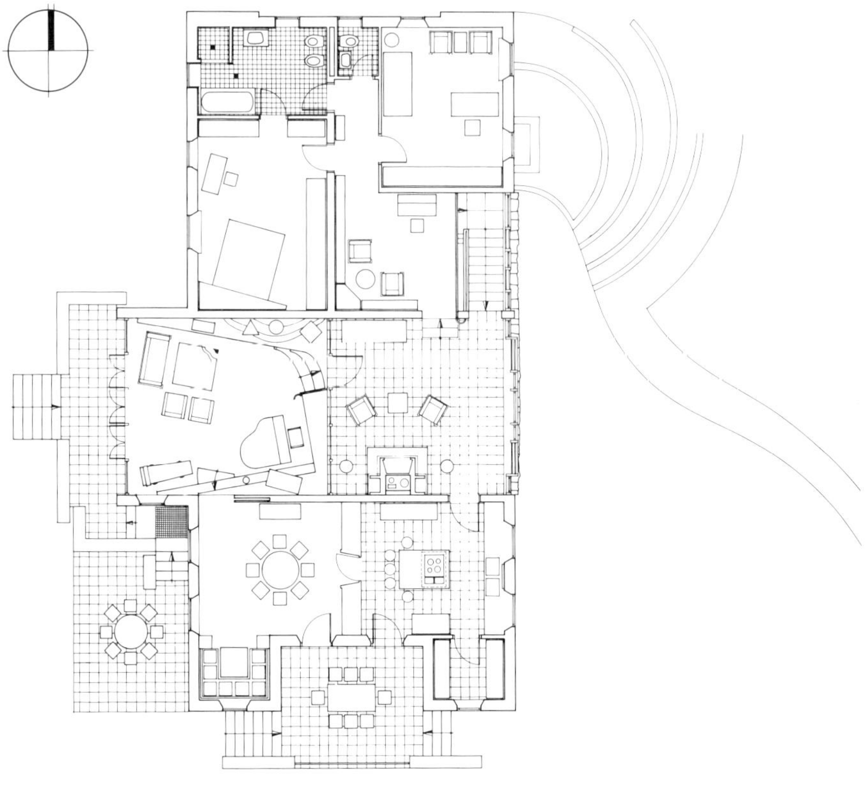

Technische Angaben

Grundstücksgröße: 1885 m²

Wohnfläche

Gesamt: 242 m²

Tragkonstruktion

Mauerwerksbau

Bauweise

Außenwände: Mauerwerk
Dachkonstruktion: Holzdachstuhl als Kaltdach
Dachdeckung: Tonziegel
Decken: Stahlbeton
Innenwände: Mauerwerk verputzt
Fenster: Grau lasierte Fichtenholzfenster
Bodenbeläge: Eichenparkett und Muschelkalkboden
Treppen: Beton mit geschliffenen Muschelkalkstufen

Oben: Die Westfassade des Wohngeschosses. Dahinter liegen das Musikzimmer und, um eine Stufe abgesenkt, das Kaminzimmer. Rechts: Der großzügig abgetreppte Eingangsbereich führt in das Hanggeschoß, in dem sich die Eingangsdiele befindet.

Eine Villa in München

Im besten Sinne modern

Architekt: Hans Kohl, München

Grundstück und Lage: Die Form des Grundstücks ist ein zur Straße hin abgeschrägtes Rechteck mit Ausrichtung nach Südwesten. Die Schräge mit einer Kantenlänge von dreißig Metern und eine schöne alte Eiche waren die beiden wesentlichen äußeren Parameter für die Planung. Sie bedingen den ungewöhnlichen, aus zwei Parallelogrammen bestehenden Grundriß, der das Haus wie eine geöffnete Linse der Sonne zuwendet. Im Scheitel liegt der Baum, der im Sommer zum natürlichen Sonnenschutz wird.

Die Nachbarschaft dieses Vorortes in München wird durch eine konservative Villenarchitektur auf mittelgroßen Grundstücken geprägt. Auf diesen Bautypus sollte das Haus mit einem zeitgemäßen, ablesbaren Form-, Konstruktions- und Materialkonzept antworten.

Grundriß und Raumkonzept: Grundriß und Gestaltung des Hauses sollten formal der Moderne verpflichtet sein - und gleichzeitig das Raumprogramm und die Qualität der traditionellen Villa erfüllen.

Die Architektur zeigt diese Absicht durch die besondere Betonung der konstruktiven und der raumabschließenden Elemente: Das Hervorheben der Konstruktion aus sichtbaren, industriell gefertigten Stahlstützen, durch das markante gläserne Vordach, die Abschirmung zur Straße durch große, geschlossene Fassadenelemente, den freiliegenden, feuertreppenartigen Aufgang zur Einliegerwohnung im Obergeschoß und die vorgewölbten, außenliegenden Rolladentonnen für den nächtlichen Wärmeschutz, die auf eine sinnvolle Energieverwendung verweisen.

All diese technisch geprägten Elemente machen die formale Spannung der Straßenfassade aus. Zum Garten hin dagegen besticht das Haus durch die klare Transparenz und das abwechslungsreiche Spiel der unterschiedlichen Fensteröffnungen und Proportionen.

Der Grundriß schafft eine klare Zonierung: Zur Straße liegen die Funktionsräume. Sie dienen als Lärmschutz für die Wohn- und Schlafräume, die sich zum ruhigen Garten und zur Sonne ausrichten. Der Hauseingang und die innere Treppe liegen zentral im Grundrißschnittpunkt der beiden Parallelogramme und schaffen so kurze Wege im Haus.

Die Galerie im Obergeschoß ermöglicht den Blickbezug zur unteren Ebene und gibt dem Eingangsbereich eine luftige Großzügigkeit, die das Volumen des Hauses ankündigt - effektvoller Rückgriff auf das Lebensgefühl der traditionellen Villenarchitektur.

Konstruktion: Ungewöhnlich für eine solche Villa ist die Wahl der Tragkonstruktion: Ein Stahlskelett übernimmt die Statik des Gebäudes, die Ziegelwände dienen nur zur Aussteifung der Konstruktion. Durch ein System von geringen Deckenspannweiten konnte auf aufwendige Unterzüge zur Aufnahme der Decken verzichtet werden, so daß durchgängige Deckenuntersichten und raumhohe Türen möglich sind. Die Innenelemente bieten durch die Wahl der Materialien Stahl, Holz und Industrieglas und durch die strenge Detaillierung eine qualitätvoll zurückhaltende Bühne für das Wohnen.

Zur Minimierung des Energieverbrauchs wurden Roll- und Schiebeläden zur Verschattung und gegen Auskühlung eingesetzt. Wärmeschutzgläser nutzen die passive Solarenergie und verhindern den Energieabfluß nach außen. Die inneren massiven Ziegelwände dienen zur Wärmespeicherung, alle Außenwände und das Dach wurden mit starker Wärmedämmung versehen.

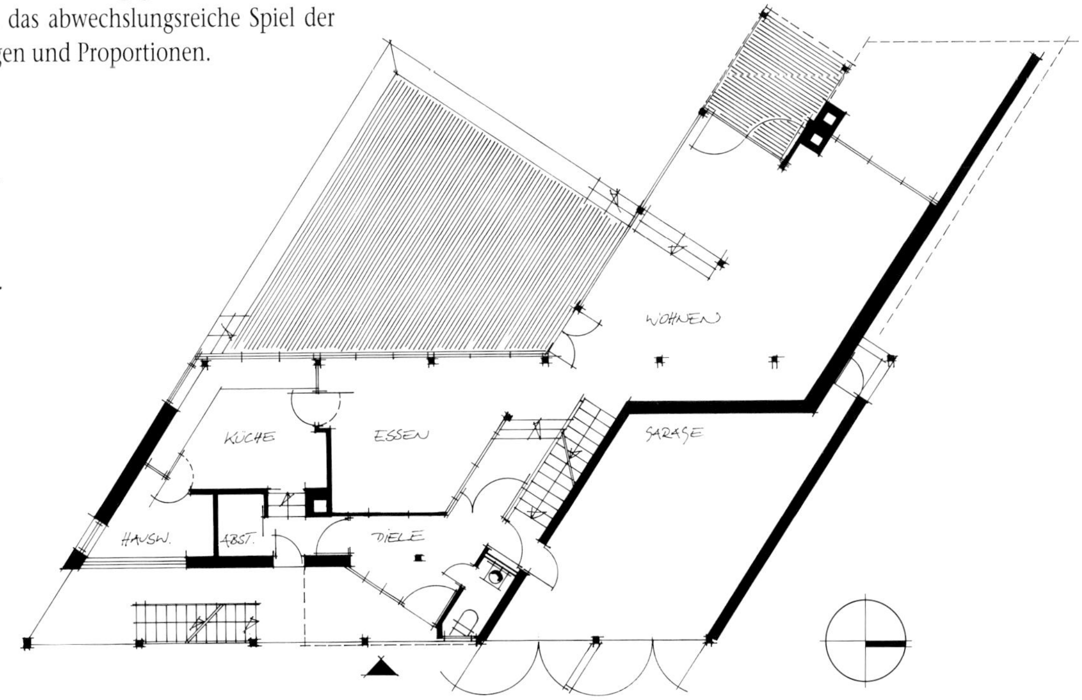

Die schwingenförmigen Grundrisse (M=1:200) folgen der Grundstücksanlage und schliessen so den Straßenraum. Gleichzeitig schafft diese Form ideale Bedingungen für die offenen Grundrisse mit ihren unterschiedlichen Funktionsbereichen.

Die Ecksituation des Hauses: Die Treppe erschließt als separater Zugang das Obergeschoß. Bemerkenswert ist das große Glasdach, das dem Gebäude eine grazile Leichtigkeit verleiht - und einen perfekten Witterungsschutz.

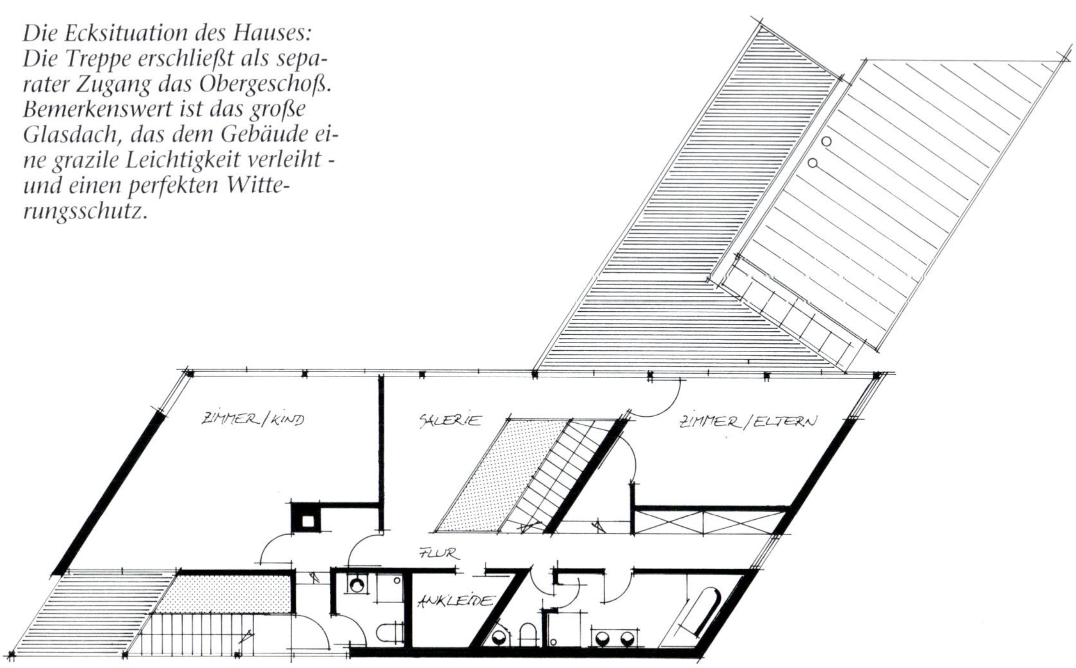

Technische Angaben

Grundstücksgröße: 1 100 m²

Wohnfläche

Gesamt: 240 m²
Erdgeschoß: 120 m²
1. Obergeschoß: 120 m²
Davon Einliegerwohnung: 40 m²
Kellergeschoß: 100 m²

Tragkonstruktion

Stahlkonstruktion aus Stützen und Dachträgern

Bauweise

Außenwände: Ziegel und Fassadenelemente aus Holz
Dachkonstruktion: Stahl- und Holzkonstruktion
Dachdeckung: Titanzinkblech
Decken: Stahlbeton
Innenwände: Ziegel
Fenster: Holz
Bodenbeläge: Parkett
Treppen: Stahl und Holz
Sonnen-/Einbruchschutz: Holzschiebe- und Holzrolläden
Heizungssystem: Gasbetriebene Fußbodenheizung

Links: Der große offene Freisitz im Schnittpunkt der Gebäudeflügel.
Mitte: Die kleine geschützte Terrasse mit Außenkamin vor dem Wohnraum.
Unten: Der weite axiale Blick vom Eß- in den Wohnraum. Rechts liegt der Aufgang zur Galerie des Obergeschosses.

Einfamilienhaus in Bayern

Ein klassisches Wohnhaus

Architekten: Kovacs & v. Werz, München

Die Bauaufgabe: Das Baugrundstück liegt an einem Hang in unmittelbarer Nähe zu Kirchturm und Pfarrhaus eines bayrischen Dorfes, das heute Vorort einer Kleinstadt ist. Die städtebauliche Situation des Dorfkerns mit dem biedermeierlichen Pfarrhofensemble und der Wunsch der Auftraggeber, ein klassisches Haus für die Familie bauen zu wollen, das sich ganz selbstverständlich in das Ortsbild einfügt, waren die wesentlichen Determinanten für den Entwurf.

Die Entwurfsidee: Der Eindruck eines großen Hauses läßt sich auf verhältnismäßig kleinem Grundstück gar nicht oder nur schwer verwirklichen. Die Architekturgeschichte zeigt einige überraschende Beispiele, die durch den geschickten Einsatz nur weniger Stilmittel gerade diesen Eindruck entstehen lassen können. Auch hier ging es um die Aufgabe, das eigentlich zu kleine Grundstück und das volumenreiche Haus in Einklang zu bringen. Erreicht wurde es durch wenige Kunstgriffe. Die Anordnung des Hauses auf dem Grundstück nutzt die ansteigende Hanglage für den natürlichen Garten (das Auge folgt dem Hang, ohne gleich den Abschluß zu sehen). Der flache Teil dagegen, vor dem Haus, ist gepflasterter Vorplatz, so daß ein optischer Übergang zum öffentlichen Straßenraum entsteht, der das Grundstück über seine eigentlichen Grenzen hinauswachsen läßt. Die flügelartig angesetzte Garage mit Remisencharakter faßt diesen Vorplatz ein und bildet den städtebaulichen Abschluß der dörflichen Platzsituation, wodurch scheinbar der ganze Platz zum Haus zugehörig scheint.

Auf der Gartenseite nach Westen schafft die versetzte Anordnung der Garage eine sonnige, geschützte Terrasse in der aufgehenden Hangmulde: Ein zusätzlicher intimer Gartenraum, der durch die bauliche Einfassung in schönem Gegensatz zum Grün des eigentlichen Gartens steht.

Der Baukörper: Die Architektur des stattlichen Wohnhauses signalisiert eine ganz selbstverständliche Kraft und Solidität. Nicht das formale Experiment zählt, sondern die vertraute Ausstrahlung traditioneller Elemente der Baukörper- und Fassadengestaltung: das leicht überstehende Walmdach liegt schützend über dem Haus. Die Fassade wird durch die Betonung der Fensterachsen, die Spaliere, den zierenden Schornsteinkopf und die ganz nach außen verlegten Regenrohre bestimmt. Horizontale und vertikale Akzentuierungen strecken das Gebäude und schaffen ruhige Flächen und Proportionen, in denen das Auge den nötigen Halt findet. Die weißen Ecklisenen, nur wenige Zentimeter stark, Fensterfaschen (geputzte Zierumrandungen), Klappläden und die profilierten Traufgesimse verleihen dem Baukörper die gewünschte Plastizität, die noch durch das Licht- und Schattenspiel auf den weißen Putzflächen verstärkt wird. Es ist die Summe der bewährten Bauelemente, die hier zu einer ganz selbstverständlichen Architektur zusammengefügt wurde. Nach wenigen Jahren, wenn die Patina dem Haus die nötigen Jahresringe verliehen hat, wird man in dem Ort vergeblich nach dem Neubau suchen. Eine solche Architektur, die sich bewußt zurücknimmt, wird nie ihren Reiz verlieren. Sie folgt nicht einem beliebigen Trend, sondern der Tradition - in Bayern seit eh und je Garantie für Akzeptanz.

Die Innenräume: Im Inneren sind es die offenen Übergänge der unteren Wohnräume, die die Großzügigkeit ausmachen: horizontale Durchblicke und Bezüge über die ganze Hausbreite im Erdgeschoß. Diagonal verlaufen sie über die Galerie bis hinauf ins Obergeschoß und schaffen optische Weite. Der Eingangsbereich sollte ohne übertriebene Dimensionierung durchaus repräsentativ wirken. Erreicht wird dieser

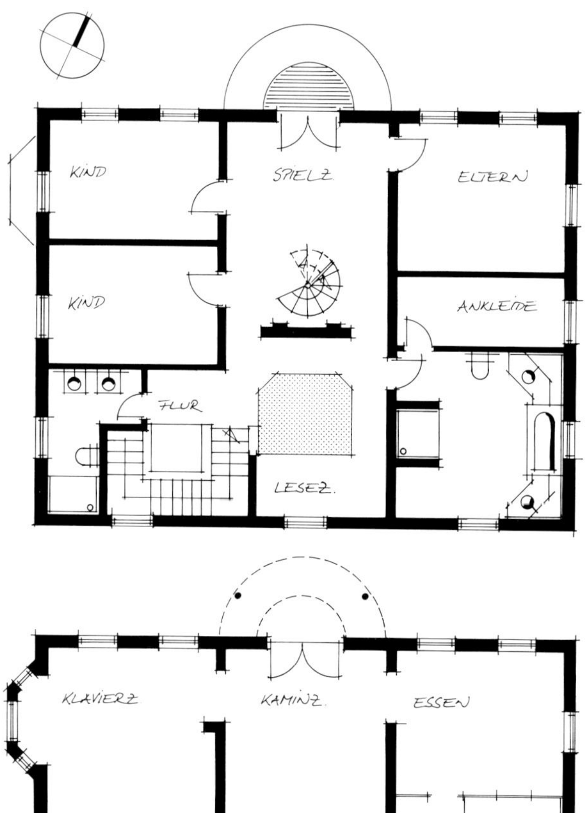

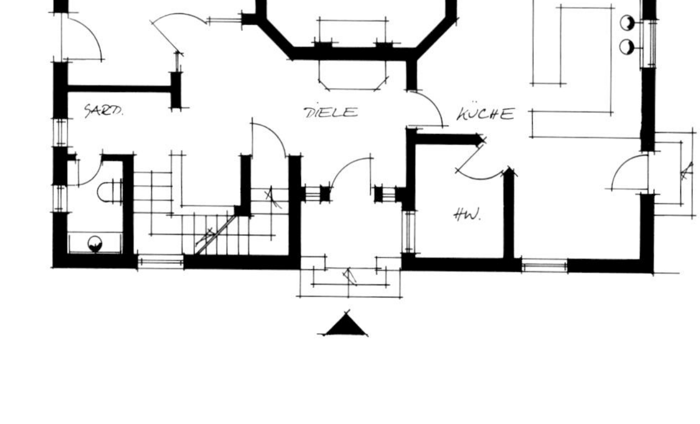

Grundrisse Erdgeschoß und Obergeschoß (M=1:200).

Eindruck durch eine differenzierte Gestaltung der innenarchitektonischen Elemente und eine überzeugende handwerkliche Perfektion der Ausführung. Den selbstverständlichen optischen und funktionalen Übergang zum Wohnbereich schafft die Raumform der eigentlichen Diele mit der einladenden Lichtführung des großen verglasten Türelementes, das schon den Blick in den Wohnraum vorbereitet. Die Galerie über dem Entrée sowie die freiliegende Treppe weiten den Eingangsbereich zusätzlich.

Die eigentlichen Wohnräume sind nicht groß, wirken aber großzügig durch die Blickbezüge untereinander sowie zur Terrasse und zum Garten, ohne daß sie dadurch an Intimität verlieren. Lediglich die Küche bietet wirklich viel Raum: hier ist der informelle Treffpunkt der Familie.

Im Obergeschoß sind die Schlafräume um einen zentralen Spielbereich angeordnet, offen zur Galerie und zum Gartenbalkon bietet er den gewünschten Ruf- und Blickkontakt zu den Kindern. Wachsen kann das Haus noch in das Dachgeschoß hinein. Der Ausbau ist bereits konzipiert und vorbereitet, wurde aber bisher zurückgestellt, da das Raum- und Flächenangebot vorläufig noch ausreicht.

Technische Angaben

Grundstücksgröße: 1386 m²

Wohnfläche

Gesamt: 230 m²
Erdgeschoß: 115 m²
1. Obergeschoß: 115 m²
Dachgeschoß: Noch nicht ausgebaut
Kellergeschoß: Nutz- und Abstellräume

Tragkonstruktion

Massiver Mauerwerksbau

Bauweise

Außenwände: Mauerwerk geputzt
Dachkonstruktion: Holzdachstuhl
Dachdeckung: Falzziegel
Decken: Stahlbeton
Innenwände: Mauerwerk
Fenster: Holz
Bodenbeläge: Marmor, Parkett, Teppichboden
Treppen: Stahlbeton
Heizungssystem: Ölheizung

Es gibt Grundstückssituationen, die dazu auffordern, traditionelle Bauweisen aufzunehmen und auf eine Zeichen setzende Modernität zu verzichten. Diese Aufgabe hatten sich die Architekten gestellt - und gelöst. Und wenn der Bau ein wenig Patina angesetzt hat und die Spaliere üppig bewachsen sind, dann wird er sich auch ganz selbstverständlich in das Dorfensemble einfügen.

Links: Der zentrale Wohnraum im Erdgeschoß. In allen Räumen wurde die Planung der handwerklich ausgeführten Einbauten mit großer Sorgfalt vorgenommen. Je nach Raumnutzung wurden die Gestaltungsmotive leicht in Material und Farbe variiert.

Ein städtisches Wohnhaus im Grünen

Architekten: Kreutzer & Krisper, Graz

Die Bauaufgabe: Über die Ausstrahlung ihres neuen Hauses hatten die Auftraggeber klare Vorstellungen: städtisch, transparent und großzügig.

Das Grundstück, ein nach Südwesten geneigter Hang, liegt ruhig im Grünen über der Stadt Graz mit weitem Ausblick auf die in der Ferne liegenden Berge: gut geeignet für ein stattliches Wohnhaus.

Das Konzept: Der Zugang zum Haus liegt im Norden etwas unter Straßenniveau. Sechs Stufen, schräg zum Eingang angelegt, führen auf das Haus zu. Der parallel zu Straße und Hang angeordnete Baukörper schirmt zusammen mit der separaten Garage den privaten Teil des Grundstücks ab. Eine breite Freitreppe führt vom Erdgeschoß hinab in den mit Rasen angelegten Garten. Dieser direkte Übergang faßt Haus und Garten zusammen, Innen- und Außenraum ergänzen sich, so daß die eigentliche Natur offenbar erst jenseits des Grundstücks beginnt. Ein Kunstgriff, der das nicht sehr große Haus in alle Richtungen zu weiten scheint.

Das Raumkonzept im Inneren wird durch den Gegensatz von abgeschlossener Privatheit und Transparenz geprägt. Vom niedrigen Eingangsbereich mit Garderobe und verdeckt liegendem WC gelangt man, noch einmal vier Stufen hinabsteigend, in die große zweigeschossige Halle, die ein geradezu barockes Raumgefühl vermittelt. Hier entsteht die gewünschte Transparenz, die Großzügigkeit und das städtische Lebensgefühl.

Ganz anders wirkt dann das Geborgenheit gebende, ummauerte Wohnzimmer und die Raumeinheit aus Küche und Wirtschaftsraum mit eigenem Eingang. Und noch einmal wechselt der Raumeindruck: zwei Flügelbauten, die sich der Sonne entgegenstrecken, bilden zum einen den lichtdurchfluteten Wintergarten, das Eßzimmer, und auf der anderen Seite eine geschützte Veranda, ein eigenes offenes Gartenzimmer, das ein altes Element städtischer Wohnkultur aufgreift.

Es sind nur zwei Farben, die den Raumeindruck bestimmen: ein alle Flächen und Körper entmaterialisierendes Weiß und das warme Gelb des Eichenbodens, dessen Reflektion, je nach Lichteinfall, den Ton der Wände bestimmt - vom sonnigen Gelb bis zum neutralen hellen Grau.

Vom Eingang führt schräg in Blickrichtung die offene Treppe ins Obergeschoß. Auch hier führt der Antritt diagonal auf die Galerie und schafft damit automatisch den schönen Blickbezug nach draußen in den Garten. Rechts und links führt der Weg in die Schlafzimmer, rückwärtig liegt das leicht erhöhte Bad wie in einem Turmzimmer.

Links: Erdgeschoß, rechts: Obergeschoß (M=1:200). Die leicht angeschrägten Wände schaffen vor allem im Erdgeschoß interessante Raumformen, die das Auge am äußeren Baukörper kaum wahrnimmt.

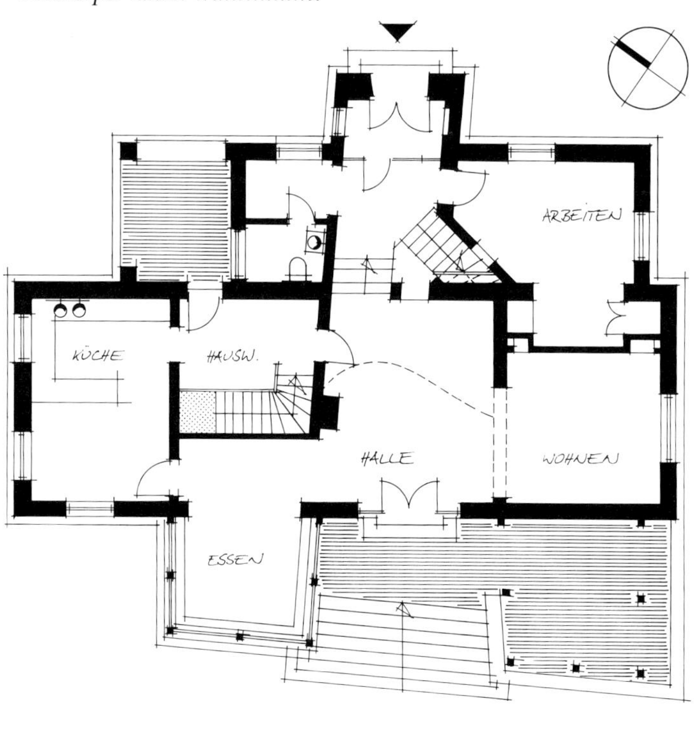

Technische Angaben

Grundstücksgröße: 1350 m²

Wohnfläche

Gesamt: 219 m²
Erdgeschoß: 125 m²
1. Obergeschoß: 94 m²
Kellergeschoß: 50 m²

Tragkonstruktion

Massiver Mauerwerksbau

Bauweise

Außenwände: Verputztes Ziegelmauerwerk
Dachkonstruktion: Holzdachstuhl
Dachdeckung: Zinkblechdeckung
Decken: Stahlbeton
Innenwände: Gemauert
Fenster: Holz
Bodenbeläge: Massive Eichendielen und Naturstein
Treppen: Beton mit Holzstufen
Heizungssystem: Zentrale Ölheizung

Links: Die Gartenfassade mit Wintergarten und Veranda, den klassischen Räumen eines kultivierten Wohnverständnisses. Hier läßt sich die Kraft der Sonne am eindringlichsten erfahren.

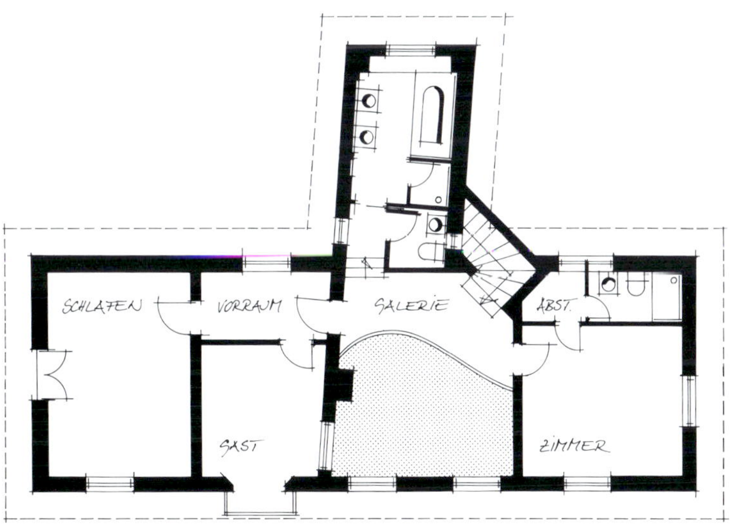

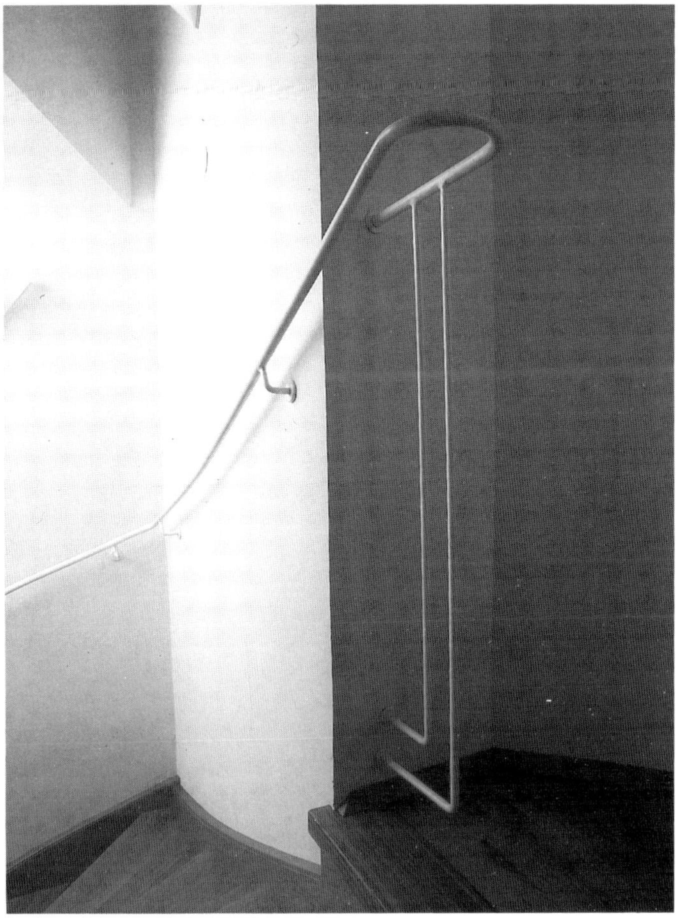

Ausgefallen einfache Details und weiche Schwünge als Ausdruck inszenierter Bewegungsabläufe - zum Beispiel der Treppenaustritt - sind die sinnreichen Brüche in der Innenraumgestaltung.

Im Einklang mit der Natur

Architekt: Wolf-Eckart Lüps, Utting

Das Grundstück: Das nicht sehr große Baugrundstück liegt in parkähnlicher Umgebung mit altem Baumbestand an einem Fischweiher. Im Osten verläuft die Erschließungsstraße, daran grenzt das Bahngelände und jenseits der Bahn, hinter Viehweiden, blitzt der Ammersee durch die Uferbepflanzung.

Die große Qualität der Ausblicke in alle Richtungen schließt eine eindeutige Orientierung des Gebäudes aus, die Konsequenz war daher die quadratische, richtungslose Grundrißform. Um eine Kleinteiligkeit der Grundstückswirkung zu vermeiden, erhielt das Haus auf der Straßenseite Flügelmauern, die wohltuend den öffentlichen Straßenraum erweitern und gleichzeitig den dahinterliegenden Gartenbereich gegen Einsicht, Lärm und Staub abschirmen.

Der Grundriß: Der Grundrißform folgend, sind in den Hausecken jeweils quadratische Räume angeordnet. Die dazwischenliegenden Zonen, die das Gebäude ost-westwärts und nord-südwärts kreuzförmig durchziehen, dienen der Erschließung und nehmen die Nebenräume auf, andererseits werden die Eckräume dadurch zu stattlichen Raumeinheiten erweitert.

Bauform und Konstruktion: Das zurückgesetzte Obergeschoß resultiert aus der Festsetzung des Bebauungsplanes, der eine erdgeschossige Bauweise mit ausgebautem Dach vorsah. Ordnendes Konstruktionsprinzip ist ein Raster von 62,5/62,5 Zentimetern, das die Lage der Fenster, der Sparren, der Deckenträger, der Innenwände und die tragende Riegelkonstruktion des Obergeschosses bestimmt. Die Kamine wurden als tragende Stützen ausgebildet, die im Firstbereich mit einer Stahlbetonbrücke verbunden sind, auf der die Gratsparren aufliegen.

Die Ausstattung: Aus Unmut über die formale Qualität der Fenster- und Türbeschläge wurden für Griffe und Schlösser die Entwürfe des Architekten angefertigt, ebenso für die Waschtische, einen Ofen, Schränke, Küchenmobiliar und Lampen. Das Ergebnis erstaunt: Die individuelle handwerkliche Fertigung dieser Einrichtungsgegenstände war teilweise sogar billiger als gehobenes Industriedesign - hier dagegen sind Unikate entstanden.

Außenanlagen: Die alten Bäume, der Weiher und die Schafwiese waren die qualitätvollen Vorgaben, auf die planerisch einzugehen immer ein Risiko ist. Hier wurde es versucht und bewältigt.

Eine mit Sandstein und Basaltadern belegte Terrasse wird von einem Gerinne durchzogen, das eine Quelle speist, deren Wasser mit leisem Plätschern in den Weiher fällt. Ein zarter Steg führt in Verlängerung der Hausmittelachse zu einem gläsernen Pavillon, der auf Pfählen über dem Wasser schwebt. Entstanden ist eine künstlich angelegte Achse als Antwort auf die Wildnis und die freien Formen der Natur.

Grundrisse Erdgeschoß und Obergeschoß (M=1:200).

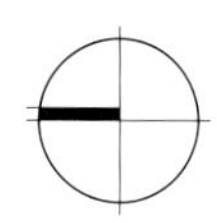

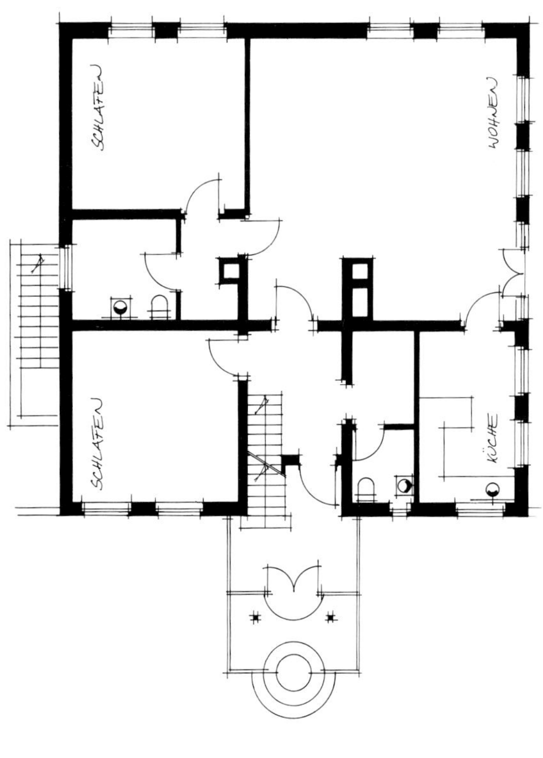

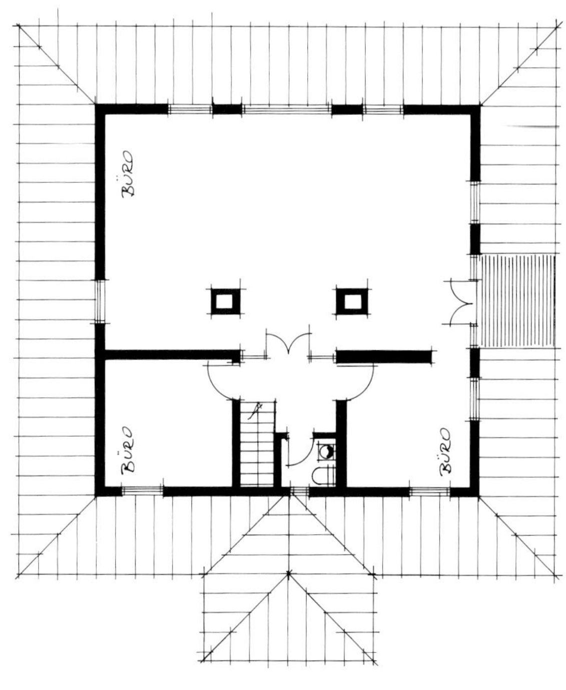

Die Eingangssituation des saalartigen Atelierraumes im Obergeschoß. Das Oberlicht sorgt für eine perfekte Ausleuchtung des hohen Raumes und des innenliegenden Treppenhauses.

Hier wurde der Beweis geführt, daß individuell entworfen und gefertigte Einrichtungen nicht teurer sein müssen als Handelsware - nur ihre Ausstrahlung ist sehr viel größer. Oben: Die Eingangssituation.

Technische Angaben

Grundstücksgröße: 1070 m²

Wohnfläche

Gesamt: 260 m²
Erdgeschoß: 156 m²
Obergeschoß: 105 m²

Tragkonstruktion

Erdgeschoß als Massivbau, Dachgeschoß als Holzkonstruktion

Bauweise

Außenwände: Porenziegel, im Dachgeschoß hinterlüftete Holzkonstruktion
Dachkonstruktion: Holzdachstuhl
Dachdeckung: Biberschwanz
Decken: Ziegelfiligrandecken
Innenwände: Ziegelmauerwerk
Fenster: Holzverbundfenster
Bodenbeläge: Parkett auf Blindboden
Treppen: Betontreppen mit Marmorauflage

Der Bebauungsplan: Hindernis oder Herausforderung?

Architekt: Wolf-Eckart Lüps, Utting

Die Ausgangssituation: Der Ort Buchloe verdankt seine Existenz einem Bahnknotenpunkt, seine typische heterogene Bebauung ähnelt Orten mit einer vergleichbaren Geschichte. Traditionell wurden hier sogenannte schwäbische Steildächer mit hoher Ausnutzbarkeit gebaut, heute dagegen macht sich das administrativ verordnete Einheitshaus mit 28° Dachneigung breit, mit Kniestock und viel Holz. Bauherren und Architekt wollten sich diesem Diktat nicht unterordnen. Sie haben vielmehr die Einheitsform ganz neu interpretiert. Die Dachneigung wurde beibehalten, auf die sonst notwendigen Gauben aber verzichtet und ein basilikales Hausprofil entwickelt, das eine erheblich bessere Raumqualität liefert - und eine sehr viel ansprechendere Architektur.

Das Raumprogramm: Es sollten zwei voneinander unabhängige Wohn-Schlafbereiche entstehen, die von einer gemeinsamen Diele erschlossen werden. Da sich die Auftraggeber in allen Räumen großzügige Höhen wünschten, wurde das Volumen der Dächer mit in die Räume einbezogen, ohne daß sich der Bruttorauminhalt und die Baukosten dadurch wesentlich erhöhten.

Grundriß und basilikale Bauform entsprechen sich in ihrer einfachen klaren Gliederung mit einem Hauptwohnteil, dem Mittelschiff, und den niedrigeren Seitenschiffen, deren offene Pultdächer auch dieser Zone die gewünschte Raumhöhe geben. Da auf diese Weise keine ungenutzten Hohlräume entstehen, ergibt sich ein sehr günstiges Raum-Baukostenverhältnis.

Der auf der Südseite des Hauses angeordnete Wintergarten erweitert den Wohnraum in den Garten hinein. Die Sonnenschutzanlage vor den großen Glasflächen wird über Fühler gesteuert, so daß sie bei Wind und Regen automatisch aufgerollt wird.

Das Grundstück sollte von Nebengebäuden freigehalten werden, daher ist die Garage Teil des Gebäudes mit rückwärtiger Erschließung. Somit machen die Garagentore dem für das Haus wichtigen Eingangselement keine Konkurrenz.

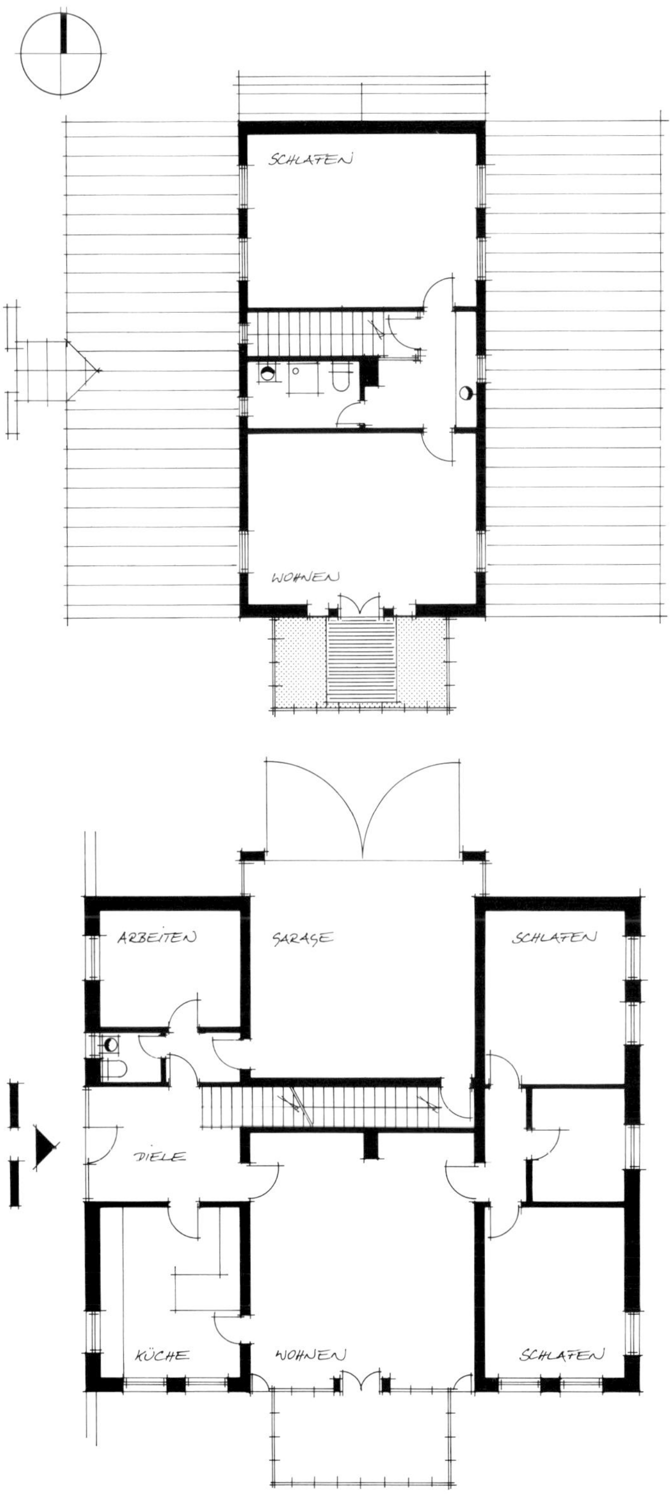

Grundrisse Erdgeschoß und Obergeschoß (M=1:200). Bemerkenswert ist die in den Baukörper integrierte Garage.

Links: Der basilikale Baukörper öffnet sich groß flächig verglast nach Süden. Unten: Die geschlossene Nordfassade mit dem kleinen einladenden Eingangsvorbau. Rechts: Der große Wohnraum im Erdgeschoß mit dem Eßplatz im vorgelagerten Wintergarten. Die freistehenden Stützen begrenzen den offenen Raum.

Technische Angaben

Grundstücksgröße: 1161 m²

Wohnfläche

Gesamt: 184 m²
Erdgeschoß: 121 m²
Obergeschoß: 63 m²

Tragkonstruktion

Mauerwerksbau und Holzskelett im Obergeschoß

Bauweise

Außenwände: Porenziegel im Erdgeschoß, hinterlüftete Holzkonstruktion im Obergeschoß
Dachkonstruktion: Holzdachstuhl
Dachdeckung: Falzziegel
Decken: Stahlbeton
Innenwände: Ziegelmauerwerk
Fenster: Holzverbundfenster
Bodenbeläge: Parkett auf Blindboden bzw. Lagerhölzern
Treppen: Beton mit Marmorauflage
Heizungssystem: Zentralheizung mit Radiatoren

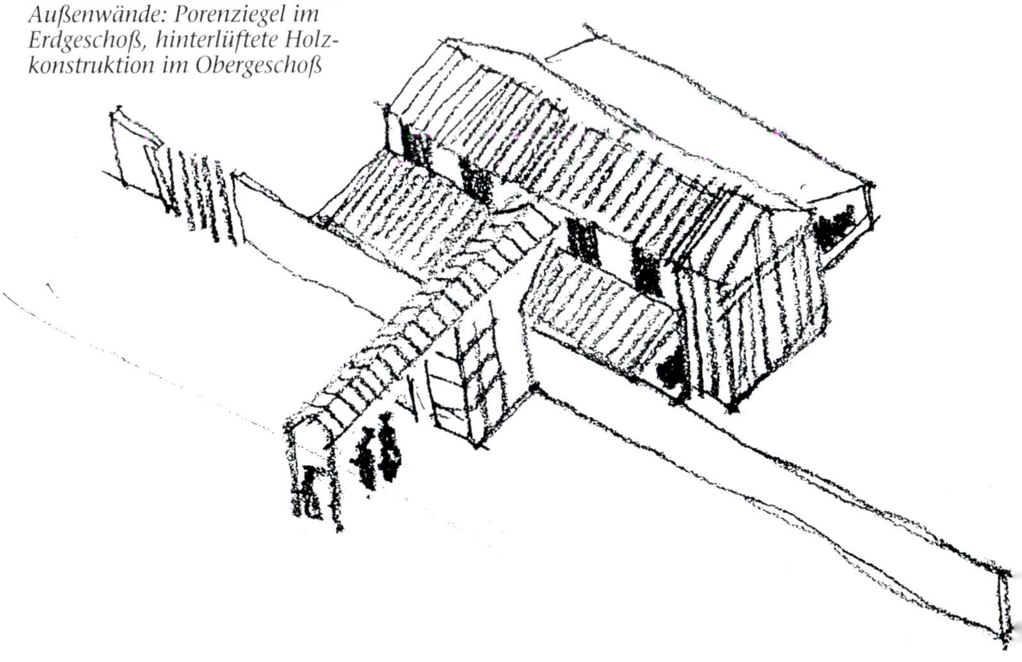

Von der Architektur zur Kunst

Architekt: Christoph Mäckler, Frankfurt

Die Lage: Das Haus steht auf einem steil abfallenden Hanggrundstück im Taunus. Es ist Teil eines verwunschenen Parks mit alten, efeuüberwucherten Bäumen. Inmitten der üppigen Naturkulisse liegen die beiden Baukörper, die sich wie geöffnete Blütenblätter der Sonne zuneigen. Auf diese Weise nutzt das architektonische Ensemble geschickt die Formation des Grundstückes, seine Hanglage und den schützenswerten Baumbestand.

Das Grundrißkonzept: Das Gebäude besteht aus zwei Teilen. Das verklinkerte, geschlossene "Langhaus" - schon der Begriff beschreibt seine "sakrale" Funktion - schirmt mit den rückwärtigen Funktionsräumen zum Nachbarn hin ab, der halbrunde, weiß geputzte Turm birgt den großen offenen Wohnraum und die Kinderzimmer. Beide Gebäude sind, dem Hang folgend, um ein halbes Geschoß versetzt angeordnet. Sie werden verbunden durch ein filigran konstruiertes, gläsernes Treppenhaus, das beim Hindurchgehen immer wieder das faszinierende Licht- und Schattenspiel und die großartige Kulisse des Gartens erleben läßt.

Die klare Funktionstrennung der beiden Baukörper ermöglicht das ungestörte Wohnen aller Familienmitglieder. Kinder- und Elterntrakt liegen in unterschiedlichen räumlichen Welten, die eine für die Aktivitäten am Tag und der Sonne, die andere eher der Ruhe und der Rekreation zugewandt.

Den gedachten Schnittpunkt von Halbkreis und Rechteck bildet die Küche mit kurzen Wegen zu beiden Flügeln des Hauses.

So wie sich die beiden Haushälften nach außen unterschiedlich geben, so sind sie es auch in der Raumwirkung. Das dunkle, verklinkerte Langhaus mit seinen kleinen Fensteröffnungen und der eindrucksvollen Holzdecke ist ein nach innen orientierter Raum (Speise oder Musikzimmer bevorzugen traditionell die Abgeschlossenheit), der Rundbau dagegen wendet sich mit seiner geschoßhohen Glasfassade - strahlend weiß - dem Außenraum, dem Garten zu.

Dringt man ein wenig in die Gedankenwelt dieses Entwurfes ein, dann wird deutlich, wie vielschichtig dieser Entwurf auf die Bedürfnisse seiner Bewohner, die Funktionen der Räume und der Gartenanlage antwortet - formal und in der Materialwahl.

Schon die Akkuratesse der Zeichnungen, der Grundrisse, Schnitte und der zahlreichen Details zeigt die gleichsam mathematische Durchdringung der Bauaufgabe - ohne darüber die Phantasie zu vernachlässigen, im Gegenteil. Proportionen und Details, Farben und Materialien, Räume und Flächen sind beredte Formeln einer sprechend poesievollen Architektur.

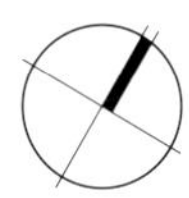

Grundrisse Erdgeschoß und Obergeschoß (M=1:200) einer ungewöhnlich gekonnten Planung.

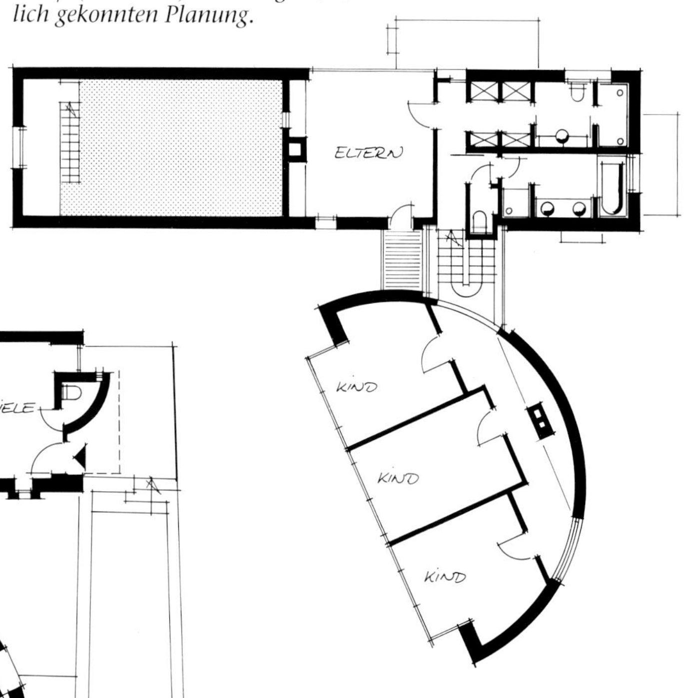

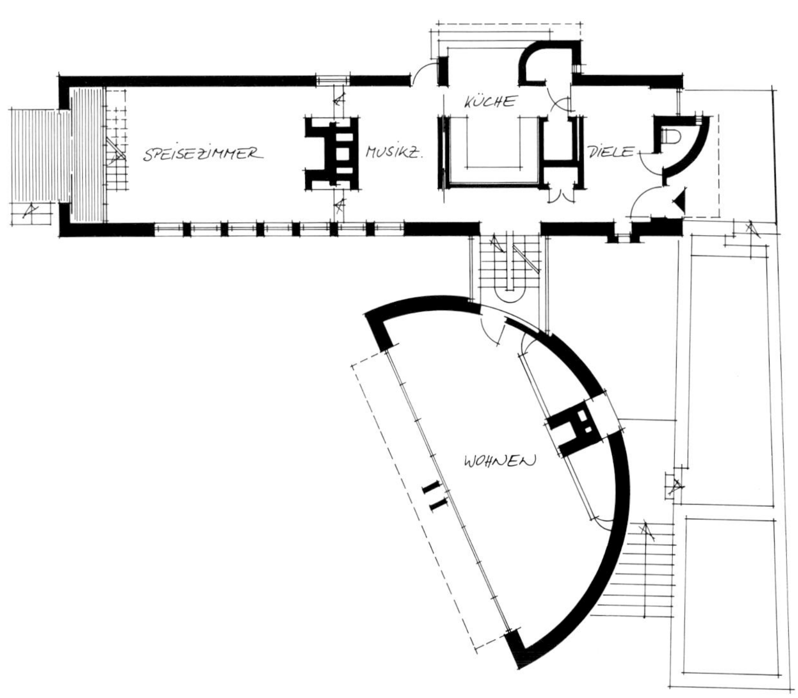

Oben: Die Eingangssituation als kleine Raumplastik.
Unten: Der lange basilikale Baukörper, in dem sich das zweigeschossig angelegte Musik- und Eßzimmer befindet. Der kleine skulpturale Vorbau ist Teil der Küche.

Links: Der gläserne Verbindungsbau. Anordnung und Bearbeitung der Fassadenfläche zeigen die große Könnerschaft in der Materialkomposition.
Oben: Der kirchenschiffartige Musikraum mit der kleinen Denkbibliothek auf der Empore.
Rechts: Die Aufgangssituation. Wie ein Schiffsbug streckt sich der Wohnteil des Hauses dem Betrachter entgegen. Auch hier besticht das Zusammenspiel der Materialien.

Technische Angaben

Grundstücksgröße: 1 100 m²

Wohnfläche

Gesamt: 225 m²
Erdgeschoß: 115 m²
1. Obergeschoß: 110 m²
Kellergeschoß: 117 m²

Tragkonstruktion:

Massiver Mauerwerksbau

Bauweise

Außenwände: Mauerwerk
Dachkonstruktion: Holzdachstuhl
Dachdeckung: Blech-Kupfer
Decken: Holzbalkendecken
Innenwände: Mauerwerk
Fenster: Holz- und Stahlfenster
Bodenbeläge: Klinker und Parkett
Treppen: Holz
Sonnenschutz/Einbruchschutz: Rolläden und Sicherheitsgläser
Heizungssystem: Erdgas

Qualität: Ungewöhnliche Architektur für ein Wohnhaus

Architekt: Gert M. Mayr-Keber, Wien

Die Ausgangssituation: Das enge und lange Grundstück, das schon im nutzbaren Bereich an der Straße ein starkes Gefälle aufweist, war bebaut - mit dem Elternhaus der Bauherren. Ein Umbau, der die gewachsenen räumlichen Ansprüche und Größenvorstellungen hätte umsetzen können, war aus baurechtlichen Gründen nicht möglich. Daher wurde nach eingehender Diskussion mit dem Architekten der - nicht einfache - Entschluß gefaßt, das alte Haus abzubrechen und einen Neubau zu planen.

Das Entwurfskonzept: Der topographische Bestand des Grundstücks mit seiner schwierigen Hanglage bestimmt das Thema des Entwurfes. Das architektonische Konzept gliedert die Hausanlage in vier Bereiche, zwei äußere und zwei innere. In allen vier Teilen sollen trotz unterschiedlicher Qualitäten die herausgearbeiteten architektonischen Anforderungen gleichermaßen erfüllt sein: der psychologisch wirksame Einsatz der Innen- und Außenraumgestaltung mit ganz verschiedenen Wertigkeiten und Behaglichkeitsansprüchen, das Spürbarmachen der räumlichen Dimension durch differenzierte Ausblicke von den verschiedenen Ebenen des Hauses, eine minimierte physische Belastung durch eine entsprechende Führung der vielen notwendigen Treppenläufe und eine vielfach plastische Durchgestaltung der Räume, deren Wirkung die verschiedenen natürlichen und künstlichen Lichtquellen noch hervorheben. Diese verkürzte und komprimierte Aufzählung zeigt, wieweit zuerst einmal Gedanken diesen Entwurf bestimmten. Erst im zweiten Schritt folgte die formale Durcharbeitung.

In dem der Straße zugewandten Außenbereich, dem Vorgarten, beginnt die räumliche Inszenierung. Auf der einen Seite erfüllt er die funktionalen Anforderungen der Umzäunung, ist Aufgang zum Haus, Garagenabfahrt, ist auf der anderen Seite Teil der Straßenfassade und Schwellenbereich zwischen Außen und Innen. Der Zugang, als angedeuteter labyrinthischer Weg, bereitet auf das Betreten der Privatsphäre vor. Es tritt eine allmähliche Materialveränderung ein, bis der Eintretende unter dem schützenden Glasdach nur noch dreiseitig dem Außenraum ausgesetzt ist. Den besonderen Akzent dieser Zugangssituation bildet die leicht gekrümmte Fassade, die sich gleichsam einladend dem Besucher zuneigt. Außen- und Innenraum sind gleichwertig, das Haus bietet sich dar.

Auch die gartenseitige Terrasse ist ein gefaßter Außenraum. Auch sie ist Schwellenbereich. Sie ergänzt den Wintergarten und schafft die Verbindung zur alten vorhandenen Gartenanlage. Die Pergolakonstruktion - noch nicht gebaut - schafft die nötige Konturbegrenzung des Terrassenraumes. Erst nach dem Übergang beginnt der eigentliche Garten, der wegen seines Erinnerungswertes nahezu unverändert belassen wurde.

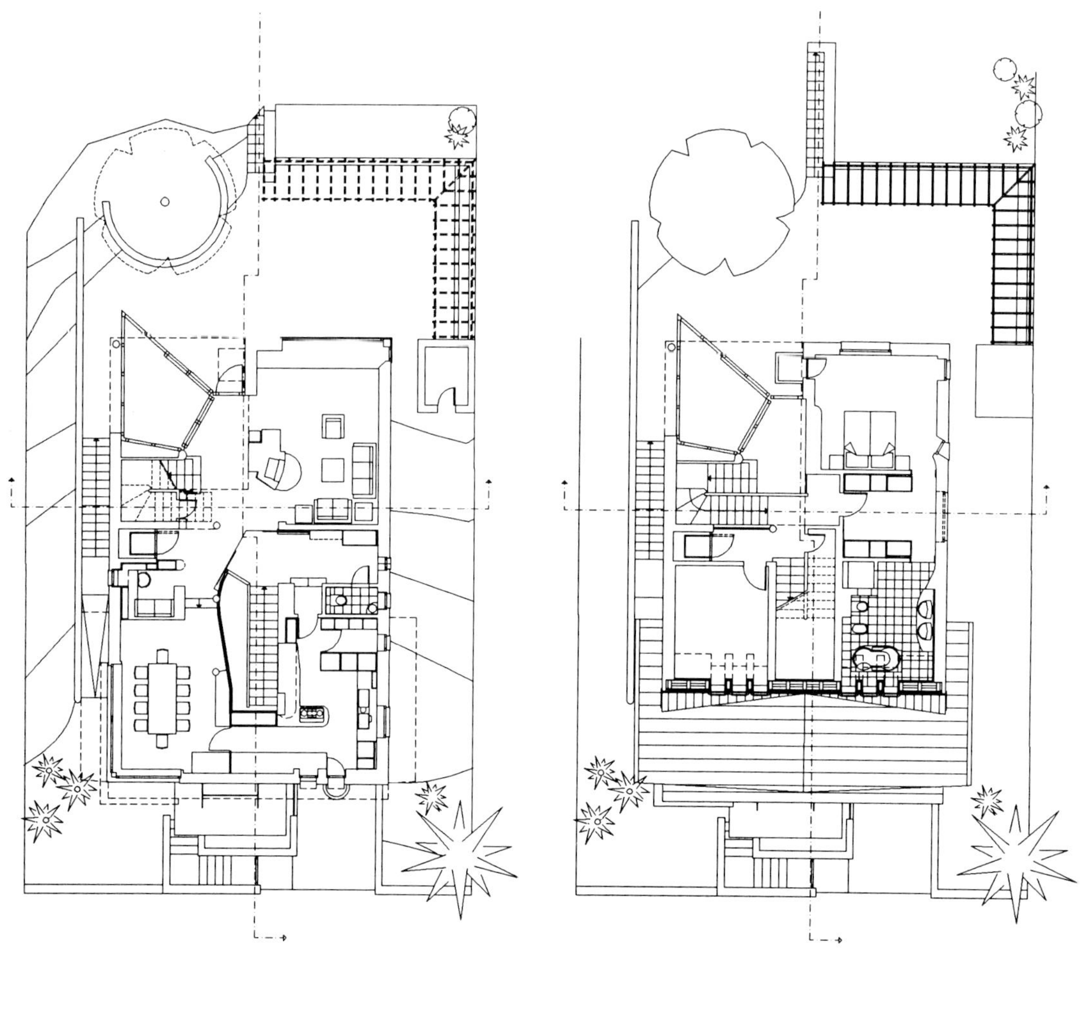

Grundrisse Erdgeschoß und Obergeschoß (M=1:200, Plangrafik des Architekten).

Was das Foto nicht erfassen kann, zeigt das Modell: ein ungewöhnlich plastischer Baukörper, hinter dem sich äußerst qualitätvolle Räume verbergen.

Technische Angaben

Grundstücksgröße: 810 m²

Wohnfläche

Gesamt: 205 m²
Erdgeschoß: 100 m²
1. Obergeschoß: 55 m²
Dachgeschoß: 50 m²
Kellergeschoß: 40 m²

Tragkonstruktion

Massiver Mauerwerksbau

Bauweise

Außenwände: 38 cm Hochlochziegel
Dachkonstruktion: Holzleimbinder
Dachdeckung: Zinkblech
Decken: Ortbeton
Innenwände: Ziegel, Beton
Fenster: Aluminium
Bodenbeläge: Stein, Parkett, Teppich
Treppen: Beton
Heizungssystem: Gas-Zentralheizung

Im Inneren des Hauses gibt es zwei ganz unterschiedliche Zonen. In der Aufenthaltsebene im Erdgeschoß bestimmt räumliche Weite den Entwurf. Akzentuiert durch die Treppenführungen ist hier das räumliche Zusammenfügen von zweigeschossigen Räumen das konzeptionelle Anliegen. Die peripheren Erschließungsbereiche werten die wichtigste Ebene auf, indem sie den Raum zusätzlich zu einem hallenartigen Gefüge erweitern.

Ganz im Gegensatz zur offenen Figuration im Zugangs- und Erdgeschoßbereich schließt sich das Haus zunehmend nach oben. Unter dem Dach, das straßenseitig über zwei Geschosse reicht, sind die Räume mit dem Anspruch auf Privat- und Zurückgezogenheit untergebracht. Geschlossene Wandflächen, die Wandgliederungen und die Fensteranordnung lassen diese Raumbestimmung sowohl innen als auch an der Außenfassade ablesen - das Haus zeigt sein Gesicht. Nach oben zu den Schlafräumen wird die Wegeführung enger und weniger einsehbar. Im obersten Geschoß sind die Kinderzimmer untergebracht, die untereinander über eine Käfigbrücke zu erreichen sind, die die beiden eingezogenen Galerien verbindet.

Das Haus wurde innen farblich sehr zurückhaltend gestaltet. Dieser neutrale Hintergrund schafft die notwendigen Flächen für die eigentliche Einrichtung der Bewohner, die sich nun gegen die plastischen Raumgefüge dieses ungewöhnlichen Hauses behaupten muß.

In diesen Fotos lohnt es, "durch das Haus" zu gehen. Bestechend ist die Form- und Materialkomposition in den einzelnen Räumen. Sie ist unabdingbarer Teil der gesamten Inszenierung - Haus und Gedankengebäude zugleich.

Ein klassisches Landhaus

Architekt: Matthias Ocker, Hamburg

Die Situation: Die Umgebung, in der dieses neue Landhaus steht, ist ein traditionsreicher Villenvorort in der Nähe von Hamburg. Die Häuser stehen hier auf prachtvollen großen Grundstücken, jedes ein gutes Stück konservativer Architektur.

Auf dieses Umfeld geht der Entwurf verständnisvoll ein. Der eingeschossige Putzbau mit dem großen ausgebauten Mansarddach greift klassizistische Motive der Landhausarchitektur auf, die sich auch in der Grundstücks- und Gartenanlage fortsetzen. In wenigen Jahren, wenn alle Spuren des Bauens wieder zugewachsen sind und das Haus ein wenig Patina angesetzt hat, wird es sich ganz selbstverständlich in das gewachsene Ortsbild einfügen - sich aber auch immer an den großen Vorbildern der klassizistischen Architektur Holsteins messen lassen müssen.

Die Grundrisse: Gebäudehülle und Inhalt gehören untrennbar zusammen. Ist es das Prinzip der Moderne, von innen nach außen zu planen, so war es bei den Bauten repräsentativer Architektur genau umgekehrt: der Fassadenwirkung hatte sich der Grundriß unterzuordnen.

Dieses Haus erreicht den Kompromiß. Die Raumanordnung im Erdgeschoß greift historische Wohnformen auf und schafft damit den Rahmen für eine traditionell konservative Wohnkultur. Die sorgfältig detaillierte Innenarchitektur wurde in traditionellen Handwerkstechniken ausgeführt. Stuck, Holz- und Natursteinarbeiten bilden einen qualitätvollen Hintergrund für Mobiliar und Dekoration.

Um die Galerie des Obergeschosses wurden die verschiedenen Schlaftrakte angelegt, die sowohl einzeln als auch zusammengeschlossen nutzbar sind. Der Intimität dieses Wohnbereiches entsprechen Raumform und Belichtung: Gemütliche Gauben mit kleinteiligen Sprossenfenstern sorgen für angenehmes Licht.

Bei der Bauausführung wurde besonderer Wert auf baubiologisch einwandfreie Materialien und Verarbeitung gelegt. Kunststoffe, faserige Dämmaterialien und Dichtungsschäume wurden vermieden. Stattdessen wurden bewährte Handwerkstechniken und Materialien eingesetzt, die sich zwar finanziell zu Beginn in der Bausumme niederschlagen, auf Dauer aber das beruhigende Gefühl vermitteln, Gesundheitsrisiken vermieden zu haben. Gerade in letzter Zeit gaben ja so manche "Wundermittel" am Bau Anlaß, an ihrer Unbedenklichkeit mehr als zu zweifeln.

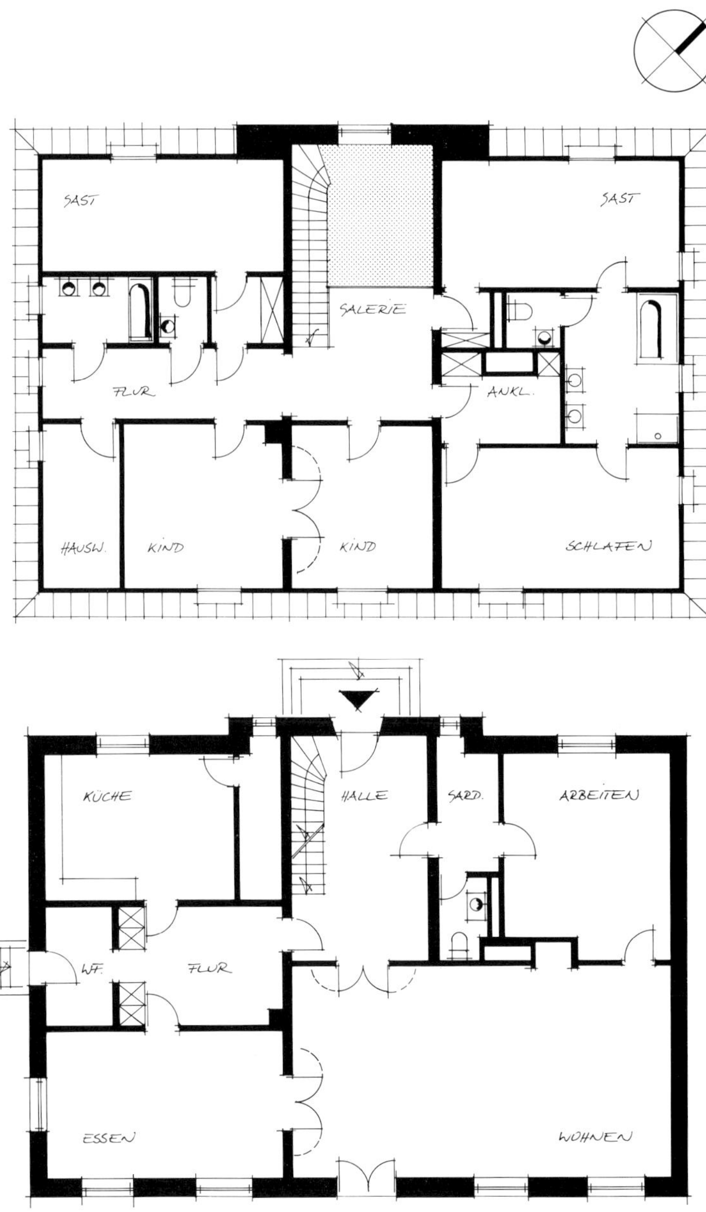

Grundrisse Erdgeschoß und Obergeschoß (M=1:225).

Aufgang in der großen Eingangshalle mit der eingezogenen Galerie im Obergeschoß.

Dieses Haus schafft großzügige Dimensionen in allen Wohntrakten. Außen dagegen nimmt es sich zurück, verrät aber selbstbewußt seinen architektonischen Anspruch.

Technische Angaben

Wohnfläche

Gesamt: 352 m²
Erdgeschoß: 184 m²
1. Obergeschoß: 168 m²
Kellergeschoß: 188 m²

Tragkonstruktion

Massiver Mauerwerksbau

Bauweise

Außenwände: Mauerwerk verputzt
Dachkonstruktion: Holzdachstuhl
Dachdeckung: Tonpfannen
Decken: Stahlbeton
Innenwände: Mauerwerk
Fenster: Holzfenster
Bodenbeläge: Parkett und Dielen
Treppen: Holz
Einbruchschutz: Alarmanlage
Heizungssystem: Gas-Zentralheizung

Ein Zwei-Generationen-Haus

Architekt: Stephan Philipp, München

Das Entwurfskonzept: Das Grundstück mutet mit 950 Quadratmetern recht groß an. Da aber die Nachbarhäuser sehr dicht an der Grundstücksgrenze stehen und die Bauherren großzügige Blickperspektiven haben wollten, wurde das Haus diagonal auf das Grundstück gestellt. Um den notwendigen Straßenraum und die optische Bauflucht zur Nachbarschaft zu erhalten, stehen daher am Grundstücksrand die Nebengebäude, eine langgestreckte Doppelgarage und der Abstellraum für Fahrräder, Gartengeräte und Müllgefäße. Auf diese Weise wird das Straßenbild rücksichtsvoll geschlossen.

Die gewünschten weiten Durch- und Ausblicke - in der Toskana erlebt und geschätzt und als Idee für den Haustypus eingesetzt - bestimmten die Konturen des Baukörpers. Aber München liegt nicht in der Toskana. Deshalb wurden auch die Charakteristika der dortigen Bautradition nur im Ansatz übernommen: Der massiv und solide wirkende Baukörper, der quadratische Grundriß und die Form des Daches.

Die diagonale Anordnung des Hauses auf dem Grundstück bringt automatisch den Eingang in die richtige Position - keine axiale, sondern eine schräge Zuführung auf das Haus. So verlängert die Diagonale den Weg zum Eingang und läßt eine stattliche Grundstücksgröße erfahren.

Zu den formalen und den funktionalen Aspekten der Gebäudeausrichtung kommt noch ein historischer hinzu. Weg und der Blick durch das Erdgeschoß führen direkt auf den "Hungerturm", eine ehemals dem Grundstück gegenüberliegende Burg, ... "enden aber vorher im heutigen Eßzimmer".

Die Grundrisse: Das Erdgeschoß ist klar gegliedert. Rechts und links der Blickachse - auch die zentrale Halle ist ein wichtiges historisches Villenmotiv - liegen nach Norden die Funktionsräume, nach Südwesten die Bibliothek und der abgesenkte Wohnraum mit dem vorgelagerten, geschützten Portikus. Von hier aus geht der Blick einer-seits ungehindert in den Garten, andererseits auf die "Remise", einen überdachten, durch Pfeiler gegliederten Freisitz. So fügen sich Haupthaus und Nebengebäude zu einem baulichen und geistigen Ensemble, das weit über das Funktionale hinausgeht.

Im Obergeschoß gruppieren sich die vier Schlafzimmer und das Gästezimmer um den zentralen "Innenhof" der oberen Galerie. Korrespondierend dazu bildet das Oberlicht als Laterne eine natürliche Lichtquelle. Die Sonnenstrahlen reichen so hinab bis in die Erdgeschoßhalle - ein wunderbarer Raumeffekt, der ja auch in Italien seinen Ursprung hat.

Die wenigen genannten Bezugspunkte, die die Idee dieses Haus beschreiben, entschlüsseln sich nicht auf den ersten Blick. Aber genau das macht, ähnlich wie bei einem Kunstwerk, die Qualität aus - unabhängig vom Preis.

Die Materialien: Jedes Baumaterial hat seine eigene Ausstrahlung. Und jedes Material verändert sich durch den Alterungsprozeß. Und wer der Architektur verbunden ist, der empfindet auch die Verantwortung, die eigentlich jeder Bauherr mitbringen sollte. Schließlich ist der eigene Innenraum für jeden anderen erfreulicher oder ärgerlicher Außenraum. Bei diesem Haus wurden daher innen und außen bewußt nur natürliche Materialien verwendet und Kunststoffe vermieden - Ziegel, Putz, Holz und Wärmedämmung aus

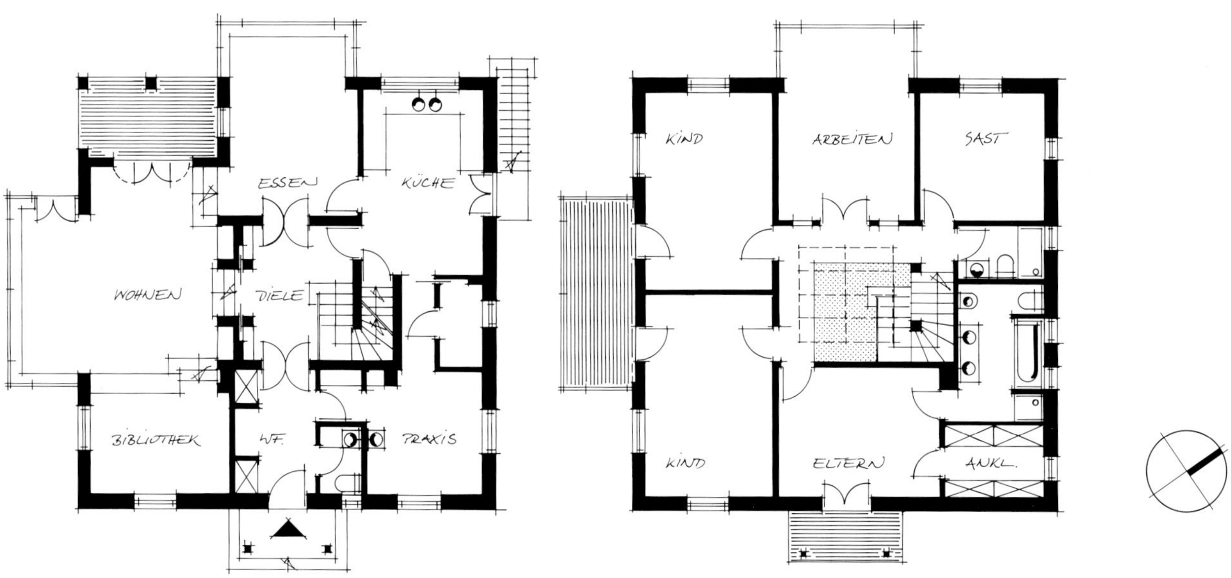

Grundrisse Erdgeschoß und Obergeschoß (M=1:200). Von der zentral angeordneten Halle werden die Wohnräume erschlossen - Rückbesinnung auf die bestehende Wohnqualität der großen Gründerzeitvillen.

Blick auf die Westfassade mit der eingezogenen Veranda. Der umlaufende Kranz der quadratischen Öffnungen weist schmückend auf den luftigen Außenraum hin.

Kork, Schaumglas und kleingehäckseltem Altpapier -, "damit das Haus eines Tages in Würde zur Ruine werden kann und nicht ein Haufen Sondermüll zurückbleibt".

Das Altern eines Hauses und die damit verbundenen optischen und materialimmanenten Konsequenzen sind ein wichtiges Planungskriterium, mit dem sich Bauherr und Architekt rechtzeitig verantwortungsvoll auseinandersetzen sollten.

Links: Die Halle mit umlaufender Galerie.
Rechts: Blick vom Wohnraum in die Halle. Durchgängig ist das Materialkonzept aus Naturstein, weiß geputzten Wänden und den auf Ausstrahlung bedachten Holzeinbauten.

Technische Angaben

Grundstücksgröße: 945 m²

Wohnfläche

Gesamt: 307 m²
Erdgeschoß: 101 m²
1. Obergeschoß: 105 m²
Einliegerwohnung: 36 m²
Kellergeschoß: 65 m²

Tragkonstruktion

Stahlbeton und Mauerwerk

Bauweise

Außenwände: Mauerwerk
Dachkonstruktion: Holzdachstuhl als Pfettendach
Dachdeckung: Ziegel, Dachüberstände in Titanzinkblech
Decken: Stahlbeton, im OG Holzbalken
Innenwände: Gemauert
Fenster: Holz mit Wärmeschutzglas
Bodenbeläge: Naturstein (Solnhofener Platten), Buchenparkett
Treppen: Buchenholz auf Stahlbeton
Heizungssystem: Gasbetrieben, 5 000 l Zysterne für Regenwassergewinnung

Ein elegantes Haus am Hang

Architekten: Pfeiffer + Ellermann, Lüdinghausen

Das Grundstück: Das Grundstück ist Teil eines Neubaugebietes mit traditionellem Bebauungsplan. Den besonderen Reiz macht seine Lage aus, ein nach Süden orientierter, abfallender Hang mit herrlicher Aussicht auf die unverbaute Landschaft. Die Hangneigung ist an der Straßenseite so stark, daß selbst bei einer geringen Haustiefe zur Talseite ein ganzes zusätzliches Geschoß entsteht.

Das Konzept: Geschoßdifferenz und schöner Ausblick sind denn auch die beiden wichtigen Ausgangsdaten, die den Haustypus bestimmt haben: ein langes, schmales Haus mit integrierten Garagen, hangseitig ein-, talwärts zweigeschossig.

Das Erdgeschoß ist noch einmal in zwei Höhenbereiche getrennt, in den abgesenkten westlichen Teil mit der Diele und dem Wohnbereich und den um fast ein halbes Geschoß erhöhten Eßraum, die Küche und das Elternschlafzimmer. Durch den Höhenversprung erhält der Wohnraum eine angemessene Höhe von 3,30 Metern, und der Eßbereich mit dem überdachten Balkon liegt ein wenig erhaben, so daß man zur Mahlzeit ein paar Stufen hinaufsteigen muß. Auf diese Weise erhalten beide Räume, obwohl sie ineinander übergehen, ihre Abgrenzung zueinander und damit eine ganz spezifische Qualität. Durch die versetzten Ebenen wird gleichzeitig die Distanz zum Hanggeschoß und den Kinderzimmern um die Hälfte reduziert.

Für die Küche und die unteren Zimmer der Kinder gibt es einen eigenen Eingang. Das Hanggeschoß wurde mit Wohnraum, Bad und eigener Terrasse so ausgebaut, daß sich das Geschoß insgesamt abtrennen und gegebenenfalls als eigene Wohnung nutzen läßt.

Nach außen zur Straße zeigt sich das Haus bescheiden und verschlossen. Nur der Eingang weist mit der Anordnung seiner runden Fensteraugen und der detailreichen Gestaltung darauf hin, daß sich hinter diesem freundlichen Gesicht eine Reihe sehr schöner Räume und eine kenntnisreiche Gestaltung verbergen.

Technische Angaben

Grundstücksgröße: 1685 m²

Wohnfläche

Gesamt: 255 m²
Erdgeschoß: 165 m²
Hanggeschoß: 90 m²

Tragkonstruktion

Massiver Mauerwerksbau

Bauweise

Außenwände: Ziegel mit weißem Kratzputz und Holzverschalung
Dachkonstruktion: 28° Pfettendach
Dachdeckung: Rote Tonziegel
Decken: Stahlbeton über dem Untergeschoß, Holz über dem Erdgeschoß
Innenwände: Mauerwerk
Fenster: Holzfenster, weiß lackiert
Bodenbeläge: Marmor, Fliesen, Teppichboden
Treppen: Stahlbeton mit Natursteinplatten
Heizungssystem: Gaszentralheizung mit Radiatoren

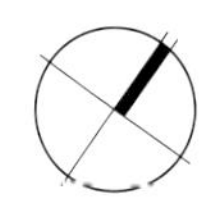

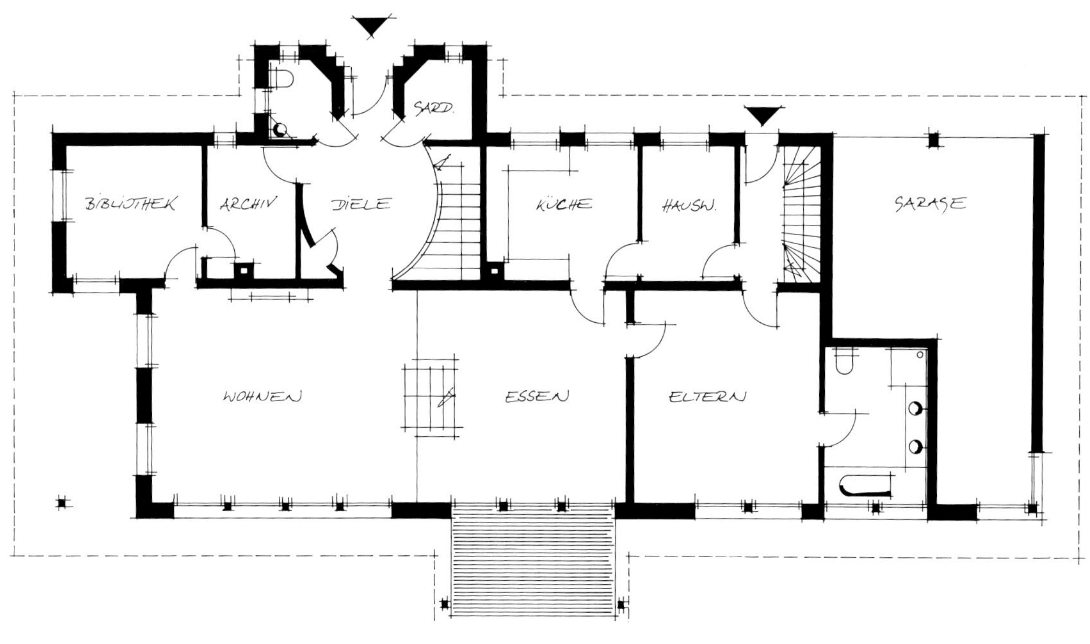

Links: Grundriß Wohngeschoß (M=1:200). Zum Garten hin zeigt das Haus seine ganze Größe und Wohnqualität.

Die Eingangsseite ist aufgrund der Hanglage nur eingeschossig - das Haus gibt sich bescheiden verschlossen. Innen aber lebt es sich dann großzügig. Das Gestaltungskonzept zeigt die Liebe zum Entwurf und einer gekonnten handwerklichen Ausführung.

Ein Einfamilienhaus bei Düsseldorf

Zeitlose Architektursprache

Architekten: Pfeiffer + Ellermann, Lüdinghausen

Die Situation: Das Grundstück liegt in einem Baugebiet mit rechtskräftigem Bebauungsplan, der eine eineinhalbgeschossige Bauweise vorschreibt, aber auch Staffelgeschosse zuläßt - eine Vorschrift, die fast alles an Dachformen erlaubt, aber selten zu einem geschlossenen Straßenbild führt. Die Folge ist architektonischer Wildwuchs. Aus einer solchen Situation kann man nur versuchen, das Beste zu machen. Die Architekten entschieden sich für die Ausbildung eines Staffelgeschosses, um die oft unglücklichen Proportionen, die solche eineinhalbgeschossigen Häuser zwangsläufig haben - zu viel Dach, bei zu wenig Geschoßfläche - und um die lästigen Dachschrägen im Inneren zu vermeiden.

Zwei weitere Grundstücksmerkmale, der hohe Grundwasserstand und die an der südlichen Gartengrenze stehenden Waldbäume, legten einen Sockel nahe, um das Haus dem Grundwasserspiegel und gleichzeitig der Verschattung durch die hohen Bäume zu entziehen.

Das Hauskonzept: Die Grundrisse wurden so organisiert, daß die gemeinsamen Wohnräume und der Elternteil im Erdgeschoß liegen, die Kinder aber ihren Bereich im Staffelgeschoß haben, mit zwei Bädern und je einer eigenen Terrasse.

Der Aufbau der Fassaden folgt den klassischen Regeln: der Baukörper ruht auf einem fein strukturierten Sockel, dem Kellergeschoß, darüber erhebt sich die schlichte Front, deren Symmetrie bewußt durch einige Störungen in den Fenstermaßen ihren üblichen Gestaltungsanspruch verliert. Den Eingang betonen zwei Stützen, die den Türsturz tragen, das eigentliche Haustürelement wurde frei in die gläserne Umrahmung gestellt. Der Einblick ist zulässig und gewünscht, die beschützende Sicherheit vermittelt das massive Türblatt.

Ein filigranes Stabgeländer krönt als umlaufender Kranz das Basisgeschoß und läßt es gleichsam leise ausklingen. Darüber erhebt sich das Staffelgeschoß mit dem leicht geneigten Dach, auch das eine Geste, die das Haus nach oben ganz selbstverständlich abschließt.

Die schmalen hohen Fenstertüren des Wohn- und Eßraumes reichen bis unter die Decke, strecken die nicht sehr hohen Räume und lassen das Sonnenlicht bis tief in das Haus hinein scheinen. Da die einzelnen Flügel mit sechzig Zentimetern sehr schmal sind, stehen sie in geöffnetem Zustand nahezu ganz in den Fensternischen - auch das ein klassisches Motiv, obendrein noch praktisch, da die Türen im Raum nicht stören. Das Haus lebt von seinen ruhigen Proportionen, den kleinen bewußten Brüchen und den Zitaten, die an eine großzügige, gekonnte Wohnkultur anknüpfen. Auf modisches Beiwerk wurde verzichtet. Das Ergebnis ist eine zeitlose, elegante Architektur - ein wenig Patina fehlt noch, aber dann sind die Neubauspuren auch verwischt. Solche Häuser behalten ihren Wert.

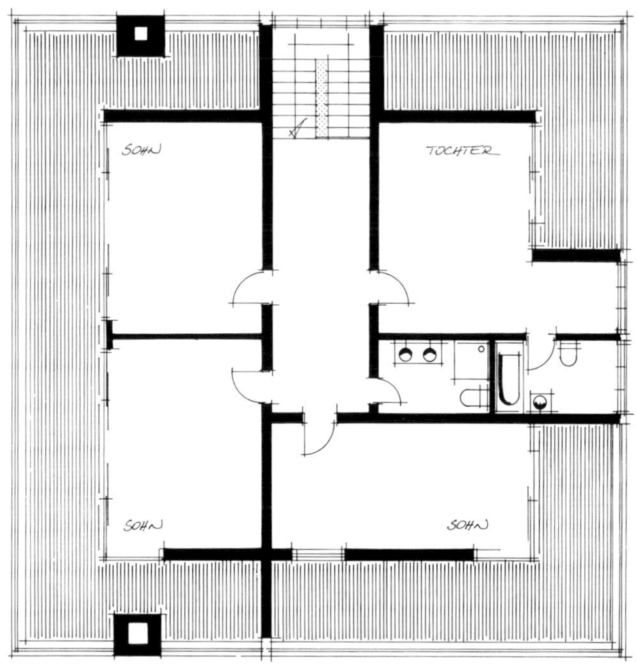

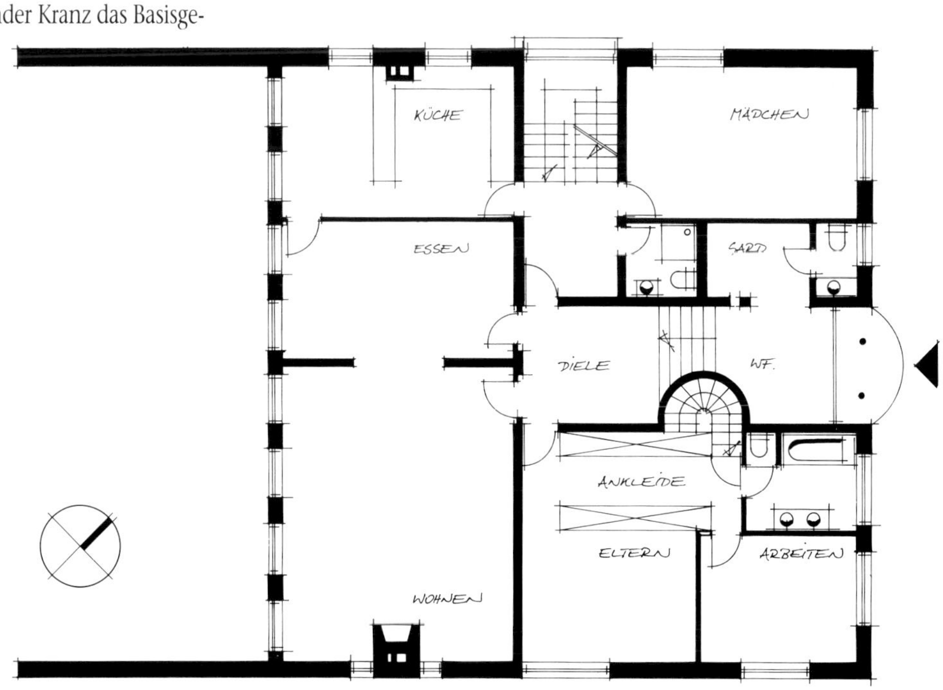

Grundrisse Erdgeschoß und Obergeschoß (M=1:200).

Das eingestellte Treppenhaus wirkt wie eine große Raumplastik in der Halle.
Rechts: Eingang und Gartenfront des elegant zurückhaltenden Baukörpers, der durch seine Prägnanz besticht.

Technische Angaben

Grundstücksgröße: 1555 m²

Wohnfläche

Gesamt: 325 m²
Erdgeschoß: 210 m²
Obergeschoß: 115 m²
Kellergeschoß: 110 m²

Tragkonstruktion

Massiver Mauerwerksbau

Bauweise

Außenwände: 36,5 cm Mauerwerk, beidseitig verputzt
Dachkonstruktion: 32° Pfettendach
Dachdeckung: Naturrote Tondachziegel
Decken: Stahlbetonplatten
Innenwände: Gemauert
Fenster: Holzfenster, weiß lackiert
Bodenbeläge: Stabparkett und Marmor im Erdgeschoß, im Obergeschoß Teppichboden
Treppen: Stahlbeton mit Marmor
Heizungssystem: Gaszentralheizung mit Radiatoren und Fensterkonvektoren

Ein Drei-Generationen-Haus

Architekten: Planungsgruppe dt8, Köln

Das Grundrißprinzip. Das quadratische Haus ist auf einem regelmäßigen Grundrißraster von abwechselnd 4,50/2,25/4,50 Metern aufgebaut. Die schmalen Rasterflächen nehmen die Nebenräume auf, die großen bilden einzeln oder auch addiert die Wohnräume. So entstehen in dem offenen Grundriß weite Durchblicke bis zu 15 Metern Tiefe.

Die Hauptwohnung des Drei-Generationen-Hauses liegt im Erd- und Obergeschoß. Das kleine Appartement im Untergeschoß kann direkt von der Hauptwohnung, aber auch von außen betreten werden. Die Einliegerwohnung über zwei Ebenen hat ihren Eingang im gemeinsamen Windfang im Erdgeschoß.

Die zentrale Lichtkuppel, eine fein strukturierte räumliche Grafik, sorgt für freundliche Helligkeit im Inneren des eher introvertiert angelegten Gebäudes. Alle Räume im Obergeschoß werden durch diese Kuppel zusätzlich belichtet. Ebenso die darunterliegenden beiden Geschosse: Die leichte Stahltreppe mit den gläsernen Stufen vermeidet die Verschattung und führt das von oben einfallende Tageslicht bis hinab in den Keller.

Der Erdgeschoßgrundriß ist offen angelegt, Halle, abgesenkter Wohnraum und Küche bilden eine zusammenhängende Wohnfläche. Die einzelnen Raumeinheiten werden durch Höhenversprünge, Pfeiler und die Zonierung in den Bodenbelägen definiert.

Im Obergeschoß formieren sich die vier Schlafräume gleichwertig um den Lichthof des Treppenhauses. In den schmalen Rasterfeldern liegen die Bäder - eines mit schönem Außenbezug, das andere innenliegend - und ein zusätzliches Gästezimmer.

Die Konstruktion: Dem homogenen 51Zentimeter starken Mauerwerk des Grundkubus wurden Holzkonstruktionen als Anbauteile hinzugefügt, die den Eßraum mit Terrassen, das Einliegertreppenhaus mit dem darüberliegenden Bad und eine vorgelagerte Terrasse als Carport bilden. Der thermisch abtrennbare, zweigeschossige Wintergarten auf der Südseite führt die an Sonnentagen gewonnene Wärme an seinem höchsten Punkt über den natürlichen Auftrieb in die drei wichtigsten Räume der Hauptwohnung, in die beiden Kinderzimmer im Obergeschoß und in die zweigeschossige Wohnhalle. Die dunklen Wände und der Ziegelboden dienen als Wärmespeicher.

Die Materialien: Die konsequente Verwendung der wenigen Baumaterialien läßt diese in ihrer natürlichen, unverdeckten Struktur erfahren: Die Ziegel bestimmen mit ihrer grafischen Struktur und Farbe den Raumeindruck, Innenmaterial ist gleich Außenmaterial, ist

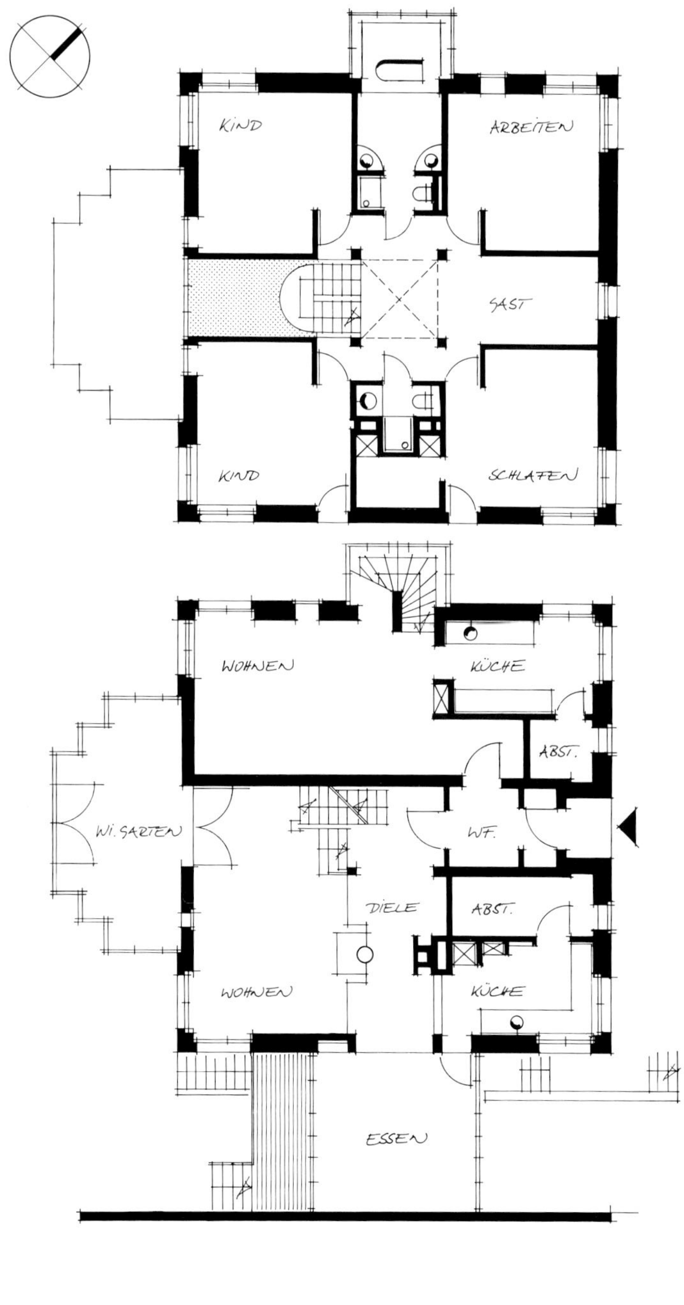

Grundrisse Erdgeschoß und Obergeschoß (M=1:200).

abweisender Wetterschutz und warmer, räumlicher Hintergrund. Auch die Stahlbetondecken sind roh belassen, hier bildet die Schalung den Abdruck für das Material, macht seine Formbarkeit und gleichzeitig seine solide Festigkeit sichtbar. Im Gegensatz zu den Flächen und ihrer skulpturalen Behandlung stehen die linearen Strukturen der anderen Bauteile: Die schmalen Einfassungen der Stahltreppe, die Geländerstäbe, das feine Netzwerk des Oberlichtes, die schmalen Holzbalken mit dem Fugenwerk im Obergeschoß und auch die schlanken Profile mit ihrer Staffelung im Wintergarten.

Technische Angaben

Grundstücksgröße: 650 m²

Wohnfläche

Gesamt: 261m²
Hauptwohnung im Erdgeschoß/Obergeschoß: 159 m²
Zugeordnetes Appartement im Erdgeschoß: 27 m²
Einliegerwohnung im Erdgeschoß/Untergeschoß: 75 m²

Tragkonstruktion

Massiver Mauerwerksbau

Bauweise

Außenwände: Mauerwerk
Dachkonstruktion: Holz
Dachdeckung: Ziegel
Decken: Stahlbeton
Innenwände: Gemauert
Fenster: Holz
Bodenbeläge: Naturstein und Ziegel
Treppen: Stahl
Heizungssystem: Gasheizung

Eingangs- und Gartenfassade des kubischen Baukörpers, der mit sehr einfachen Mitteln und Materialien, aber sehr ungewöhnlichen Proportionen von Flächen und Öffnungen ein hohes Maß an spannungsreicher Ausstrahlung vermittelt.

Links: Betonschalungsmuster, Fugenbild des Mauerwerks und das Raster der großen quadratischen Bodenplatten bestimmen zusammen mit den weiten Blickachsen den Raumeindruck. Die durch die Absenkung bedingte große Raumhöhe steigert noch das kompromißlose Raumgefühl.
Oben: Bad und Galerieumgang im Obergeschoß.

Ein ökologisches Serienhaus

Architekten: Georg W. Reinberg, Wien

Das Konzept: Die Entwicklung dieses Hauses ist ein Forschungsprojekt, das mit dem Ziel verfolgt wurde, ein modulares, erweiterbares Haussystem zu entwickeln, das für Einfamilien- oder Reihenhäuser eingesetzt werden kann. Angesprochen werden Bauinteressierte mit durchschnittlichem Budget und dem Wunsch, ein ökologisch einwandfreies Haus zu bekommen, das mit einem sorgfältig abgestimmten Ausbauprogramm auch stufenweise ergänzt werden kann.

Die Grundriß- und Gebäudeorganisation: Ausgehend von einer annähernden Nord-Südausrichtung ist das Haus den klimatischen Beanspruchungen entsprechend in drei Zonen aufgeteilt, um eine optimale Energieverwertung zu erreichen. Ein nur notwendig temperierter Erschließungsbereich mit Windfang, Garderobe und Treppenhaus dient mit minimierten Fensteröffnungen als Klimapuffer, die Kernzone bilden die Wohn- und Aufenthaltsräume, und nach Süden schließt sich der große Wintergarten als Sonnenkollektor an. Die hier über die Glasflächen gewonnene Wärmeenergie wird durch Konvektion in den Kern- und Eingangsbereich des Hauses geleitet. Die Bepflanzung im Garten mit Laubbäumen rundet das Energiekonzept ab: mit großflächigem Blätterdach als Sonnenschutz im Sommer und freier Sonneneinstrahlung im Winter für den solaren Energiezugewinn.

Das nach Energiegesichtspunkten optimierte Grundrißkonzept wird durch die Verwendung neuartiger Baumaterialien unterstützt: durch spezielle Ziegel, die für die Solarspeicherung entwickelt wurden, durch Lehmbausteine für ein gutes Wohn- und Feuchtigkeitsklima, ein spezielles Wandheizsystem, das raumsparend in den Lehmputz integrierbar ist, und den Einsatz hierarchisch geordneter Energiesparmaßnahmen in den einzelnen Grundrißzonen. Darüber hinaus wurde das Verhältnis von Volumen und Nutzfläche optimiert, um die Wärmeabstrahlflächen gering zu halten. Die Dachkonstruktion ist bereits für den Einsatz von aktiven Sonnenkollektoren vorbereitet.

Besonderer Wert wurde auch auf den Einsatz baubiologisch einwandfreier Materialien gelegt. Es wurden keine Bauschäume, keine FCKW-haltigen Wärmedämmaterialien und keine PVC-Bauteile verwandt.

Für die ökologische Haushaltsführung reicht die Ausstattung vom zentralen Staubsauger (kein Abluftstaub) über die störungsfreie Elektroinstallation (Elektrobiologie) über den Einbau von Humustoiletten, Wärmepumpen, ein automatisches Steuerungssystem für die Wärmerückgewinnung bis zur Ausbildung eines Lehmkellers, Regenwassersammelanlagen und auch speziellen Schuppen für die Mülltrennung. Ergebnis: ein richtungsweisendes Ökohaus mit markanter, ablesbarer Architektur als Dokument des Umweltbewußtseins seiner Bewohner.

Auch wenn sich sicher nicht alle Maßnahmen für andere, konventionelle Gebäudetypen übernehmen lassen, so gibt dieser Bau doch sehr hilfreiche Anregungen, welcher Stand der Technik auf dem Gebiet der ökologischen Architektur inzwischen erreicht werden kann.

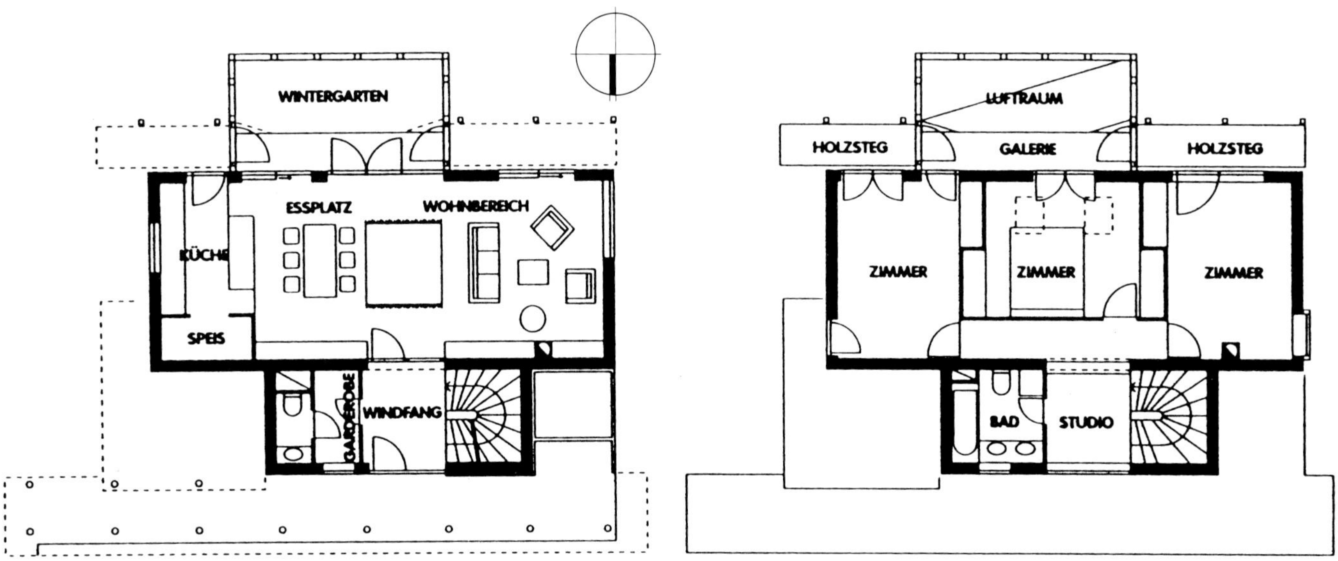

Erdgeschoß und Obergeschoß (M–1.200).

Links: Modell des ökologisch ausgerichteten Serienhauses. Innen bewahrheitet sich, daß qualitätvolle Räume, ein gekonnt wirkungsvoller Materialeinsatz und ein niedriges Baubudget kein Widerspruch sind.

Technische Angaben

Wohnfläche

Gesamt: 129 m²
Erdgeschoß: 58 m² + 12 m² Glashaus
1. Obergeschoß: 59 m²
Kellergeschoß: 83 m²

Tragkonstruktion

Mauerwerksbau

Bauweise

Außenwände: Ziegelmauerwerk mit 12 cm Kork Außenwanddämmung
Dachkonstruktion: Holzdachstuhl mit Korkdämmung
Dachdeckung: Kupfer in Falzdeckung
Decken: Stahlbeton
Innenwände: Lehm- und Gipskarton-Holzständerwerk
Fenster: Holzfenster mit Hochisolierglas k=0,56
Bodenbeläge: Holz + Keramik
Treppen: Beton mit Holzstufen, Holztreppe
Heizungssystem: Gas-Brennwertkessel, Heizkörper als integrierte Wandheizung

Die Südfassade zeigt, welche Elemente die Gestaltung eines Niedrigenergie- und Solarhauses bestimmen. Auf der ganzen Dachfläche liegen die Absorberelemente. Große, traufhohe Sonnenschutzanlagen verhindern die Überhitzung der großflächig verglasten Wohn- und Schlafräume, und ein zweigeschossiger Wintergarten bündelt die Sonnenenergie und leitet sie in das ganze Haus. Oben: Je nach Budgetumfang lassen sich die Innenausbauten gestalten. Auch mit dem Mindeststandard entsteht bereits ein ansehnliches Haus, das das gute Gefühl vermittelt, alles getan zu haben, um den Einfluß von Schadstoffen zu minimieren.

E i n f a m i l i e n h a u s   i m   S c h w a r z w a l d

Eleganz in Holz

Architekt: Prof. Berthold Rosewich, Karlsruhe

Lage und Konzept: Das Baugrundstück - Teil eines ehemaligen Steinbruchs - schließt ein Neubaugebiet Karlsruhes zur Vorgebirgszone des Schwarzwaldes hin ab. Das anfänglich relativ flache Gelände im Westen des Grundstücks läuft auf eine neu angelegte Stützmauer zu und endet auf einer höheren Ebene vor dem Berghang.

Dieser obere, intime Bereich wurde für das auf allen Seiten verglaste Badehaus angelegt, das den hinteren Abschluß des langgestreckten Gebäudes bildet. Davor, tiefer gelegen, erstreckt sich das Wohnhaus.

Dem Konzept offener, großer und weiter Wohnräume, denen sich kleine geschlossene Bad- und Schrankräume anfügen, entspricht die Konstruktion des Holzskeletts mit eingestellten gemauerten Zellen, die zugleich statische Funktionen übernehmen.

Die Wohnräume im westlichen Haustrakt gruppieren sich um eine dreigeschossige Treppenhalle. Sie öffnen sich mit großen Fenstern zur umgebenden parkartigen Landschaft. Nach Norden und Süden wurden die Neben- und Schlafräume angeordnet. Ein Durchgang führt über eine Grundrißerweiterung in den Saunabereich.

Das Obergeschoß folgt diesem klaren Grundrißprinzip. Von einer Galerie aus betritt man den geräumigen Eßbereich, an den sich die langgestreckte Küche anschließt. Gegenüber auf der Ostseite des Hauses befindet sich das Schlafzimmer mit der Folge von Vorraum, Bad und WC. Eine Terrasse führt hinüber zum Badehaus.

Sehr ungewöhnlich wurde die oberste Ebene angelegt. Zwei Baukörper, eine überdachte, pavillonartige Terrasse und das eigentliche Dachgeschoß werden durch eine geschützte, leicht geneigte Brücke verbunden. Das gemeinsame Dach schließt die beiden Gebäude zu einer Einheit zusammen. Die Ausbildung dieser filigran wirkenden Holzkonstruktion nimmt dem Ensemble alle Schwere: Die große Terrasse über dem Badehaus scheint zu schweben, ebenso leicht wirken Brücke und Dach. In einem anderen Material wäre ein solches Konzept kaum vorstellbar.

Die Konstruktion: Ein Grundraster von 2,50 Metern bestimmt sowohl den Grundriß als auch den Aufriß des Gebäudes.

Die tragende Holzkonstruktion wird aus 4-fach Holzstützen (12 x 12) und axial angeordneten Hauptträgern (Bundbalken 16x24) mit aufgelegten Deckenbalken gebildet. In diesem Holzskelett übernehmen die Installationskerne die Aussteifung des Gebäudes gegen Windlasten. Wie die Schornsteine mit den offenen Kaminen sind sie aus großformatigen Kalksandstein-Fasensteinen in Sichtqualität gemauert.

Die gesamte Holzkonstruktion ist im Inneren sichtbar, die Flächen zwischen den grau lasierten Holzrippen sind an der Decke und der Dachuntersicht gemäß ihrer Funktion mit weiß lasierter Holzschalung, auf der Innenseite der Außenwände mit weiß lackierten Gipskartonplatten geschlossen.

Das Parkett aus dunkler Räuchereiche bildet die Basis der Räume. Als Gegensatz dazu unterstreicht eine lichte Farbgebung die Leichtigkeit der Holzkonstruktion.

Grundriß der Eingangsebene im Erdgeschoß (M=1:225).

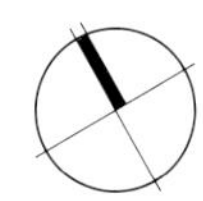

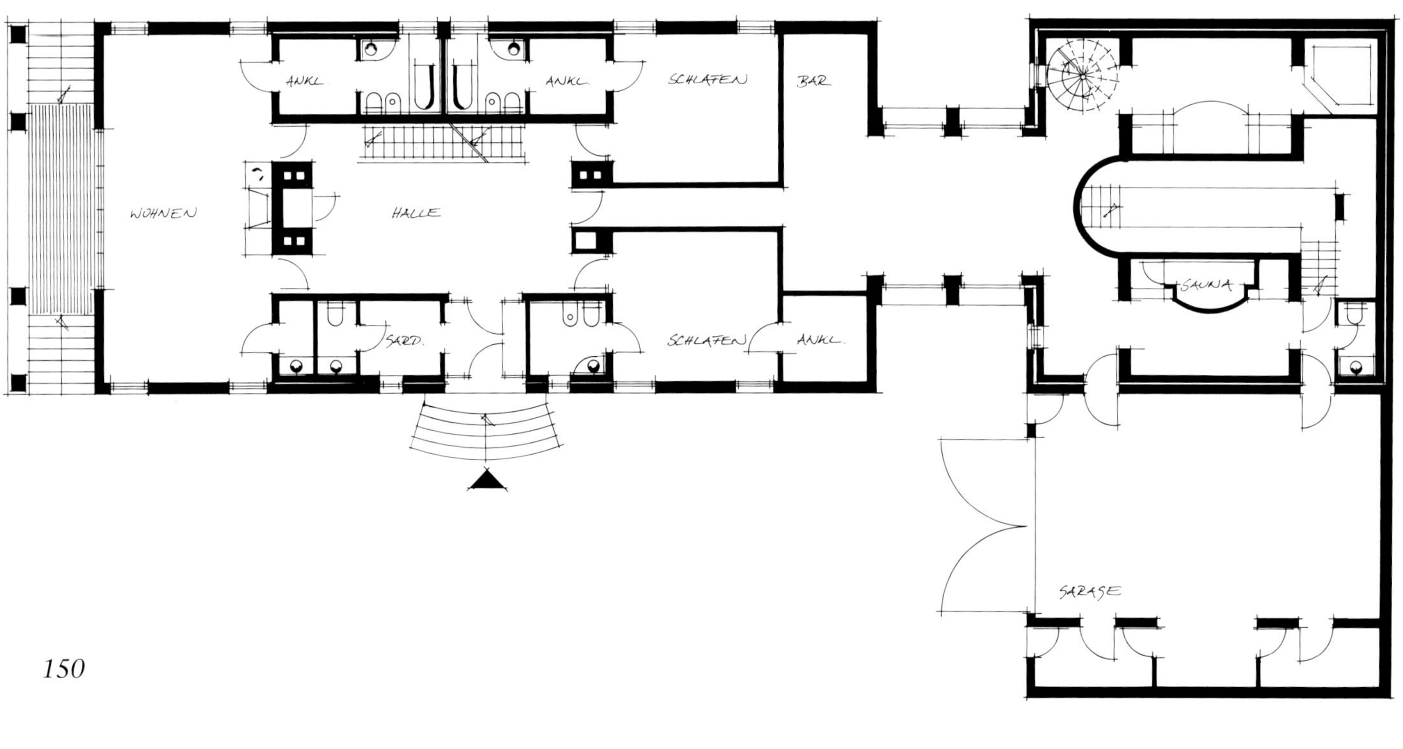

Ganz sicher ist dieser Bau ein luxuriöses, geräumiges Wohnhaus, das sehr großzügige Lebensformen verrät. Gleichzeitig aber vermittelt es eine stille zurückhaltende Selbstverständlichkeit, die in der Ausstrahlung des Materials begründet ist: der Emotionalität des Holzes, das erst einmal vertraut an Hütte, Stall und Landwirtschaft denken läßt. Eine Assoziation, die aber auch das, was sich hinter der Fassade verbirgt, offen läßt. Dieses Projekt ist gleichzeitig ein Beispiel dafür, daß auch elegante Häuser aus Holz sein können - ohne den Dünkel ökologischer Besserwisserei.

Es ist schon ein gewagtes Ansinnen, eine so große und elegante Hausanlage aus dem Werkstoff Holz zu planen. Hier sind es die Dimensionen, die Materialkombinationen und die Farbgebung, die dem Anwesen seine besondere und ungewohnte Ausstrahlung geben.

Technische Angaben

Grundstücksgröße: 3300 m²

Wohnfläche

Gesamt: 363 m²
Erdgeschoß: 157 m²
1. Obergeschoß: 155 m²
2. Obergeschoß: 51m²
Schwimmbad: 97 m²

Tragkonstruktion

Holzskelettbau mit massiven Installationskernen zur Aussteifung

Bauweise

Außenwände: Leistenschalung, Luftschicht, Dämmung, Spanplatte, Rigips
Dachkonstruktion: Holzdachstuhl
Dachdeckung: Titanzink in Falzdeckung
Decken: Holzdecken mit Heizestrich
Innenwände: Sichtmauerwerk aus Kalksandstein, Bäder und Küchen mit Marmorverkleidung
Fenster: Holzschiebe- und Drehfenster
Bodenbeläge: Marmor im Erdgeschoß, Räuchereiche im Obergeschoß
Treppen: Fichtenwangen mit Massivstufen aus verleimter Räuchereiche
Heizungssystem: Fußbodenheizung

Imposant erstreckt sich die Halle über drei Geschosse. Unten: Fast sakral mutet der Zentralraum des separaten Badehauses an.

Analytisch: Wenn die Funktion die Form ergibt

Architekt: Professor Berthold Rosewich, Karlsruhe

Lage und Konzept: Das Baugrundstück liegt an einem Hang, der nach Westen hin abfällt und bildet das untere Ende einer bebauten Zeile. Für den Entwurf war der Wunsch der Bauherren maßgebend, einen großzügigen Gartensitzplatz mit Südlage zu bekommen, der gegen Straße und Einsicht abgeschirmt ist. Der Grundriß wurde daher spiralförmig mit sich öffnenden Gebäudeflügeln angelegt: um den Freisitz gruppieren sich atriumartig drei Gebäudeteile mit Pultdächern in verschiedenen Höhen. Im Ostteil, in den Hang hineingeschoben, liegen im höchsten Hausteil die Wohnräume. In der Mitte, mit Blick nach Süden und direktem Anschluß an die Terrasse liegt der Eßbereich, an den sich im Westen der niedrige Schlaftrakt mit Öffnung zur Morgensonne angliedert.

Da alle Wohnräume auf einer Ebene liegen sollten, ergab die Hanglage im Untergeschoß Räume mit eigenem Zugang für die Kinder. Später kann der untere Teil des Hauses auch als Einliegerwohnung genutzt werden.

Die Materialien: Die Außenwände wurden zweischalig aus Kalksandstein gemauert, außen mit 24/24 Zentimeter Steinen, deren quadratisches Format, im Verband gemauert, der Fassade eine zurückhaltende grafische Struktur gibt. Im Gegensatz dazu bestehen die Innenwände zum Gartenhof aus einer leichten Holzkonstruktion, die vom Eß- und Wohnraum aus ganz durch Schiebetüren geöffnet werden kann. Im Obergeschoß wurde die Holzfassade mit Titanzinkplatten verkleidet, deren einzelne, in Falztechnik ausgebildete Felder auf das Steinmaß antworten.

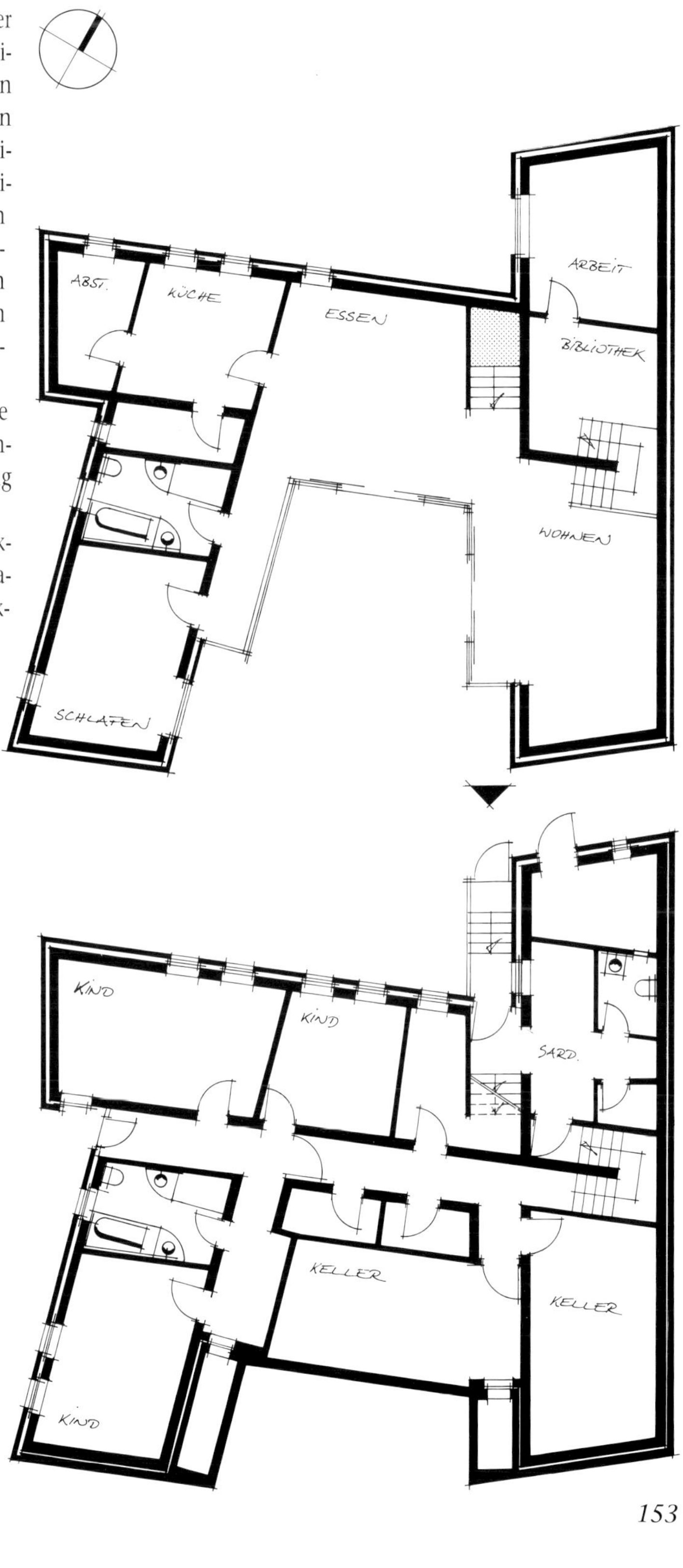

Grundrisse Erdgeschoß und Untergeschoß (M=1:200).

DIE GROSSE UTOPIE

Technische Angaben

Grundstücksgröße: 766 m²

Wohnfläche

Gesamt: 220 m²
Erdgeschoß: 140 m²
Untergeschoß: 80 m²

Tragkonstruktion

Zweischaliges Kalksandsteinmauerwerk

Bauweise

Außenwände: Kalksandstein, außen als Sichtmauerwerk, innen verputzt
Dachkonstruktion: Holzpultdächer
Dachdeckung: Tonziegel und Titanzink
Decken: Ortbeton
Innenwände: Kalksandsteinmauerwerk verputzt
Fenster: Holz
Bodenbeläge: Esche.Hirnholzpflaster
Treppen: Betontreppen mit Holzbelag
Heizungssystem: Gasheizung mit Radiatoren

Links: Der große, über Eck angeordnete Wohn-/ Eßtrakt reicht im eigentlichen Wohnraum an der Fensterfront großzügig über zwei Geschosse. Klar und übersichtlich präsentiert sich das Ensemble aus den spiralförmig angeordneten Haussegmenten. Unten: Die gegen Wind und Einblick geschützte Gartenhofsituation.

Entwurfsprinzip: Das einfache Haus

Architekten: D. Schnebli T. Ammann F. Ruchat-Roncati, Zürich

Die Ausgangssituation: Eine junge Familie mit zwei Kindern wünscht sich ein Haus. Der Bauherr findet einen Bauplatz in einer Einfamilienhauszone einer Vorortgemeinde von Zürich. Die bestehenden Bauten der Nachbarschaft sind kompliziert angelegte, von mediterraner Ferienstimmung geprägte Häuser - von dieser Sorte gibt es noch schlechtere. Aber Bauland im Einzugsbereich von Großstädten ist knapp, da muß man in der Regel Kompromisse machen.

Wie so oft bei Einfamilienhäusern sind die Wohnwünsche der Bauherren nicht ganz kongruent mit dem zur Verfügung stehenden Budget. Hier war es ähnlich, aber der Bauherr hatte Freude am Thema Architektur. Er konnte vom Konzept eines einfachen Hauses überzeugt werden - so ließen sich Wünsche und verfügbares Baugeld in Übereinstimmung bringen.

Das Konzept: Die Wurzeln des Entwurfsprinzips des "einfachen Hauses" liegen in der ländlichen Bautradition des schweizerischen Mittellandes. Von hier stammen Form, Dachneigung, Abmessung, Ausnutzung und Grenzabstände als Folge der lokalen Bauvorschriften. Der Bautypus, der daraus entstand, war in der Regel zweistöckig, ein Kubus mit Giebeldach und einem einstöckigen Anbau mit Pultdach. Dieser diente als Remise für Holz und Wagen. Diese Anordnung wurde im vorliegenden Entwurf übernommen, nur dient hier der Vorbau zur Anlage von zwei Garagen und dem gedeckten Eingang. Das Erdgeschoß ist ganz einfach gegliedert. Ein kleiner Flur führt zur Küche, dem WC und einem Gästezimmer, um die Raumwirkung zu steigern, wurde die Treppe an das Ende des Flures gelegt - das Auge nimmt so den ganzen Raum wahr, nicht nur den Bereich neben der Treppe. Der Weg zum großen Wohnraum wird noch einmal abgestoppt, der Kamin, oberhalb des Brennraumes offen, verwehrt den direkten Zugang und ist wichtige Plastik in dem sonst nüchternen großen Raum. Seinen besonderen Reiz macht zusätzlich die Höhe aus. Die Decke ist quadratisch ausgeschnitten, der Raum zweigeschossig: Großzügigkeit mit wenig Mitteln. Im Obergeschoß schließen an die Galerie die Kinderzimmer an, zwei Bäder schaffen die akustische Abschirmung zum Schlaf- und Arbeitszimmer.

Zur Idee des einfachen Hauses gehört als wesentliches Anliegen die präzise Proportionierung aller Räume in Grundriß und Schnitt und die Sichtbarmachung dieses Prinzips durch eine präzise Lichtführung. Doch das allein genügt nicht, es muß noch unterstützt werden durch die exakte Gestaltung aller baulichen Details - ein solches Haus lebt vom Sein, nicht vom Haben. Und das bedeutet ein Höchstmaß an Sorgfalt in der Planung. Zu bezahlen ist so etwas normalerweise nicht, es sei denn, den Architekten fasziniert die Aufgabe, diesen Widerspruch aufzuheben und mit den wenigen Mitteln dennoch ein überzeugendes Ergebnis zu erzielen. Teuer zu bauen ist einfacher.

Konstruktion und Materialien: Die tragenden Mauern des Hauses wurden in Backstein hergestellt. Sie nehmen die Betondecken auf. Das Dach ist eine einfache Zimmermannskonstruktion, gedeckt mit Blech in strukturierender Falztechnik. Die vorgehängte Fassade, die die Wärmedämmung schützt, besteht aus Eternit in Stulpschalung, sie nimmt das grafische Prinzip

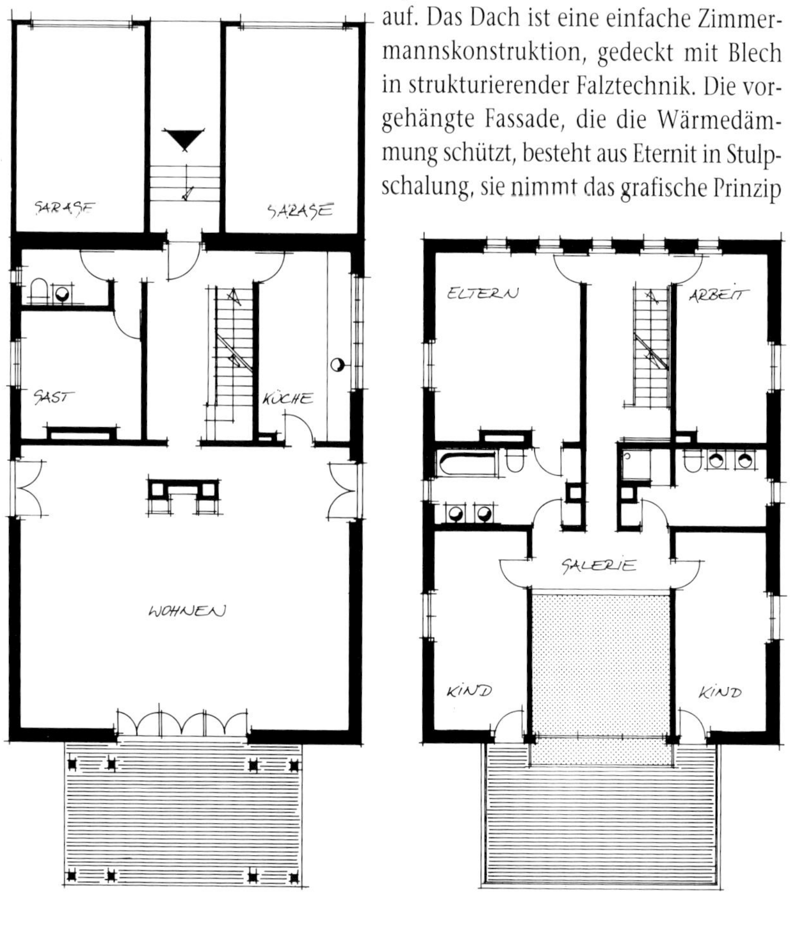

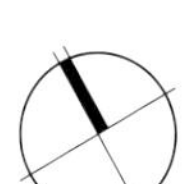

Grundrisse Erdgeschoß und Obergeschoß (M=1:200).

der Dachstruktur ganz einfach horizontal wieder auf.

Die weiß geputzten Wände im Inneren kontrastieren mit den Grautönen des Äußeren. Das Holzparkett der Wohnräume bildet eine warmtonige Reflektionsfläche: farbige Schatten auf den weißen Wänden bringen die Tagesstunden und Jahreszeiten ins Haus.

Das Ergebnis: Die einfache, auf das Wesentliche reduzierte formale Gestaltung lebt von der Präzision der Proportionierung und der Detaillierung des Ganzen und der Teile. So kann auch ein traditioneller, bewährter Bautyp zeitgenössisch interpretiert werden.

Auf den ersten Blick scheint es nur ein schlichtes Haus zu sein. Welche Raffinesse und welche planerische Arbeit sich hinter jedem Detail verbergen, zeigt sich erst bei genauem Hinsehen.

Technische Angaben

Grundstücksgröße: 360 m²

Wohnfläche

Gesamt: 190 m²
Erdgeschoß: 101 m²
Obergeschoß: 89 m²
Dachgeschoßebene: zusätzlich 42 m²
Kellergeschoß: 97 m²

Tragkonstruktion

Mauerwerksbau

Bauweise

Außenwände: Mauerwerk, Dämmung, Eternitschalung
Dachkonstruktion: Holz-Zimmermannskonstruktion
Dachdeckung: Kupfer-Titanzinkblech
Decken: Stahlbeton
Innenwände: Mauerwerk
Fenster: Holz
Bodenbeläge: Holzparkett und Granit in den Naßräumen
Treppen: Beton
Heizungssystem: Ölheizung

Klein, aber sehr stimmig präsentiert sich das Studio unter dem Dach. Das "magische Auge" belichtet über einen Schacht auch das Innere des Hauses. Unten: Der im vorderen Teil über zwei Geschosse reichende Wohnraum.

Die nach oben offene Kaminwand bildet das Entrée zum Wohnraum - und auf dem Dach ergibt sich eine sehr stimmige Schornsteinsituation. Unten: Den geschützt zurückliegenden Eingang flankieren gestenreich die beiden Garagen.

Vorbildliche Architektur: Oder vom selbstverständlichen Umgang mit der Baubiologie

Architektin: Mechtild F. Schoenberger, Ammerland

Das Konzept. Das Raumprogramm für dieses Haus wurde für eine fünfköpfige Familie, ein Appartement für die Haushaltshilfe und ein abgeschlossener Arbeitsbereich für das Architekturbüro der Bauherrin konzipiert. Neben der Erfüllung des Raumprogrammes gab es zwei wichtige Anliegen. Zum einen die Grundstückssituation, ein leicht geneigter Hang mit altem Eichenbestand am Starnberger See und Nachbarschaft zu historischen Gebäuden aus dem siebzehnten Jahrhundert. An diese architektonische Tradition sollte der Entwurf anknüpfen, ohne allerdings das formale Vokabular zu zitieren oder gar zu übernehmen. Vielmehr mußte eine ebenbürtige bauliche Lösung gefunden werden, die den Lebensvorstellungen der Hausbewohner nach einem offenen Grundriß entspricht. Die zweite Forderung war, dieses Haus so gesund wie möglich zu bauen, die Materialien und den Einsatz der technischen Mittel sehr strengen ökologischen Maßstäben zu unterwerfen, gleichzeitig aber eine architektonische Eleganz zu erzielen. Baubiologie nicht als formales Credo, sondern als notwendiger, zurückhaltend dienender Rahmen, ein Anspruch, dessen Erfüllung bisher nur in wenigen Fällen - wie in diesem beispielhaften - wirklich gelungen ist.

Das Erfolgsrezept liegt in ganz wenigen klaren Entscheidungen: anknüpfen an die Tradition des klassischen Seeuferhauses, wie es hier seit Jahrhunderten selbstbewußt in die Landschaft gesetzt wurde und eine Form finden, die sich nicht abnutzt, die nicht einem kurzlebigen Modetrend folgt, sondern Bewährtes neu interpretiert. Darüber hinaus eine kluge Materialauswahl treffen, die das architektonische Konzept visualisiert, seinen Anspruch auf Eleganz und die Verantwortung für die Menschen, die in diesem Haus wohnen, verwirklicht.

Der Grundriß: Der Eingangsbereich an der Westseite des Hauses gibt den Blick frei auf die ganze Haustiefe von siebzehn Metern, auf den Wohnbereich, dann zum Eßzimmer und schließlich, wie die Andeutung einer Einladung, auf den überdachten Sitzplatz und den Garten. Zur Halle hin wurden die Bibliothek und das kleine Appartement orientiert, das so einen eigenen Vorraum erhält. Durch das Eingehen auf die Hangsituation konnte der Wohnraum um zwei Stufen abgesenkt werden, genau auf das passende Maß, um der Raumfolge die nötige Höhe für die richtigen Proportionen zu geben. Die Küche wendet sich offen dem Eßzimmer zu, eine Speisekammer nach bewährtem Vorbild sorgt für den nötigen Stauraum.

Im Obergeschoß liegen aufgereiht die vier Schlafzimmer, die der Kinder jeweils mit eigenem Westbalkon. Vom Flur aus führt eine Stiege in das Dachgeschoß zum Atelier der Architektin.

Die Materialien: Dem Wunsch nach gesunden Baumaterialien entsprechend, wurde auf Kunststoffe und Bauschäume verzichtet. Vielmehr wurden Hohlräume zum Beispiel mit Kokoswolle ausgestopft, der Putz mit Kalkfarbe gestrichen und als Wärmedämmstoff Kork anstelle von leichten Dämmplatten oder Fasermatten eingesetzt. Die Verwendung der Hölzer erfolgte nach dem Grad ihrer Beanspruchung. Hartholz für stark beanspruchte Teile, die Fußböden, Treppenstufen und die Knaggen an den Unterzügen sind aus Eiche, die Fenster und Türen dagegen aus Kiefer. Der große Dachüberstand und die holzgerechte Detaillierung sorgen als konstruktiver Holzschutz dafür, daß es nicht zu stehendem Wasser und damit zu Fäulnisbildung kommt. Der Lasuranstrich der Holzfassade, ein Naturharzöl, hat eine schützende Funktion im Sinne einer Imprägnierung, er antizipiert nur das Bild der natürlichen Verwitterung. Insgesamt ein Materialeinsatz, der große Kennerschaft im Umgang mit dem Baustoff Holz verrät. Vorbildhaft.

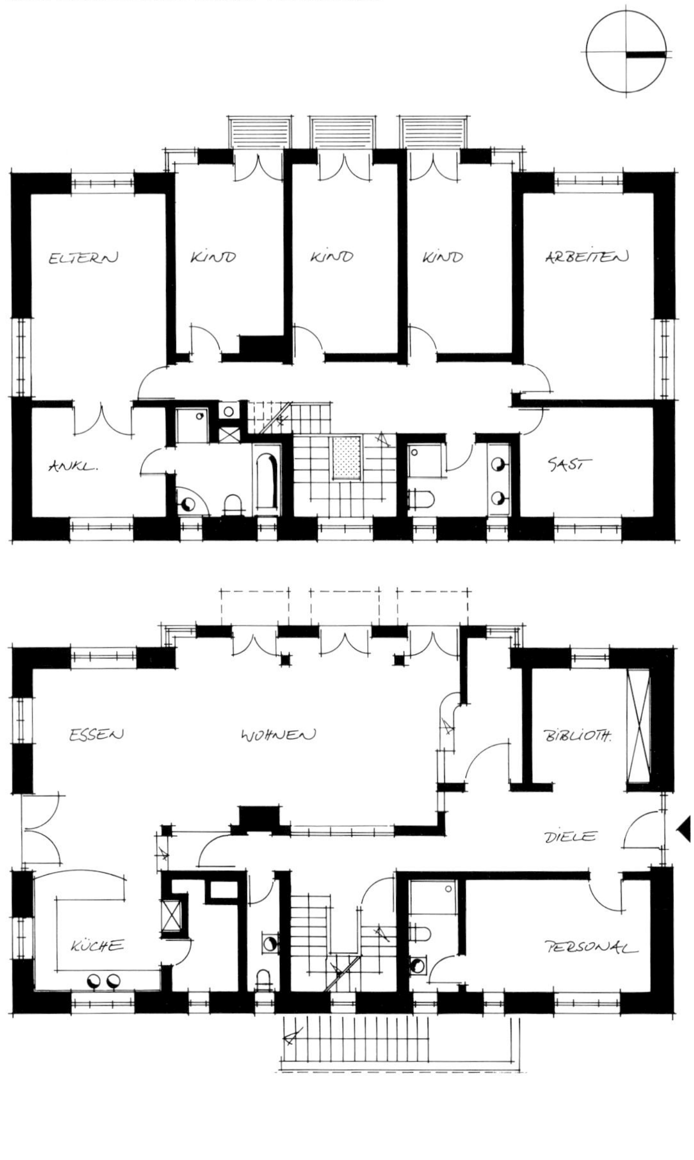

Grundrisse Erdgeschoß und Obergeschoß (M=1:200).

Unter dem Dach liegt das zur Konzentration anhaltende Studio der Architektin. Den herrlichen Ausblick mit Bodenkontakt gibt es - und der Gegensatz ist Intention - nur in den Wohngeschossen.

Die Architektur beginnt am Gartenzaun. Eine Geste, die sagen will, Kultur ist das Ergebnis einer ständigen Verfeinerung - solange sie ein selbstverständliches Maß nicht überschreitet. Dieses scheint der Grundsatz beim Umgang mit der Planung dieses Hauses gewesen zu sein.

Technische Angaben

Grundstücksgröße: 2500 m²

Wohnfläche

Gesamt: 255 m²
Erdgeschoß: 115 m²
Obergeschoß: 115 m²
Speicher: 25 m²
Kellergeschoß: 100 m²

Tragkonstruktion

Mauerwerksbau

Bauweise

Außenwände: Ziegelmauerwerk mit 10 cm Kork-Außenwanddämmung, Luftschicht und Deckleistenschalung
Dachkonstruktion: Holz-Pfettendachstuhl
Dachdeckung: Ziegel, Vordach Titanzink
Decken: Kellerdecke als Ziegelelementdecke, ab Erdgeschoß Holzbalkendecken
Innenwände: Mauerwerk verputzt mit weißem Kalkanstrich
Fenster: Holzfenster Kiefer natur
Bodenbeläge: Im Keller Kork, Diele und Küche in Marmor, Bäder in Glasmosaik, alle anderen Flächen in Eichenmassivparkett
Treppen: Holztreppe
Heizungssystem: Ölzentralheizung mit zusätzlichem Kachelgrundofen
Regenwassersammelanlage für die Toiletten und die Gartenbewässerung

Oben: Der Eingang.
Mitte: Der ländlichen Situation entsprechend verbreitet im Wohnraum der Kachelofen seine gemütliche Wärme.
Unten: Neben dem Eingang liegt halboffen die Bibliothek - für alle zugänglich.

Die Architektur als Skulptur

Architekt: Professor Thomas Spiegelhalter, Freiburg

Idee und Konzept: Niemand wollte sie mehr, die als unbrauchbar eingestuften Materialien und Konstruktionselemente stillgelegter Kieswerkanlagen - hier finden sie ihre Wiederverwendung und neue Bestimmung: in einem Wohn- und Studiohaus.

Nach intensiven Standortuntersuchungen mit geeigneten Bebauungsplanvoraussetzungen - solche Häuser sind ja nicht jedermanns Sache - entstand im Hafengebiet von Breisach ein Gebäude in acht unterschiedlichen Ebenen für acht Bewohner mit einer integrierten Medien- und Mehrzweckhalle.

Der Architekt beschreibt sein Konzept selber so: Das mit Bauschutt modellierte, sich später selbst überlassene Gelände fügt den durch seine zeitbewegte Formgebung landschaftsbezogenen Skulpturtrakt organisch in die Umgebung des Hafengebietes ein. Die insektenhafte Bewegung des Hauses ergibt sich aus der Überlagerung unterschiedlicher Raumkomplexe und ihrer Stützung, die der Erdschwere optisch entgegenwirken. Der so entstehende kinetische Eindruck wird von innen nach außen durch acht Durchdringungsebenen und -körper sowie deren weithin sichtbare Solarmodule im Südbereich und dem gelenkartig angebundenen Raumfachwerk im Westen prozeßhaft verstärkt.

Die größtenteils solarverglaste Längsfront als thermisch vorgelagerte Pufferzone orientiert und öffnet sich im Südbereich zur Sonne, ermöglicht ganzjährig passive Sonnenenergienutzung. Vor dieser werden die Solargeneratoren und Kollektoren integrierend angeordnet und dienen gleichzeitig in ihrer ästhetischen und funktionalen Rolle als Überdachung und Windfang in den Eingangsbereich zur Medien- und Wohnhalle. Neben der sinnlich erfahrbaren, schwebenden Geometrie der Solarmodule wirkt das von den Jahreszeiten abhängige, prozeßhafte Entstehen und Vergehen der jeweiligen Pflanzenbiotope im Inneren und im thermisch getrennten Äußeren der begrünten Gebäude-Skulptur. Sonnenkollektor- und Solargeneratorsysteme, Bad, WC, Küche, Ver- und Entsorgungsräume und die Regenwassersammelanlage bilden von oben nach unten über sechzehn versetzte Ebenen einen technisch-künstlerischen Zusammenhang.

Vertikal-diagonales Erschließungselement aller Ebenen und Körper ist die Eingangs- und Treppenhalle, die ihrerseits über eine geschwungene Stahlrampenbrücke mit dem solarverglasten Gewächshaus, dem Wohnhallenbereich im Südwesten und über eine behindertengerechte Rampe der im Gelände vertieften Medienhalle verbunden ist.

Das Primärsystem: Ausführung in massiver, hochwärmegedämmter Niedrigenergiebauweise, Geschoßdecken mit Betonfertigteilen. Konstruktive Elemente, Additionen, Subtraktionen, Verbindungen und Durchdringungen werden in ihren Entstehungszustän-

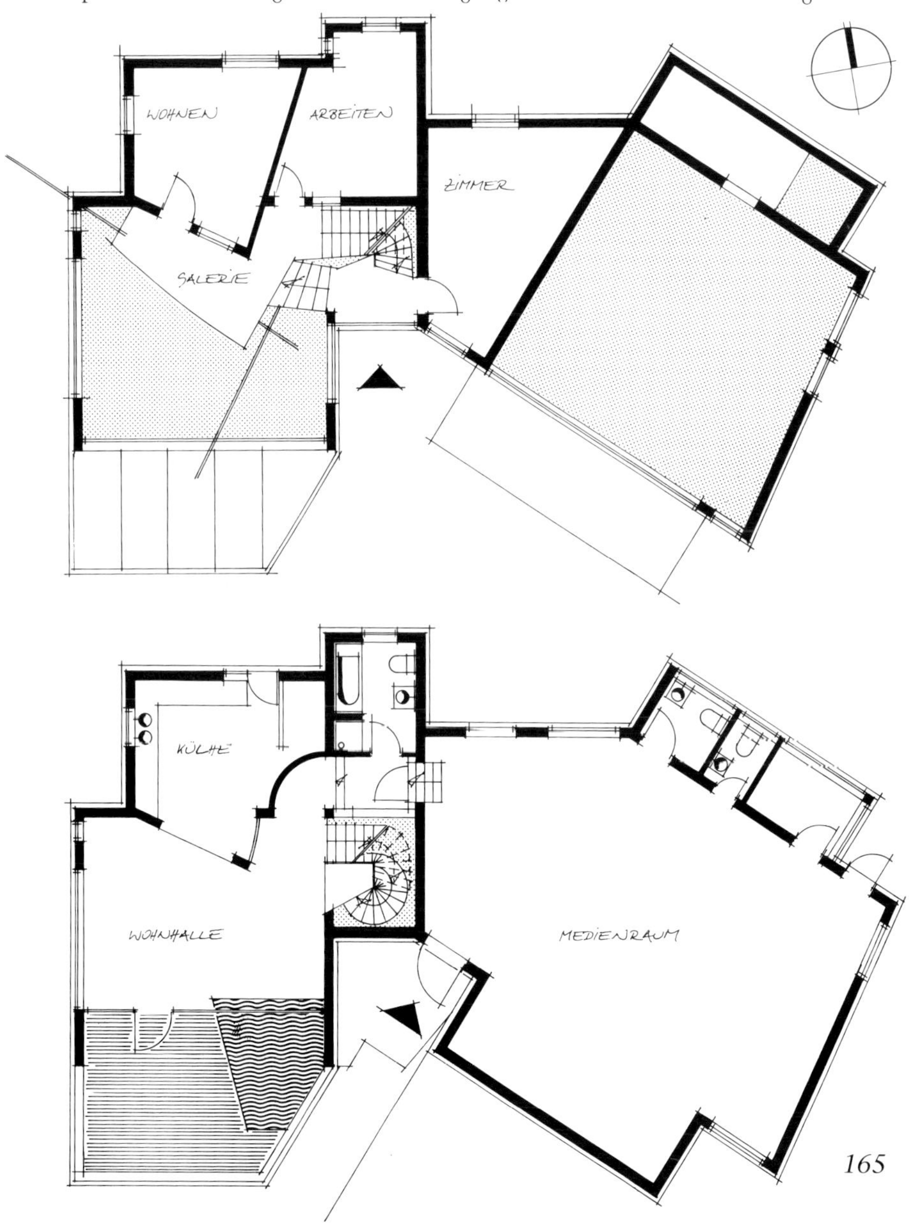

Grundrisse Erdgeschoß und Obergeschoß (M=1:200).

den ablesbar belassen. Maurer- und Stahlbetonarbeiten, sägerauhe, ungehobelte Holzarbeiten werden nicht materialaufwendig in Textur und Struktur veredelt, sondern substantiell erhalten, teilweise wie ein Aquarell lasiert, Spuren und Prozesse dokumentierend.

Das Sekundärsystem: Leichtbauelemente wiederverwendeter Kieswerkkonstruktionen, Energiegewinnungsmulde und Regenwasseranlage sind in ihrem Durchdringungs- und Anschlußbereich thermisch vom Baukörper getrennt und gleichzeitig mit ihm in seiner kinetischen Struktur verbunden.

Die baurechtliche Situation: Um überhaupt eine Möglichkeit zur Genehmigung für dieses Projekt zu erhalten, wurden Befreiungsanträge im Sinne eines Gesamtbefreiungsantrages gestellt. Mit Erfolg. Die Baueingabe wurde schließlich als Forschungsprojekt ohne Auflagen genehmigt. Diesem Ergebnis ging allerdings eine zweieinhalbjährige Grundstückssuche in zahlreichen Gemeinden voraus, ehe das brachliegende Hafengelände im Außenbereich eines Bebauungsplanes (Mischgebiet) gefunden wurde.

Dieses Projekt ist Beispiel einer experimentellen Architektur. Es ist nicht übertragbar, so wie die künstlerische Aussage einer Skulptur auch nur Anregung sein kann zum Nachdenken, niemals zur sklavischen Kopie. Was sich hier so augenfällig dekonstruktiv gibt, ist der Versuch, paukenschlagartig ein Zeichen zu setzen, daß Architektur auch das Experiment braucht, um neue Entwicklungen einzuleiten, gedanklich, künstlerisch-formal und ökologisch. In diesem Sinne ist die gezeigte Architekturskulptur sehr viel mehr als nur ein Wagnis, sie ist Denkanstoß und erste Lösung zugleich.

Oben: Architektur als mahnende Plastik: Die Zeit der Wegwerfgesellschaft ist am Ende, was einmal für sinnvolle Zwecke produziert wurde, wartet nur darauf, intelligent neu eingesetzt oder bestenfalls ergänzt zu werden.
Links: Wenn die Mittel beschränkt sind, dann bedarf es der kompromißlosen Kreativität.

Technische Angaben

Grundstücksgröße: 1715 m²

Wohnfläche und Nutzfläche

Gesamt: 613 m²
Erdgeschoß: 205 m²
Zwischengeschoß: 81 m²
Dachgeschoß: 194 m²
Untergeschoß: 133 m²

Tragkonstruktion

Stahlkonstruktion

Bauweise

Außenwände: Kalksandsteinmauerwerk mit Mineralfaserdämmung und Thermohaut
Dachkonstruktion: Holzkonstruktion
Dachdeckung: Feuerverzinktes Wellstahlblech
Decken: Stahlbeton Fertigteildecken
Innenwände: Kalksandstein und Stahlbeton
Fenster: Holzfenster mit Zweifachwärmeschutzverglasung
Bodenbeläge: Trockenestrich und lasierte Spanplatten
Treppen: Stahl-Holzkonstruktion

Einfamilienhaus im Schwarzwald

Provozierende Qualität

Architekt: Guido Spütz, Berlin

Das Grundstück: Dieses Haus fügt sich nicht ein, es drängt sich vor - wächst aus der Landschaft heraus und ist doch kein Fremdkörper. Die exponierte Lage an einem Südhang mit Blick auf die Stadt und spektakulärer Aussicht auf die Berge war für Auftraggeber und Architekt ideale Ausgangsbedingung. Der Neubau krönt eine Gruppe älterer Häuser an der oberen Bergstraße, bildet gleichsam den Abschluß der Stadt und die Überleitung zur Natur. Diesen Übergang betont auch die das Grundstück umgebende Wiese, Standort für ein städtisches Haus, das die Nähe zur Natur sucht: auf dem unberührten Hang sind die häufig vorbeiziehenden Schafherden der Umgebung willkommene Gäste.

Das Konzept: Der würfelförmige Baukörper wurde geradezu provozierend an den Hang gestellt. Nur sein über die ganze Breite reichendes Satteldach nimmt Bezug auf die ortsübliche Bauform, als Zugeständnis an den Bebauungsplan. Später soll es die Absorberflächen für die aktive Solarnutzung aufnehmen und ist dann vielleicht einmal ein überzeugendes Beispiel, wie man befriedigend mit diesen architektonischen Fremdkörpern umgeht.

Die zentrale Erschließungslinie, eine das ganze Haus durchdringende Treppenanlage, folgt dem natürlichen Geländegefälle bis auf die oberste Ebene. Auf dem Weg dorthin schafft sie die Zugänge zu den einzelnen Wohnbereichen, denen sie gleichzeitig ihre räumliche Begrenzung gibt. Vor allem aber eröffnet sie Achsen und Perspektiven, die kein Ende finden wollen, eine gelungene Dramaturgie, die vom obersten Punkt aus den gesamten Kubus des Hauses erleben läßt. Vertikale und horizontale Transparenz im Inneren scheinen die Mauern des Hauses aufheben zu wollen, so stark ist der visuelle Bezug zur Landschaft. Und doch behalten die einzelnen Räume ihre Geborgenheit, stehen im Zusammenhang mit dem jeweiligen Gegenüber, oder bilden Raum im Raum-Situationen, die dem offenen Haus auch seine Geborgenheit geben. Die nach Süden orientierten Wohn- und Schlafräume bieten überall mit ihren großen Glasflächen einen faszinierend weitwinkligen Panoramablick und dienen gleichzeitig dem passiven Energiegewinn. Den gegenteiligen Effekt erzielt die indirekte Belichtung der rückwärtigen Räume über eine gläserne Raupe, die sich in ganzer Breite über den im Hang liegenden Baukörper erstreckt.

Alle Haupträume sind etwa gleich groß und lassen sich dadurch leicht in ihrer Funktion verändern. Sie sind also nicht auf ihre derzeitige Benutzung fixiert - ein Raumprinzip, das den Reiz der großen Villen der Jahrhundertwende ausgemacht hat. Es ist das Gefühl von Freiheit, ein Haus den Lebensgewohnheiten anpassen zu können - und nicht umgekehrt. Als Stichwort seien die Grundrisse der Fertighäuser genannt...

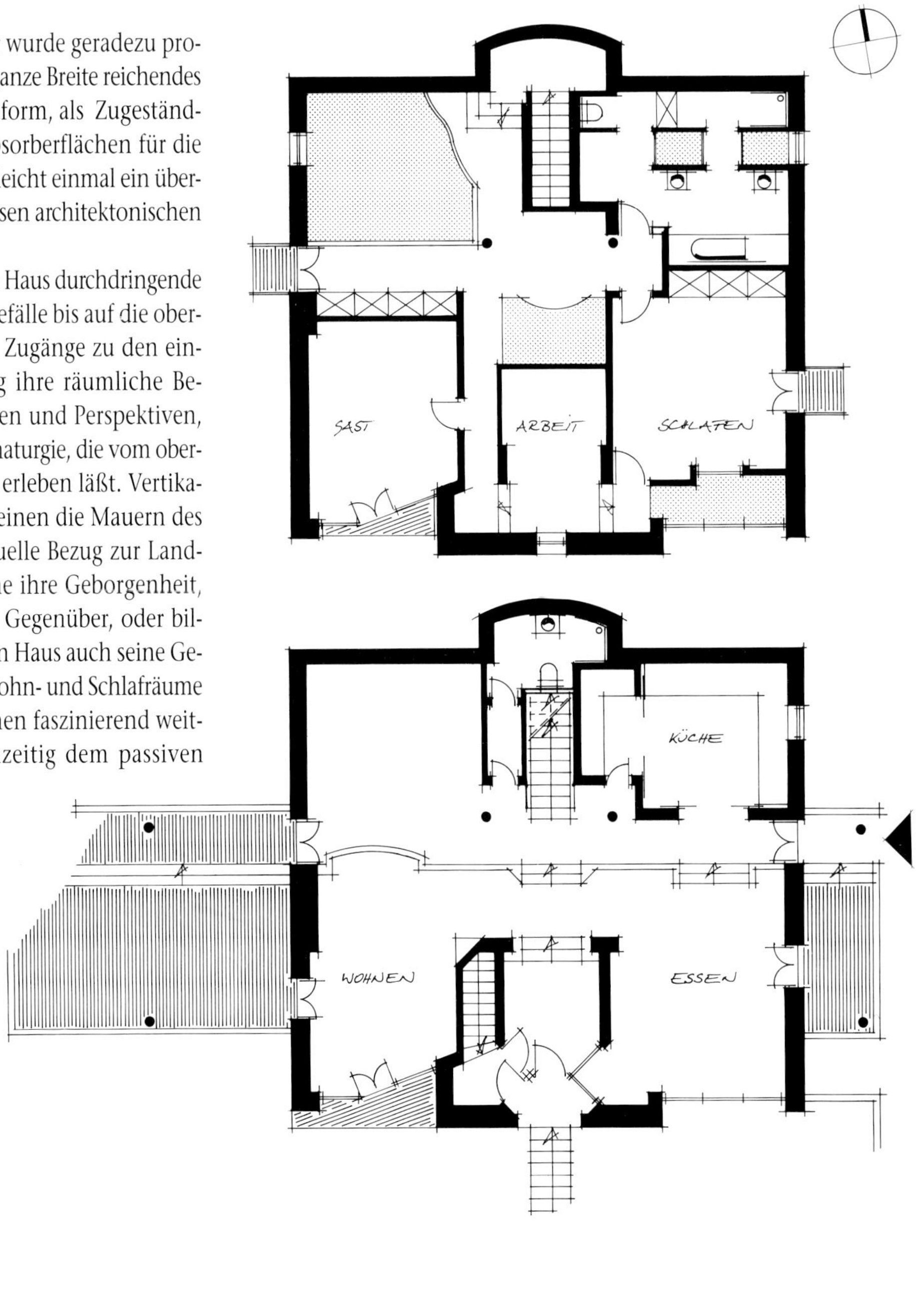

Grundrisse Erdgeschoß und Obergeschoß (M=1:200).

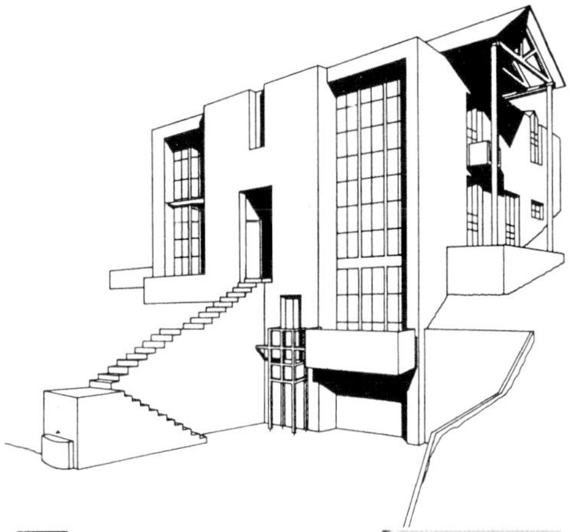

Die Materialien: Wenige, sorgfältig verarbeitete Materialien bestimmen das Innere des Baues. Glatte Putzflächen, die sich zu Kuben und freien Formen addieren, wirken im Zusammenspiel mit dem Licht wie Raumplastiken - ihre Kantigkeit wird aber immer wieder durch die feine Detaillierung, zum Beispiel eines Galeriegeländers, aufgehoben. Die an bewährte Traditionen anknüpfende Bearbeitung der unterschiedlichen Bauteile und ihre ablesbare Verbindung aus Form und Funktion zeigen auf der einen Seite die Freude an der Gestaltung, sie haben andererseits bei den örtlichen Handwerkern schnell dazu geführt, das Mißtrauen gegen den anfangs so provozierenden Neubau zu nehmen.

Das zentrale Lichtband schafft einen kathedralenartigen Charakter in der Halle.

Technische Angaben

Wohnfläche

Gesamt: 260 m²
Kellergeschoß: 30 m²
Erdgeschoß: 110 m²
Obergeschoß: 100 m²
Einliegerwohnung: 50 m²

Tragkonstruktion

Massiver Mauerwerksbau

Bauweise

Außenwände: 49 cm starkes Porenziegelmauerwerk
Dachkonstruktion: Holzdachstuhl
Dachdeckung: Ziegel
Decken: Stahlbeton
Innenwände: Mauerwerk
Fenster: Holzfenster
Bodenbeläge: Marmor, Teppich
Treppen: Stahlbeton mit Marmorbelag

Links: Die illuminierte Eingangsseite. Der gerade Treppenlauf wird innen dramatisch fortgesetzt: als "scala regia" macht die Treppenanlage dieses Haus unverwechselbar.
Oben: Unmerklich durchschneidet sie das Wohngeschoß - und doch ist sie ein wichtiger Teiler und Mittler zwischen den Räumen.

Überzeugende Symbiose von Architektur und Landschaft

Architekt: Professor Peter Stürzebecher, Hamburg, Berlin

Die Lage: Das Grundstück liegt in Gleisweiler im Pfälzerwald, einem der markanten Weinorte: ein kleinteiliges Ensemble mit klarer Architektur und schnörkellosen Gassen.

Der Bauweise und dem formalen Rahmen entspricht der Entwurf des Hauses. Es ist gestalterisch streng, in der Maßstäblichkeit diszipliniert und in der Materialwahl angepaßt und einfach. Die langgestreckte T-Form bildet eine schmale Kontur, die sich dem landschaftlichen Charakter soweit unterordnet, daß kein Baum gefällt werden und in die ursprüngliche Vegetation des Hanggrundstückes nur geringfügig eingegriffen werden mußte.

Das Konzept: Nach dem Prinzip "Haus im Haus" verbindet eine zentrale Treppe, die frei in eine Glashauskonstruktion eingestellt ist, die beiden Wohnebenen - mehr Wintergarten als Treppenhaus. Auch im vertikalen Schnitt wird das Haus in seiner T-Form wahrnehmbar. Die eingeschnittenen Zugänge zur unteren Ebene, begleitet von einzelnen Stützen, wirken arkadenähnlich. Erst in der oberen Ebene erhält das Haus seine volle Breite, den oberen T-Schenkel.

Mit dem Konzept der räumlichen Anlage in T-Form wurde auch versucht, der Lage des Hauses im Wald zu entsprechen und den Bodenkontakt schonend zu minimieren.

Die Materialien: Mit ortsüblichem Sandstein wurde der massive Sockel verkleidet. Darüber und teilweise bis zur unteren Ebene hinabreichend, entstand ein filigraner Holzskelettbau mit waagerechter Holzbeplankung. Die transparente lichtblaue Lasur des Holzes kontrastiert behutsam zum Grün-Braun der bewaldeten Umgebung. Das Dach greift die traditionelle Deckung des Ortes auf, Biberschwänze in naturrotem Farbton.

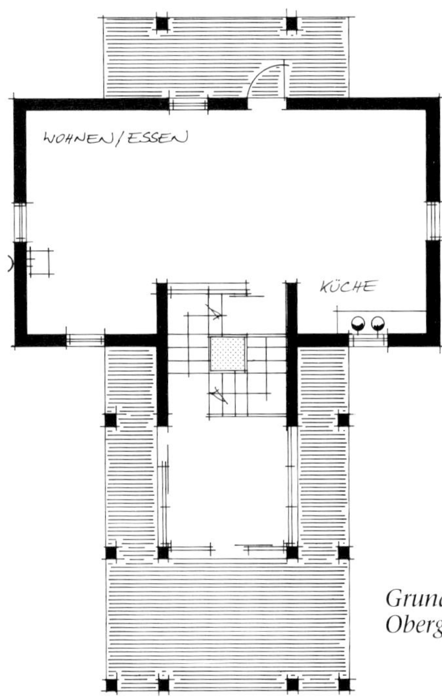

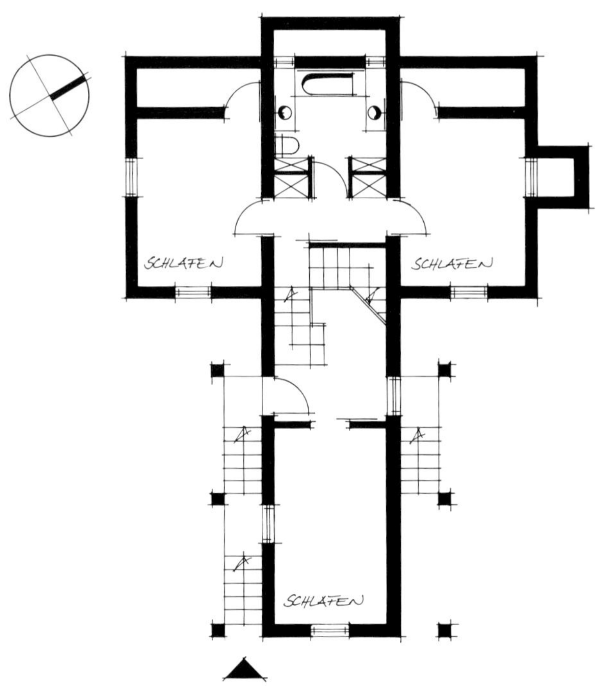

Grundrisse Erdgeschoß und Obergeschoß (M=1:200).

Architektur zu machen, heißt auch, sich der Natur zu bedienen. Es ist nur eine Frage des Wie. Dieses Haus scheint die Natur ganz selbstverständlich zu akzeptieren.

Technische Angaben

Grundstücksgröße: 420 m²

Wohnfläche

Gesamt: 145 m²
Erdgeschoß: 75 m²
Obergeschoß: 70 m²

Tragkonstruktion

Kombinierte Massiv- und Skelettkonstruktion; Stahlbeton, Stahl und Holz

Bauweise

Außenwände: Stahlbeton und Holzständerwerk mit äußerer Stülpschalung, innen Spanplatten

Dachkonstruktion

Pfettendachstuhl aus Bauholz mit sichtbaren Stahlunterzügen
Dachdeckung: Biberschwanzdeckung
Decken: Holzdecken mit Dielenbelag
Innenwände: Stahlbeton
Fenster: Holz
Bodenbeläge: Buchenholzdielen
Treppen: Stahlkonstruktion mit Buchenholzstufen
Heizungssystem: Elektroheizung mit zusätzlichem Kaminofen

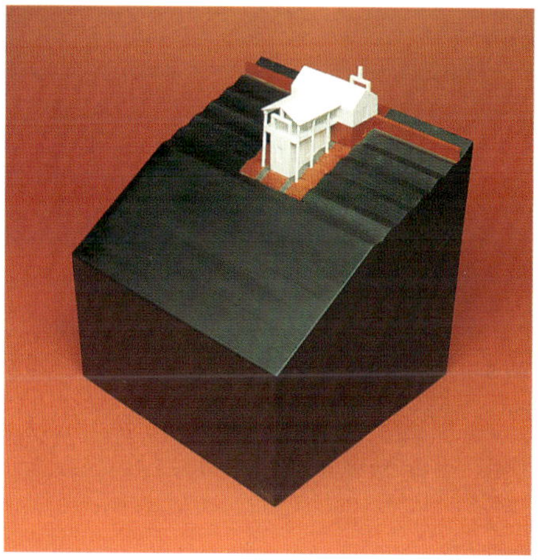

Das Modell macht deutlich, wie behutsam sich das Haus abstützt, um so wenig wie möglich den gewachsenen Boden zu zerstören.
Oben: Die Details folgen in ihrer Gestaltung klar der Funktion: Was belastet, muß getragen werden (Stütze und Balken unter dem First), was nur schützen soll (das Geländer), muß auch nur solide halten.

Oben: Die offene Küche verbirgt sich hinter dem Tresen. Rechts: Bei diesem Blick versteht man das Anliegen, Natur und Architektur in einen harmonischen Gleichklang bringen zu wollen.

Kleine Stadtvillen in Berlin

Überzeugend: Grüne Häuser auf kleiner Fläche

Architekt: Professor Peter Stürzebecher, Berlin, Hamburg

Das Programm: Im Rahmen der Bundesgartenschau entstand das Konzept für eine Siedlung von 44 Häusern auf kleiner Fläche. Das Ziel der Integration von Haus und Garten, von Außen und Innen, wurde begleitet vom Kontext der Kosten- und Energieeinsparung und der Ökologie. Die Bandbreite der unterschiedlichen Architektur- und Wohnvorstellungen reicht von Reihenhäusern über Vielfamilienhäuser bis hin zur disziplinierten Gruppierung von kleinen Stadtvillen. Eine davon wird hier stellvertretend vorgestellt.

Der Bautypus im architektonischen Vokabular der klassischen Stadtvilla wird in drei unterschiedlich großen Versionen variiert und thematisiert - im Äußeren mit Zeltdach, kantiger Wandstellung, Balkon, Freitreppe und runder Dachgaube. Im Inneren mit Galerie, Spindeltreppe und offener Raumüberlagerung. Als Häuser mit System, ganz in Holz, wurden sie für Familien konstruiert, um deren Lebenswünsche und -verhältnisse herum immer wieder von neuem aus-, um- und weitergebaut werden kann und soll - in Eigenleistung. Blau, Grau, Pink und Gelb sind die Farben der Villen, vergleichbar dem Bild eines fröhlichen Kindergeburtstages.

Die grünen Häuser zwischen Stadt und Natur werden von der Konzeption des wohnungsbezogenen Grüns definiert: Vom Hausbaum über den Selbstversorgungsgarten zu Kräuterwiesen und Beeten. Im Hausinneren wird der Gedanke fortgesetzt: als Pflanzengarten im Wintergarten - das grüne Zimmer.

Losgelöst von der herkömmlichen Sequenz Haus-Garten-Gartenzaun werden die Gebäudehüllen im Kontinuum des neuentstandenen Grünraumes eingebettet. Die Spiegelung des Umfeldes - das Einzelhaus im Hausgarten - prägt die städtebauliche Zielsetzung der Anlage. Der geometrische Verbund der einzeln plazierten Häuser versinnbildlicht die Idee der kleinen ökologischen Siedlung.

Die Konstruktion: Das Haus ist als reiner Holzbau in Skelettkonstruktion mit ausfachenden Rippenwänden konzipiert: Tragkonstruktion, Decken und Wände bestehen aus Holz. Das Konstruktionskonzept geht von nur zwei Achsabständen innerhalb des Skeletts aus, 3,45 und 2,92 Metern. Der Abstand zwischen den Wandrippen, den Deckenträgern und Dachsparren ist einheitlich 0,47 Meter.

Durch Veränderungen kann das Häuserbauen für neue und weitere Nutzung zeitlich verlängert werden, als Aus- und Umbau innerhalb oder als Anbau außerhalb. Erleichtert werden die Baumaßnahmen durch die Tatsache, daß an jeder Koordinate von Wand, Decke und Dach beliebig Türen, Fenster und Treppen eingebaut werden können, da das durchgängige Maß zwischen zwei Rippenfeldern passend für den Einbau von unterschiedlichsten Fertigteilfabrikaten ausgelegt wurde.

Die Bauausführung wurde zusätzlich durch die überschaubar transparente Entwurfs- und Konstruktionslogik vereinfacht. Es mußte nicht an jeder Ecke das individuelle Detail entwickelt und von den Handwerkern verstanden werden. Vielmehr reduzierten durchgängig gleiche Abmessungen für Stützen, Hauptträger und Gratsparren, für Nebenträger, Dachsparren und Rippen die Vielfalt des konstruktiven Aufwandes.

Grundrisse Erdgeschoß und Obergeschoß (M=1:200).

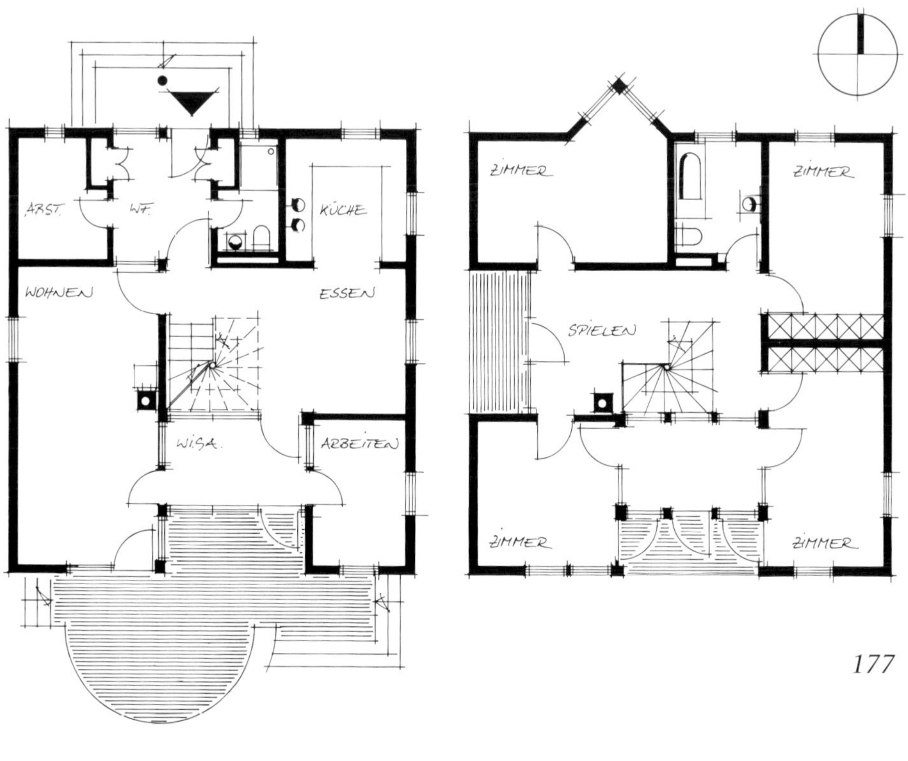

Links: Ein stattliches Haus - ganz aus Holz. Aber nur wenn die Planung wirklich perfekt durchdacht ist, läßt sich mit sehr einfachen Baustoffen auch eine gute Architektur erzielen.

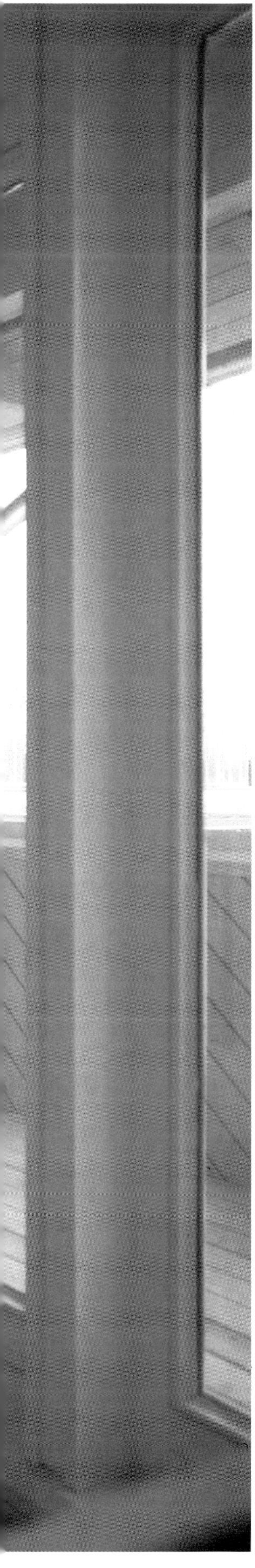

Links: Der Austritt zum Balkon im Obergeschoß.
Rechts: Der ernste Umgang mit der Architektur schließt den Humor nicht aus.
Unten: Klappläden sind auch heute noch ein perfekter Wärme- und Einbruchschutz.

Technische Angaben

Grundstücksgröße: 650 m²

Wohnfläche

Gesamt: 135 m²

Tragkonstruktion

Holzskelettkonstruktion mit ausfachenden Rippenwänden

Bauweise

Außenwände: Holz
Dachkonstruktion: Holzdachstuhl
Dachdeckung: Tonziegel
Decken: Holz
Innenwände: Holz
Fenster: Holzfenster
Bodenbeläge: Dielen, Fliesen, Teppich
Treppen: Holz

Architektur von hohem Rang

Architekt: Heinz Tesar, Wien

Die Ausgangssituation: Eine ideale Lage: ein Grundstück am Hang zwischen Berg und See, im Vordergrund die Stadt Bregenz. Dazu Bauherren, die bereit waren, sich auf eine Architektur von großer Intellektualität und formaler Sinnlichkeit einzulassen, einen Bau, für den das Wort Kunstwerk nicht zu hoch angesetzt ist.

Der Entwurf: Durch die Hanglage bedingt wurde ein Haus konzipiert, das eingangsseitig zweigeschossig und im Aussichtsbereich nach Westen dreigeschossig ist. Der Zugang liegt im mittleren Geschoß. Ein konisch zulaufender Windfang führt zwischen den beiden hoch aufragenden Garagengiebeln hindurch und fokussiert den eigentlichen Eingang. Überraschend öffnet sich die große Halle, die zum Verweilen einlädt, aber nur eine Mittlerrolle spielt: von hier aus führt der Weg hinab zu den Hangzimmern, nach oben zu den eigentlichen Wohnräumen und der Bibliothek oder geradeaus in den Schlafbereich.

Zwischen allen Ebenen besteht über die durchgehende Treppe und die Halle Sichtbezug. Die Grundrißmitte des Obergeschosses, ohne direkte Belichtung, bildet die zweigeschossig angelegte Bibliothek, die durch eine umlaufende Laterne belichtet wird. Von hier führt der Weg weiter hinauf zur ovalen Dachterrasse.

Die Treppe verjüngt sich vom Untergeschoß an in ihrer Breite kontinuierlich nach oben, sie steht als eindrucksvolles Element leicht geneigt im Raum, akzentuiert durch die lineare Prägnanz des Geländers und seiner Pfosten.

Es lohnt, sich auf dieses Haus ganz in Ruhe einzulassen, auf seinen ungewöhnlichen Grundriß, die Raumformen, die Belichtung und die sparsamen, aber verblüffend ausdrucksstarken Details. Das Äußere stellt sich ruhig und bescheiden dar. Fast unauffällig. Erst auf den zweiten Blick offenbart es sein gestalterisches Raffinement: hohe weiße Putzflächen wachsen aus einem schmalen Sockelstreifen heraus, jede Fläche für sich ein dreidimensionales grafisches Gefüge von hohem Reiz. Ein ganz besonderes Haus.

Grundrisse Eingangsgeschoß und Obergeschoß (M=1:200).

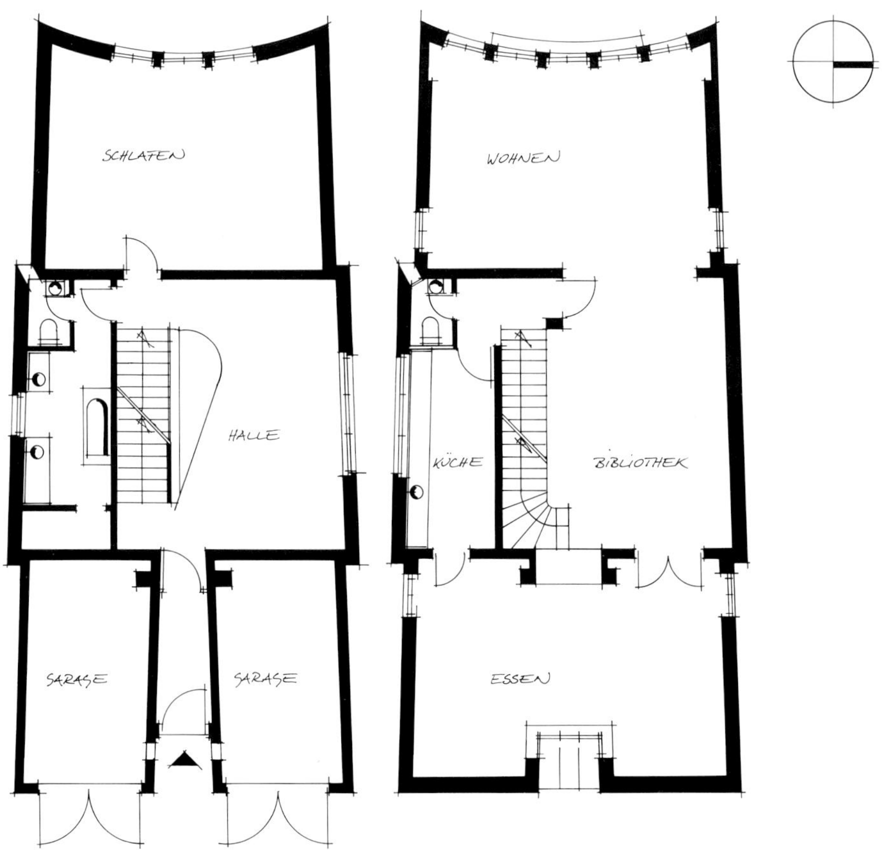

Eine solche Lage verlangt nach einer imposanten Dachterrasse.

Links: Die Gartenseite. Von der großen Laterne aus gelangt man auf die Dachterrasse (unten).

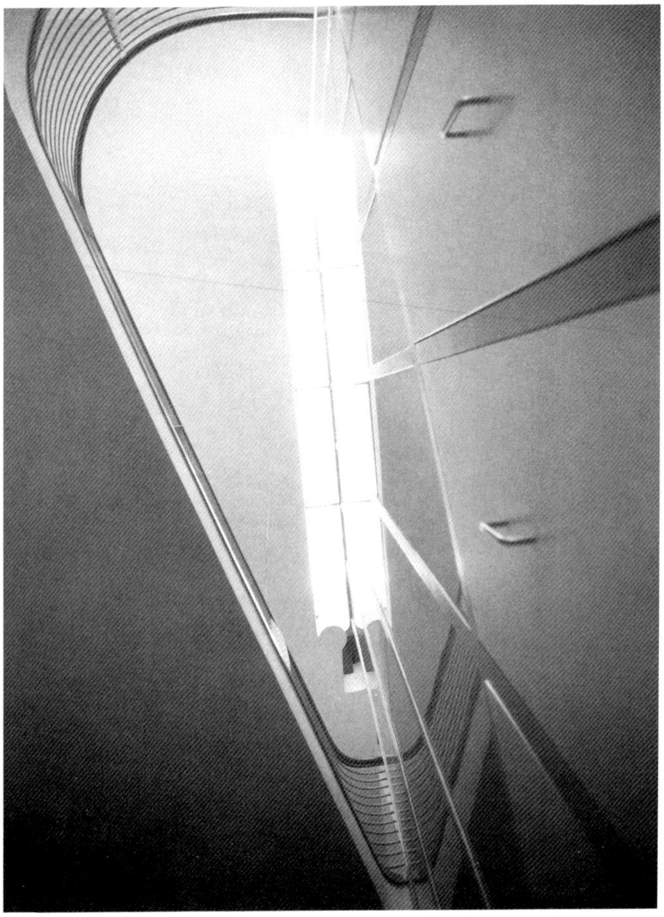

Technische Angaben

Grundstücksgröße: 800 m²

Wohnfläche

Gesamt: 245 m²
Erdgeschoß: 85 m²
Obergeschoß: 120 m²
Hanggeschoß: 40 m²
Keller: 80 m²

Tragkonstruktion

Massiver Mauerwerksbau

Bauweise

Außenwände: Ziegel
Dachkonstruktion: Holzdachstuhl
Dachdeckung: Zinkblechdeckung
Decken: Stahlbetonflachdecken
Innenwände: Mauerwerk
Fenster: Holz
Bodenbeläge: Parkett
Treppen: Stahlbeton mit Holzstufen

Oben: Blick durch das dynamisch ausschwingende Treppenauge.
Unten: Die hohen Wandscheiben über den Garagen flankieren den Eingang.

Ein Haus, das sich in seiner Gestik offenbart

Architekten: H. Wolff mit U.Spyra + S. Zech, Hamburg

Das Grundstück: Die Gebäude der Umgebung - ein Vorort von Hamburg in der Nähe des Alstertales - sind überwiegend kleine Einfamilienhäuser. Als Bauform dominiert, von einigen Entgleisungen abgesehen, das giebel- oder traufenständige Satteldachhaus.

Das Raumprogramm: Die Wünsche der Bauherren waren knapp formuliert: Ein Haus für drei Personen, Mutter, Vater und Sohn. Offener Gemeinschaftsbereich, in dem gekocht, gegessen, gelesen und gespielt und im weitesten Sinne gewohnt werden soll. Dazu Rückzugsbereiche.

Das Entwurfskonzept: Grundgedanken des Entwurfes waren zwei Leitsätze des Architekturtheoretikers Friedrich Ostendorf (1913):

"Entwerfen heißt, die einfachste Erscheinungsform für ein Bauprogramm zu finden, wobei einfach natürlich in Bezug auf den Organismus und nicht etwa auf das Kleid zu verstehen ist." Und: "Das Ziel der Architektur ist, eine räumliche Anschauung zu ermöglichen - und nicht nur vorrangig bestimmten Zwecken zu dienen. Der Ausgangspunkt dafür ist, eine Raumidee oder eine Raumordnung zu schaffen."

Als Raumordnung wurde hier der Zentralraum gewählt, der das Haus horizontal und vertikal durchdringt und es so als dreidimensionalen Hohlkörper erfahren läßt, gleichsam als Abbild der Urform des Einraumhauses. Die kleineren Räume sind der Hauptraumgruppe beidseitig angegliedert. Quer gelagerte Bauteile, wie Kamin, Treppe und Brücke, sowie gegenüber angeordnete Türen und Schränke binden mit ihren Achsen einerseits die voneinander getrennten Räume über den zentralen Hauptraum hinweg zusammen, andererseits entsteht durch diese Anordnung ein besonderes Spannungsgefüge untereinander.

Der große Zentralraum ist im vorderen Bereich Eingang und Treppenhaus, hinter der eingestellten Kaminwand beginnt der Wohnteil. Die dazwischen liegende Schwelle trennt zwar die Funktionen, läßt aber den Raum in seiner Weite und Ausstrahlung unberührt. Links liegt die offene Küche und der Eßplatz, rechts, mit Orientierung zum Garten und eigener Terrasse, das Zimmer des Sohnes. Der halboffene, gläserne Wintergarten ist verbindendes Element zwischen geschütztem Haus und der Natur.

Den Wunsch nach Rückzugsbereichen erfüllen die Räume der Eltern im Obergeschoß. Das Bad, ein aus der Fassade herausragender Kubus, dient gleichzeitig als schützende Überdachung des Eingangs.

Der Baukörper: Das Haus formt mit den Linien seines Baukörpers Außenräume von unterschiedlicher Qualität. Raumgreifende, konvexe Linien, entgegengestreckten Armen gleich, und das Thema Eingang und Dach als Inbegriff des Hauses bekunden die einladende Geste zur Straße. Gleichzeitig verstellt das quergelagerte, fast über das ganze Grundstück reichende Haus den Blick in den Garten. Dieser präsentiert sich als Überraschungsmoment erst nach Durchschreiten der senkrechten Raumachsen.

Als wichtiges ordnendes Gestaltungsmittel wurde zusätzlich die Symmetrie für Grund- und Aufriß gewählt. Sie setzt nicht nur Innen und Außen gezielten Störungen aus, sie ist als vertraute Form der menschlichen Gestalt auch Botschaft an den Betrachter: Hier findest Du Geborgenheit und Sicherheit.

Das Konzept der Raumdefinition setzt sich außen fort: Die Hauswände und die Bepflanzung fassen die unterschiedlichen Gartenbereiche ein, den privaten Teil und den offenen Hof zur Straße. Durch Pergolen und Podeste, durch Säulen und Dach des Portikus entstehen Außenräume mit unterschiedlicher Wirkung - kaum wahrnehmbar, aber für den, der das Konzept verstanden und angenommen hat, eine unverzichtbare Qualität.

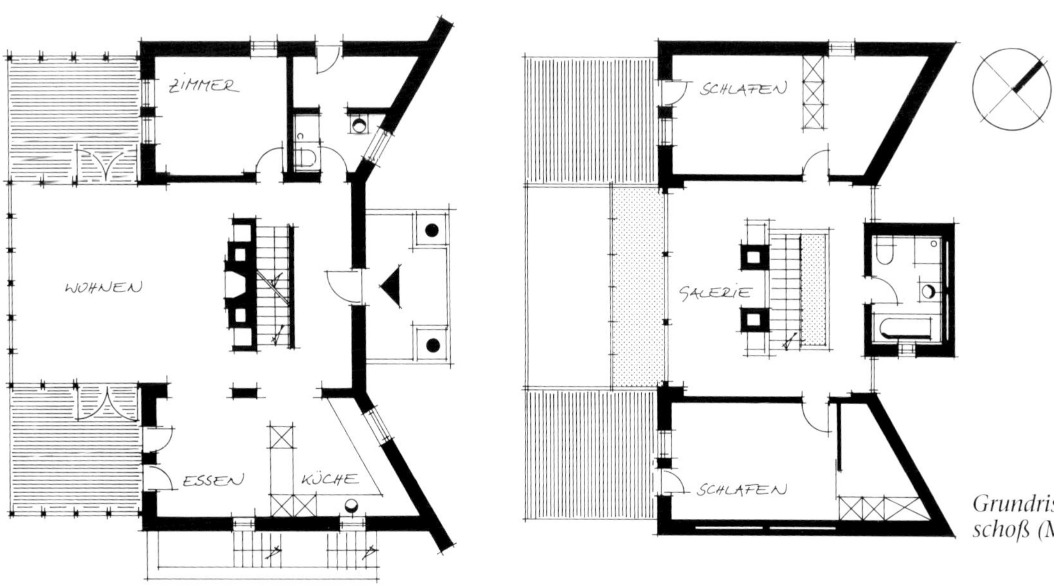

Grundrisse Erdgeschoß und Obergeschoß (M=1:200).

Technische Angaben

Grundstücksgröße: 900 m²

Wohnfläche

Gesamt: 140 m²
Erdgeschoß: 80 m²
1. Obergeschoß: 60 m²
Kellergeschoß: 50 m²

Tragkonstruktion

Massiver Mauerwerksbau

Bauweise

Außenwände: Gemauert
Dachkonstruktion: Holzdachstuhl
Dachdeckung: Kupfer
Decken: Beton
Innenwände: Gemauert
Fenster: Holz
Bodenbeläge: Fliesen, Teppichboden
Treppen: Beton
Heizungssystem: Gaszentralheizung

Innenaufnahmen: Alle wichtigen Blickachsen münden im Wintergarten. Außen wird er durch die beiden flankierenden Gartenräume wirkungsvoll ergänzt.

Die Materialien: Je zwei Materialien prägen das Haus. Außen der Ziegel als sichere, harte Schale und das Kupferdach als farbiger Übergang zur Natur. Innen bildet die Kombination aus weißem Putz und honiggelbem Holz einen freundlichen, aber neutralen Hintergrund für die Einrichtung des Hauses.

Literaturhinweis

Dieter Boeminghaus
Wohnhäuser individuell und kostengünstig
Stuttgart, 1985

Bundesministerium für Raumordnung, Bauwesen und Städtebau (Hrsg.)
Kosten- und Flächensparendes Bauen und Organisierte Gruppenselbsthilfe im Eigenbauheim
Bonn, 1991

Dietrich Ecker, Ernst Giselbrecht
Moderner Holzbau in der Steiermark
Graz, 1992

Hannelore Hafer
Wohnhäuser
Köln, 1990

Gerhart Laage
Warum wird eigentlich nicht immer so gebaut
Stuttgart, 1985

Arno Lederer, Jórunn Ragnarsdóttir
Wohnen Heute
Stuttgart, Zürich, 1992

Wilfried Lewitzki
Wohnhäuser aus Holz
München, 1987

Paulhans Peters, Ursula Henn
Einfamilienhäuser
München, 1982

Michael Pollan
Second Nature - A gardener´s education
New York, 1991

Witold Rybczynski
The most beautiful house in the world
New York, 1989

Witold Rybczynski
Looking around - A journey through architecture
New York, 1993

James Stageberg, Susan Allen Toth
A house of one´s own
New York, 1991

Architektenverzeichnis und Bildnachweis

Titelfoto:
Hans Engels, Schondorf
Architekt: Wolf-Eckart Lüps
Zugehörige Projektdokumentation auf den Seiten 114-116

Ackermann & Raff
Architekten BDA
Bismarckstr. 12
7400 Tübingen
Fotos: R. Blunck, Tübingen
S. 23, 25, 26, 28, 29

Bambek + Bambek
Architektur + Design
Bela Bambek
Dipl. Ing. Freier Architekt
Ingrid Bambek-Schöttle
Strümpfelbacher Straße 58/1
7000 Stuttgart 60
Fotos. R. Schenkirz, Leonberg 1
S. 31-33

Stefan Bitterli
Dipl. Arch. SIA BDA
Professor Werner Girsberger
Dipl. Arch. BDA
Planungsgruppe für Architektur + Städtebau
Haubensteinweg 74
8960 Kempten
Fotos: M. Paal, München
S. 35-37

Bernhard Busch
Dipl. Ing. Architekt
Johannes Brahms Weg 5
4400 Rheine
Fotos: U. Wozniak, Rheine
S. 39-41

DeBiasio & Scherrer
Dipl. Ing. Architekten ETH/SIA
Badenerstr 281
Ch-8003 Zürich
Fotos: Archiv Architekten
S. 43-45

Franz C. Demblin
Dipl. Ing. Architekt
Brahmsplatz 7
A-1040 Wien
Fotos: Archiv Architekt
S. 46-47

Driendl + Steixner
Dipl. Ing. Architekten
Neubaugasse 8
A-1070 Wien
Fotos: E. Reichmann, Wien
S. 49-51

Hermann Eisenköck
Dipl. Ing. Architekt
Jahngasse 9
A-8010 Graz
Fotos: Archiv Architekt
S. 52-55

Fierz & Baader
Architekten BSA SIA
Marktgasse 5
CH-4001 Basel
Fotos: Archiv Architekten
S. 57, 58, 60, 61

Fischer & Steiger
Dipl. Ing. Architekten BDA
Baaderstraße 19
8000 München 5
Fotos: M. Paal, München
S. 63, 64, 66, 67

Dipl. Ing. Architektin BDA
Mechthild Friedrich-Schoenberger
Nördliche Seestraße 16
8193 Ammerland
Fotos: Archiv Architektin
S. 161-164

Gatermann + Schossig
Dipl. Ing. Architekten BDA
Richartzstr. 10
5000 Köln 1
Fotos: J. Willebrand, Köln
S. 69-71

Ernst Giselbrecht
Dipl. Ing. Architekt
Gartengasse 11
A- 8010 Graz
Fotos. Archiv Architekt
S. 73

GPF & Assoziierte
Günter Pfeifer Roland Mayer
Architekten
Industriestr. 2
7850 Lörrach 6
Fotos: H.H. Münchhalfen, Lörrach
S. 75, 76

Professor Günter Pfeifer + Thomas Heiß
GPF & Assoziierte
Architekten
Industriestr. 2
7850 Lörrach 6
Fotos: H.H. Münchhalfen, Lörrach
S. 78, 79

Rainer Hascher
Professor Dipl. Ing. Architekt
Fasanenstraße 61
100 Berlin 15
Fotos: J. Werle, Hamburg
S. 81-83

Alois Juraschek
Dipl. Ing. Architekt BDA
Zellerhornstraße 36
8213 Aschau/Chiemgau
Fotos: Archiv Architekt
S. 85-87

Kaag + Schwarz
Architekten BDA
Gutbrodstraße 2
7000 Stuttgart 1
Fotos: Atelier K + F, I. Krewinkel, Stuttgart
S. 89-90
S. 92, 93

Kauffmann Theilig
Freie Architekten BDA
Zeppelinstr. 10
7302 Ostfildern 4
Fotos: V.Wormbs, Stuttgart
S. 95-97

Wolfgang Knoll
Professor Dipl. Ing. Architekt
Mitarbeit: Benno Bauer
Hackländerstraße 17
7000 Stuttgart 1
Fotos: Archiv Architekt
S. 99-101

Hans Kohl
Dipl. Ing. Architekt
Gundelindenstraße 5
8000 München 40
Fotos: F. Henry, Genf, P. Eisinger, München
S. 103-105

Kovacs & v. Werz
Victor Scheffel Straße 21
8000 München 40
Fotos: M. Paal, München
S. 107-109

Kreutzer & Krisper
Architekten - Diplomingenieure
Schumanngasse 18
A-8010 Graz
Fotos: Lichtblau, Graz
S. 111-113

Wolf-Eckart Lüps
Architekt BDA
Mit Peter Mengele *(S. 118, 119)*
Waldaweg 2
8919 Utting
Fotos: H. Engels, Schondorf
S. 115, 116, 118, 119

Christoph Mäckler
Dipl. Ing. Architekt BDA
Büro für Architektur und Stadtbereichsplanung
Mitarbeit: Birgit Bahlmann, Joseph Viethen, Thomas Mayer
Neue Mainzer Straße 14-16
6000 Frankfurt 1
Fotos: Archiv Architekt
S. 121-123

Gert M. Mayr-Keber
Blechturmgasse 11
A-1050 Wien
Fotos: E. Mayr-Keber, Wien
S. 125-127

Matthias Ocker
Dipl. Ing. Architekt
Oberstraße 135
2000 Hamburg 13
Fotos: F. Borkenau, Hamburg
S. 129-131

Stephan Philipp
Dipl. Ing. Architekt
Thierschstraße 42
8000 München 22
Fotos: W. Hurle, München
S. 133-135

Architekten
Professor H. Pfeiffer + C. Ellermann
Projektleiter: Dipl. Ing Jürgen
Arend, Arnsberg
Hinterm Hagen 50
4710 Lüdinghausen
Fotos: Archiv Architekten
S. 137, 138, 140, 141

Planungsgruppe dt8
Architekten BDA
Projektleitung: Professor U. Coersmeier, Konrad Grau
Kirchstraße 13
5000 Köln 50
Fotos: Tomas Riehle, Köln
S. 143-145

Georg W. Reinberg
Dipl. Ing. Architekt
Arge Architekten Reinberg, Trebersprung, Raith
Mitarbeit: Ursula Schneider
Theobaldgasse 10/10
1060 Wien
Fotos: Archiv Architekten, Firma Grizzly Haus
S. 147-149

Berthold Rosewich
Professor Dipl. Ing.
Freier Architekt
Amthausstraße 19
7500 Karlsruhe Durlach
Fotos: D. Altenkirch, Karlsruhe
S. 151, 152, 154, 155

Dolf Schnebli, Tobias Amman, Flora Ruchat-Roncati
Architekten BSA + Partner AG
Projektmitarbeit: Andreas Galli, Markus Meili, Natalie Broadhead
Hardturmstraße 76
CH-8005 Zürich
Fotos: Archiv Architekten
S. 157-159

Professor Thomas Spiegelhalter
Architekt, Bildhauer, Designer
Postfach 5107
7800 Freiburg
Fotos: F. Busam, Dortmund
S. 166, 167

Dipl. Ing. Architekt
Guido Spütz
Konstanzer Straße 5
1000 Berlin 15
Fotos: Ch. Göbel, Frankfurt
S. 169-171

Peter Stürzebecher
Professor Dipl. Ing. Architekt
Berlin, Hamburg
Fotos: Archiv Architekt
S. 173-176, 178-181

Dipl. Ing. Architekt
Heinz Tesar
Esteplatz 6/7
A- 1030 Wien
Fotos: Archiv Architekt
S. 183-186

Architekten
H. Wolf mit U. Spyra + S. Zech
Mansteinstraße 56
2000 Hamburg 20
Fotos: Archiv Architekt
S. 188-189